MUSIK

MUSIK

EPOCHEN · KOMPONISTEN · INSTRUMENTE

OTUS

Flöten und Viola da Gamba. Gemälde von Robert Turnières (1667-1752).

Inhalt

Musizierende Männer mit Zupf- und Schlaginstrumenten. Flachrelief aus der Zeit des assyrischen Königs Assurbanipal (668–627 v.Chr.)

Die Ursprünge der abendländischen Musik

Schon in der Vor- und Frühgeschichte spielte die Musik eine beträchtliche, gesellschaftliche Rolle. So unterschiedliche Theorien es über ihren Ursprung und ihre Bedeutung gibt, so einhellig gilt heute die Auffassung, dass die Anfänge der abendländischen Musik in Mesopotamien zu finden sind.

Mesopotamien

Wohl die ältesten Bildzeugnisse stammen aus dem Zweistromland. Um 3000 v.Chr. erscheinen Harfen als Schriftzeichen. Auf einem Rollsiegel aus der Zeit um 2700 befinden sie sich in den „Händen" einer Eselskapelle, in der auch Klappern und Stampfstäbe verwendet werden und die zugleich noch die mythischen Vorstellungen der Sumerer widerspiegelt. Ein paar Jahrhunderte später treten Leiern hinzu, die, ebenso wie die inzwischen vergrößerten, statt vier- nun etwa zehnsaitigen Harfen, mit Tierköpfen oder ganzen Tieren verziert sind. Schließlich, in der sumerischen Spätzeit am Ende des 3. Jahrtausends v.Chr., verschwinden die Harfen gänzlich, während große Rahmentrommeln hinzu treten. Thematisch stand die Musik der altorientalischen Kulturen in enger Beziehung zu Religion und Mythos. In Sumer waren es Priestermusiker, die ihnen dienten. Diese Gruppe, zu der auch Frauen gehörten, hatte die Klagelieder zu singen, während eine andere Kapelle nur die Lobeshymnen auf die Götter und Herrscher anstimmte. Stets wurde der Gesang mit Instrumenten begleitet.

Die westsemitischen Einwanderer, die die Reiche Babylon und Assur gründeten und in vielem das Erbe der Sumerer antraten, verkleinerten die Harfen und benutzten Plektren.

Dementsprechend traten jetzt auch Trommeln wieder stärker in Erscheinung. Im Übrigen wird das Instrumentarium – zumindest auf den Reliefs – reicher. Kelchartige Trommeln treten hinzu, und vor allem erscheint nun erstmals auch eine Langhalslaute.

Wenn die Abbildungen in babylonischer und assyrischer Zeit eine größere Mannigfaltigkeit des Instrumentariums zeigen, so mag das eine wirkliche Entwicklung wiederspiegeln.

Mehr noch dürften die Formabwandlungen und die veränderten Spielweisen für die Lebendigkeit der Musik und für deren nach wie vor wichtige Funktion im gesamten geistigen Leben zeugen. Die Ensembles wurden nun auch immer größer. Es gibt die mannigfachsten Zusammenstellungen. Die stärkste Kapelle findet sich auf einem Relief aus dem Palast Assurbanipals (669-633 v.Chr.).

Es stellt eine Musikantenprozession dar, die dem aus der Schlacht heimkehrenden König entgegenzieht und die aus 11 Instrumentalisten sowie 15 Sängern besteht, die gleichzeitig in die Hände klatschen. Unter den Instrumenten befinden sich allein sieben der großen Tragharfen aus spätassyrischer Zeit, deren Schallkasten aufrecht steht. Ferner sind eine waagerecht gehaltene Flachharfe, eine Trommel und zwei Doppeloboen dabei.

Ägypten

Besser als über Mesopotamien sind wir über die Entwicklung in Ägypten informiert. Zum einen haben wir Funde aus vorgeschichtlicher Zeit, zum anderen gibt es hier wesentlich mehr im Original erhaltene Instrumente und literarische Zeugnisse. Außerdem dürften die reichlich vorhandenen, meist in Gräbern aufgefundenen Malereien Details besser wiedergeben als die in spröden Stein gemeißelten Reliefs in Mesopotamien. Und schließlich hat sich in Ägypten eine viel ruhigere, nur selten gestörte Entwicklung vollzogen.

In der vordynastischen Zeit begegnen uns figürlich verzierte Klappern verschiedener Art, Rasseln und Längsflöten. Mit diesen Instrumenten, die in der Menschheitsgeschichte am Anfang stehen, haben wir also ein echtes Frühstadium vor uns. Auch die primitiven Trompeten, die man auf den Totenbarken blies, passen in dieses Bild. Alle Tänze sind hier noch magisch, ob sie nun in Masken oder als Waffentänze aufgeführt werden.

Die Saiteninstrumente, die als letzte auf den Plan treten, tauchen erst in der eigentlichen Hochkultur, im sogenannten Alten Reich des 3. Jahrtausends v.Chr. auf. Es sind einfache Bogenharfen, die deutlich ihre Herkunft vom Schießbogen erkennen lassen und dann zunächst nur einen kleinen Schallkörper erhalten. Vielfältig sind nun auch schon die Besetzungsmöglichkeiten. Man musiziert auf einem Instrument solo oder findet sich mit anderen zu-

Ägyptischer Harfenspieler. Wandmalerei, 1166 v.Chr.

sammen, begleitet Gesang und Tanz. Der Kult steht nicht mehr im Vordergrund; es gibt auch weltliche Festlichkeiten, die musikalisch umrahmt werden. Oft sind es Frauen, die das Spiel durch Händeklatschen oder mit Schlagstäben rhythmisch unterstützen. Die langen Flöten, die in erstaunlicher Weise den heutigen Typen ähneln, und die ebenfalls noch heute gebräuchlichen Doppelklarinetten sind den Männern vorbehalten, während Saiteninstrumente auch von Frauen gespielt werden dürfen. Aus einem Relief im Grab des Idu gegen Ende des Alten Reiches, auf dem neben einer Flöte fünf Harfen abgebildet sind, wollte man auf mehrstimmiges Spiel schließen, da die Hände der Harfenisten alle in verschiedener Griffstellung wiedergegeben sind. Der Gedanke ist verlockend. Wer aber verbürgt sich für eine naturalistische Darstellung des Bildhauers? Anderes aber erfahren wir mit Sicherheit; so die Gewohnheit der sitzenden Sänger, ihre Hand an ein Ohr zu halten, eine – man möchte fast sagen – geheimnisvolle Sitte, die man noch heute im Vorderen Orient beobachten kann, deren Bedeutung aber noch immer nicht geklärt werden konnte. Ferner fällt der Brauch auf, dass die Sänger den begleitenden Instrumentalisten Zeichen geben, vermutlich über den melodischen oder rhythmischen Fortgang des Gesangs, also die sogenannte Cheironomie üben.

Aus der beherrscht stillen Musikübung der alten Zeit wird nun im Mittleren Reich eine erregende, fast orgiastische Kunst, wahrscheinlich unter Einfluss der um 1710 v.Chr. einbrechenden asiatischen Hyksos. Neu tritt jetzt die von östlichen Beduinen mitgebrachte Leier in Erscheinung. Zweifelltrommeln begleiten die bewegten Tänze, und das metallene Sistrum, eine noch heute in der koptischen Kirche verwandte Rassel, taucht auf. Die wohl wirkungsvollste Hinterlassenschaft der Hyksos wird erst im Neuen Reich (1580-1085) bildlich wiedergegeben: die Doppeloboe, die uns schon in Mesopotamien begegnete und die dann als Aulos in Griechenland den gleichen ekstatischen Musikstil unterstützte.

Im Übrigen blüht die ägyptische Tonkunst, durch viele fremde Einflüsse angeregt, jetzt besonders auf. Harfner und Sänger sind oft Blinde und demzufolge besonders spezialisierte Musiker. Die Harfe wird meist als Schulterharfe verwandt, als ein Instrument also, das man waagerecht auf der Schulter auflegt. Trompeten und Trommeln dienen der Militärmusik. Die älteren Harfen werden zu großen Standharfen fortgebildet, und überhaupt werden alle Instrumente besonders reich verziert und handwerklich kunstvoll ausgeführt. Die wichtigste Neuerung ist aber zweifellos die Langhalslaute. Bei ihr ist noch deutlich der Stab zu erkennen, der durch das Fell eines kleinen Schallkörpers gesteckt wurde. Die Bünde dieser Lauten lassen die einzigen halbwegs verlässlichen Schlüsse auf die verwendeten Tonleitern zu.

Ägyptische Bogenharfe, Doppel-Oboe und Lyra. Grabmalerei, um 1420-1411 v.Chr.

Sie sprechen für eine Kleinstufigkeit, wie sie auch heute im Vorderen Orient vorherrscht. Ein weiteres Indiz bieten die durch Wachs verklebten zweiten Rohre einzelner Doppelklarinetten, die mit ziemlicher Sicherheit als Bordun gedient haben. Die Spätzeit bietet nicht mehr viel Neues. Von ihr dürfen wir lediglich annehmen, dass sie sich in zunehmendem Maße der weltlichen Musik zuwandte, und dass sie immer mehr in den Einflussbereich der hellenistischen Welt geriet.

Israel

Nach der nomadischen Epoche bildete sich erst unter der Herrschaft der Könige und den Bedingungen des einheitlichen israelitischen Reiches ein eigentliches Musikleben heraus, das stark sumerisch und ägyptisch beeinflusst war.

David, der im Alten Testament zunächst als Musiker am Hofe König Sauls erscheint, stellte die Musik seines Volkes auf eine neue Grundlage, indem er im Gottesdienst sowohl den Gesang als auch den Einsatz von Instrumenten unterstützte.

Das Singen von Psalmen wurde zu einem wesentlichen Bestandteil des Gottesdienstes im Tempel von Jerusalem. Das dabei verwendete Instrumentarium bestand unter anderem aus Kinnor (einer Art Leier), Newel (einem harfenähnlichen Instrument) und Becken. Auch andere Ereignisse wie Hochzeiten, Feste, Beerdigungen und Siegesfeiern wurden musikalisch gestaltet. Meist griff man bei festlichen Anlässen auf Schofar (Widderhorn) und Trompete zurück.

Aus dieser Zeit gibt es bereits Belege für antiphonalen Gesang – auf den Vortrag durch eine Solostimme folgt die von der ganzen Gemeinde gesungene Antwort. In die Liturgie der frühen christlichen Kirche wird diese Tradition später übernommen; sie bedeutet eine wichtige Verbindung zwischen der Musik des jüdischen Volkes und der Entwicklung der abendländischen Musik.

Semitische Lyra. Ägyptische Grabmalerei, um 1920 v.Chr.

Griechische Musik

Die ersten klar umrissenen und logisch durchdachten Erkenntnisse über die griechische Musik stammen von Pythagoras (6. Jahrhundert v.Chr.), der sich vor allem mit den mathematisch-akustischen Grundlagen beschäftigte. Plato (427-347) wies im „Staat“ und in den „Gesetzen“ auf die erzieherische Funktion der Musik hin, und in der Zeit nach Aristoteles (384-322) begann man, sich auch mit den „Elementen der Harmonik“ (Aristoxenos von Tarent, 300 v.Chr.) zu befassen. Spätantike Schriften endlich beschäftigten sich auch mit Musikgeschichte.

Die Urform der griechischen Musik lag – wie bei allen anderen Kulturen des Raumes auch – im Heldengesang der Harfner und Aöden. Im 8. Jahrhundert v.Chr. kannte man die sogenannten „Nomoi“ als Gesänge an die Götter. Zu den Disziplinen der großen Kampfspiele gehörte auch die Musik. Zum Beispiel ist überliefert, dass im Jahr 586 v.Chr. Sakades aus Argos mit einem Stück siegte, in dem der Kampf Apollos mit dem Drachen beschrieben wurde. Archilochos aus Ionien (um 650 v.Chr.) sang seine Lieder, in denen erstmals persönliche Gefühle Ausdruck fanden, zur Begleitung einer Lyra, weswegen man diese Liedgattung bis heute Lyrik nennt. Um 600 sind die Lieder der Sappho entstanden, und der Höhepunkt des altgriechischen Liedes wurde von Pindar (522-446) erreicht, dem größten Chorlyriker der Antike. Ausgangspunkt für das griechische Drama und die Tragödie sind die Spiele zu Ehren des Dionysos geworden, jene attischen Dramen, die aus dem Dithyrambos hervorgingen. Ekstatische Gesänge mit Aulos-Begleitung zu Ehren des Weingottes bildeten die Voraussetzungen zu späteren szenischen Handlungen bei Aischylos, Sophokles, Euripides und Aristophanes. Zum Chor traten allmählich Schauspieler hinzu, deren Verse sich deutlich von den mit Kithara und Aulos begleiteten, rhythmisch schwierigen dorischen Chören abhoben: Euripides förderte den Solo- und Wechselgesang; die Melodie wurde allmählich wichtiger als der Text, Aulos und bis zu 12saitige Kithara begannen über Vers und Gesang zu dominieren.

Griechische Muse mit Leier, 430 v.Chr.

Diese beiden Instrumente spielten neben der Hirtenflöte (Syrinx) die wichtigste instrumentale Rolle. Der Aulos, eine aus Kleinasien stammende Schalmei, wurde geblasen, die Kithara gezupft. Daneben gab es noch Barbiton, Magadis und Pektis. Die grundsätzlich einstimmige griechische Musik, die ganz auf Rhythmus und Melodie ausgerichtet war, erlaubte den Instrumentalisten bestenfalls Umspielung der Gesangsstimmen.

Man kannte im alten Griechenland neben rhythmischen Elementen drei Stammtonleitern, die aus je zwei Quart-Räumen (Tetrachorden) bestanden und von oben nach unten gezählt wurden: Dorisch (efga hcde), Phrygisch (defg ahcd) und Lydisch (cdef gahc). Diese Grundtonleitern konnten nach oben und unten durch weitere Tetrachorde erweitert werden, wobei man die Erweiterung nach unten mit „hypo“ diejenige nach oben mit „hyper“ bezeichnete: Dorisch (ahcdefgahcdefgah), Hypodorisch und Hyperdorisch.

Die meistgebräuchlichen Tonleitern, aus denen sich später die christlichen Kirchentonarten entwickelten, waren: Dorisch, Phrygisch, Lydisch, Hyperdorisch, Hypodorisch, Hypophrygisch, auch Ionisch genannt, und Hypolydisch.

Der Rhythmus der griechischen Musik ergab sich fast immer aus dem Wort- und Versmaß. Notiert wurde in zwei verschiedenen Schriften: Phönizische Alphabetzeichen galten der instrumentalen, griechische Buchstaben der Vokalmusik.

Vorbereitung für ein Konzert. Griechisch-römisches Fresco, 1. Jahrhundert n. Chr.

Römische Musik

Von der Musik der römischen Antike ist nur ein kurzes Stück überliefert, so dass die Forschung ausschließlich auf literarische und bildliche Belege angewiesen ist. Immerhin lassen sich bereits Lieder, Tänze, Kult- und Militärmusik nachweisen, die aus der etruskischen Zeit auf die römische Republik gekommen sind. Eine 2. Epoche wird mit der Entstehung der Theatermusik (364 v.Chr.) angesetzt; an Umfang sollen die musikalischen Darbietungen (Instrumentalstücke, Tänze und Gesänge) teilweise die gesprochenen übertroffen haben.

Auch ist das Instrumentarium größer und vielgestaltiger als das der griechischen Antike. Im Gegensatz zur griechischen Musikauffassung wurden Sprache und Musik nicht als Einheit begriffen; dadurch konnte ein breiter, sozial tiefstehender Musikerstand (vorwiegend Sklaven, die die Musik ihrer Heimatländer mitbrachten) entstehen, der ein Virtuosentum ausbildete und die griechische Tragödie, die mit der 3. Epoche der Römischen Musik, der im 2. vorchristliche Jahrhundert einsetzenden Hellenisierung, nach Rom kam, in Besitz nahm und in ihrem Wesen zerstörte. Neben der Theatermusik zu Tragödie, Mimus und Pantomime gab es zahlreiche ebenfalls von Berufsmusikern, die in der Kaiserzeit zu höherem Ansehen gelangten, veranstaltete instrumentale und vokale, private und öffentliche Darbietungen. Mit dem Erstarken des, die westliche Musik ablehnenden Christentums, wurde die Römische Musik teils verdrängt, teils wohl auch in die christliche Musik übernommen.

Der Minnesänger Heinrich von Frauenlob und Musikanten mit ihren Instrumenten: Trommel, Flöte, Schalmei, Psalterium und Sackpfeife. Buchmalerei in der Manessischen Liederhandschrift, 13. Jahrhundert.

MITTELALTER

Das Mittelalter umfasst die Zeit vom Ende der Antike bis zum Beginn der Renaissance.
Grundlage war die aus der Antike tradierte und mit der christlichen Weltsicht in Einklang gebrachte Anschauung, dass Musik klingender Ausdruck einer Zahlenordnung und damit eingebettet sei in eine entsprechende, die Gesamtheit der Welt umfassende, Zahlenordnung. So war musica instrumentalis die real erklingende Musik, musica humana die Leib-Seelen-Harmonie des Menschen, musica mundana die Sphärenharmonie und musica coelestis vel divina die Harmonie der himmlischen Welt, auf die alles zugeordnet ist.
Diese Anschauung spiegelt sich in der zahlhaften Ordnung der Stimme und Zusammenklänge der Motette ebenso wie in dem Sinn, der dem Komponieren als dem Bearbeiten eines unveränderlichen, weil vom Heiligen Geist dem heiligen Gregor diktierten, liturgischen Cantus firmus gegeben wurde. Mittelpunkt der mittelalterlichen Musikpflege und Ausgangspunkt der meisten Kompositionen war der Choral, der Kultgesang der christlichen Kirche. Sequenz und Tropus, die frühesten Formen der Neukomposition nach der Ausbildung des Choralrepertoires und der Hymnen, knüpfen an ihn an, Organum und Motette benutzen ihn als Grundstein.
Daneben entfaltete sich die weltliche einstimmige Musik, von der allerdings nur für den im 11-13. Jahrhundert gepflegten ritterlichen Gesang größere Repertoire vorliegen. Seit der 2. Hälfte des 9. Jahrhunderts finden sich in der „Musica Enchiriadis“ in der Form des Organums Belege für die Mehrstimmigkeit, die ab etwa 1140 im St.-Martial-Stil (nach der Abtei St. Martial in Limoges) stärker hervortritt, aber immer noch als festliche, auszeichnende Form der Musikübung Sonderfall bleibt. Gegen 1160/80 wird Paris Mittelpunkt der mehrstimmigen Komposition, zunächst in der Notre-Dame-Epoche (Leonin, Perotin), die die Modalmusik ausbildet, um 1250 mit dem Entstehen der Mensuralmusik in der Ars antiqua (Adam de la Halle, Petrus de Cruce) und um 1320 in der Ars nova (Machaut, de Vitry), die in Italien ihre Entsprechung in der Trecentomusik findet.

Guido von Arezzo und sein Schüler Theobaldus am Monochord. Miniatur aus dem 12. Jahrhundert.

Guido von Arezzo

Italienischer Musiktheoretiker

* um 992 in Arezzo
† 17. Mai 1050 als Eremit

der Benediktinermönch führte die noch heute in der Musiknotation gültige Intervall-Notenschrift ein. Er setzte die Neumen auf vier Linien im Terzabstand. Auf Guido geht auch die Benennung der Hexachordtöne c-a mit den Silben ut-re-mi-fa-sol-la (Solmisation) zurück. Hauptwerk: „Micrologus de musica“.

Peter Abaelard

Französischer Theologe, Philosoph und Musiker

* 1079 in Le Pallet bei Nantes
† 26. April 1142 in St. Marcel

Während seine philosophischen und theologischen Schriften keinerlei Bezug auf die Musik nehmen, findet sich in dem berühmten und literarisch bedeutsamen Briefwechsel mit Héloise ein Hinweis auf von ihm komponierte, aber verloren gegangene Liebeslieder. Überliefert sind von ihm 6 Klagelieder.

Hildegard von Bingen

* 1098 bei Alzey
† 17. September 1179 bei Bingen

Deutsche Nonne, Dichterin, Mystikerin und Komponistin. Neben ihren mystischen Visionen hinterließ sie auch Werke zur Medizin und Naturkunde und komponierte darüber hinaus lyrische und dramatische Gedichte. Sie gehört zu den bedeutendsten Lied-Komponisten des Mittelalters. Diese Bedeutung beruht auf der Sammlung *Symphonia harmoniae celestium revelationum*, die mehr als 70 vertonte Gedichte enthält.

Walther von der Vogelweide

Deutscher Minnesänger

* um 1170 wahrscheinlich in Niederösterreich
† um 1230 in Würzburg

Neben Wolfram von Eschenbach ist Walther von der Vogelweide wohl einer der brühmtesten deutschsprachigen Dichter des Hochmittelalters. Aus seiner Dichtung lässt sich seine Lebenszeit ungefähr auf die Jahre 1170 bis 1230 datieren. Seine Lebensstationen lassen sich nur aus den autobiografischen Bezügen seiner Lieder entnehmen; das einzige zeitgenössische Zeugnis, das Walther namentlich erwähnt, stammt von einem Passauer Schreiber, der ein Geldgeschenk seines Bischofs Wolfger an den Sänger verzeichnet hat. Wichtigste Quelle seiner Liedtexte ist die um 1600 entstandene Manessische Liederhandschrift (die Melodien sind zum allergrößten Teil verloren).

Walthers nimmt nicht nur auf Grund der literarischen und (vermutlich auch) musikalischen Qualität eine Ausnahmestellung im Hochmittelalter ein, auffällig ist auch, dass es sowohl Texte aus der Gattung des Minnesangs als auch auch der Sangspruchdichtung enthält. In seinen Sprüchen und Liedern tritt Walther gern mit großem Selbstbewusstsein vor seinen hohen Herrn in der Rolle des weisen Ratgebers, des Wissenden, Warnenden und des Mahners auf. Ein Teil seiner Spruchdichtung ist „politische" Dichtung, nimmt Bezug auf aktuelles Zeitgeschehen und ergreift kämpferisch Partei. Walther scheut sich nicht, Papsttum und Kirche wegen ihrer Übergriffe auf das Kaiserrecht anzugreifen. In seiner Minnelyrik zeigt Walther das ritterliche Tugendideal als Vorbild für das höfische Leben seiner Auftraggeber. Sie ist nicht mehr bloßer Ausdruck höfischer Standesideale, sondern entwickelt Züge einer personenbezogenen Liebeslyrik.

Walther von der Vogelweide. Buchmalerei aus der Manessischen Liederhandschrift, 13. Jahrhundert.

Diese beiden Gattungen waren damals nicht nur literarisch streng voneinander getrennt, sondern auch an einen völlig unterschiedlichen Status des Verfassers der jeweiligen Dichtungsart gebunden. Während Minnesang ursprünglich dem Adel vorbehalten war und nur in Ausnahmefällen besonders begabte, an einen bestimmten Hof gebundene nichtadelige Dichter mit dem Abfassen von Minneliedern beauftragt wurden, war die Sangspruchdichtung die Gattung der fast rechtlosen, der untersten sozialen Schicht angehörenden fahrenden Dichter. Bemerkenswert ist außerdem, dass Walther die strengen Grenzen zwischen diesen Gattungen in mehreren Liedern durchbricht.

Der Umstand, dass Walther beide Gattungen (Minnesang und Sangspruchdichtung) verwendete, hat in der Forschung Kontroversen ausgelöst. Die ältere Forschung hielt die adelige Herkunft Walthers für weitgehend gesichert und nahm an, dass ihm das Verfassen von Minnesang selbstverständlich erlaubt war. Seine Sangspruchdichtung wird von der üblichen Sangspruchdichtung unterschieden, in ihren Einflussmöglichkeiten stark aufgewertet und als Artikulationsinstrument seiner politischen Überzeugungen angesehen. Der Dichter wird gern als Parteigänger für „Kaiser und Reich" interpretiert.

Die neuere Forschung bezweifelt eine adelige Herkunft des Dichters zunehmend. Man geht davon aus, dass Walther zunächst Hofdichter in Wien war und deshalb Minnesang im Auftrag des Babenbergerhofes verfassen durfte. Um 1198 musste er aus ungeklärten Gründen den Hof in Wien verlassen, was einen großen Verlust an sozialem Status bedeutete. Walther war es nun verwehrt, Minnesang vorzutragen, weshalb er zwangsläufig auf die Gattung Sangspruchdichtung zurückgreifen musste, deren Einflussmöglichkeiten von der neueren Forschung als sehr gering eingeschätzt werden. Seinen Liedern lässt sich entnehmen, dass er sich in der Folgezeit an den bedeutendsten Fürstenhöfen des Reiches, an den Kaiserhöfen Philipps von Schwaben, Ottos IV. und Friedrichs II., aufhielt; zudem trug er Lieder unter anderem an den Höfen der Herzöge von Bayern und Kärnten, des Markgrafs von Meißen und des Landgrafs Hermann von Thüringen vor. Die neuere Forschung geht davon aus, dass Walther sich bei diesen Herren letztlich um eine Stelle als Minnesänger bemüht hat.

In seinem Spätwerk behandelt der Dichter zunehmend religiöse Themen.

Miniatur mit Beispielen früher Notenschrift für den Choralgesang aus dem 10. Jahrhundert.

Außerdem ruft er zum Kreuzzug auf. Eines der beeindruckendsten Lieder seines Spätwerks ist die so genannte „Elegie“, die zugleich ein Rückblick auf das eigene Leben und Aufruf zum Kreuzzug ist. Berühmt ist auch sein „Palästinalied“.

Perotin

Französischer Komponist

* um 1165
† 1220

Gemeinsam mit Leoninus der wichtigste Vertreter der Notre-Dame-Schule in Paris. Perotin hat die Komposition von Organa fortgeführt und gesteigert. Als wichtigste Werke und erster Höhepunkt der mehrstimmigen Musik sind die vierstimmigen Organa „Viderunt omnes“ und „Sederunt principes“ überliefert.

Adam de la Halle

Französischer Dichter und Komponist

* 1238 in Arras
† 1287 in Neapel

auch: *Adam le bossu*;
Hauptvertreter der bürgerlichen französischen Liebesdichtung des 13. Jahrhunderts. Seit 1271 stand Adam in den Diensten Robert II. von Artois, später arbeitete er am Hofe Karl II. von Anjou in Neapel.
Adam de la Halles um 1261 entstandenes Schauspiel „Laubenspiel“ ist ein ironisch-satirisches Fantasiestück. Mit dem um 1282 entstandenen „Spiel um Marion und Robin“ hatte der Dichter einen Vorläufer der komischen Oper (siehe auch Opera buffa) geschaffen. Bedeutend sind Adam de la Halles Lieder (Canzones).

Miniatur aus der mittelalterlichen Vagantenlyrik-Sammlung „Carmina burana“, 12.-13. Jahrhundert.

Guillaume de Machaut

Französischer Komponist, Kleriker und Dichter

* um 1302 bei Reims
† April 1377 in Reims

auch: *Machau, Machaud, Machault*;
bedeutender Komponist der Ars nova in Frankreich. Guillaume de Machaut war von 1323 bis 1346 Sekretär des Herzogs Johann von Luxemburg und Königs von Böhmen, anschließend bei Charles von Navarra sowie am französischen Hof. Er starb als Kanonikus der Reimser Kathedrale und war berühmt als Diplomat, Dichter und Musiker.
Machaut schuf Motetten, Balladen, Rondeaux, Virelais, Lais und vertrat gegenüber P. de Vitry einen noch strengeren Stil. Er gilt als Meister der

Isorhythmischen Motette. Sein Werk enthält aber auch viele mittelalterliche Liebeslieder (Minnesang). Die vierstimmige Messe ist zusammen mit der „Messe von Tournai“ der älteste Beitrag zur kompletten Vertonung des Messordinariums. Sie entstand wahrscheinlich zur Krönung Karls V. 1364 in Reims.

Carmina Burana

Um 1300

Eine Sammlung, vorwiegend in lateinischer Sprache, weltlicher Dichtungen aus der Hand von Klerikern (Liebes- und Trinklieder, ein Oster- und ein Weihnachtsspiel).

Sie ist um 1300 entstanden und gehörte früher dem Kloster Benediktbeuern (Bura Sancti Benedicti), ist heute im Besitz der Bayerischen Staatsbibliothek. Die geistlichen Spiele, die gattungsgeschichtlich mit den liturgischen Dramen des Mittealters zusammenhängen, beruhen auf biblischen und liturgischen Texten. Sie sind teils wörtlich übernommen, teils paraphrasiert und so dramatisiert, dass die direkten Reden gesungen werden, während der handlungstragende Text zu Rubriken umgeformt ist: Er ist rot notiert und dient als szenische Anweisung. In den Spielen sind auch zahlreiche deutsche Gesänge enthalten, z.B. in den Passionsspielen die Gesänge der Maria Magdalena und die Klagegesänge der Mutter Jesu.

Einige Texte der Lieder verwendete Carl Orff für seine *Carmina Burana* (1935-36). Er hat damit dank seiner eigentümlichen musikalischen Gestaltung die Carmina Burana musikalisch lebendig werden lassen und zugleich eines der bedeutendsten Werke der Musik des 20. Jahrhunderts geschaffen.

Francesco Landino

Italienischer Komponist, Organist, Sänger und Instrumentenmacher

* um 1335 in Fiesole oder Florenz
† 2. September 1397 in Florenz

auch: *Landini, Francesco, Cieco, da Florentia*; bedeutendster Vertreter des ita-

Oswald von Wolkenstein.

lienischen Trecento. Der schon früh erblindete Landino stammte aus einfachen Verhältnissen und gilt als zentrale Komponistenpersönlichkeit seiner Zeit. Als Organist wirkte er von 1361 an zunächst am Kloster Santa Trinità, bevor er ab 1365 als „cappellanus“ an S. Lorenzo in Florenz genannt wird, eine Position, die er bis zu seinem Tod inne hatte. Nach ihm ist auch die als Landino-Klausel bekannte musikalische Schlussformel benannt. Werke: 90 zweistimmige Ballate, 42 dreistimmige Ballate, 8 in zwei- und dreistimmigen Varianten überlieferte Ballate.

Oswald von Wolkenstein

tirolerischer Minnesänger

* um 1377 in Südtirol
† 2. August 1445 in Meran

bedeutendster deutschsprachiger Dichter des späten Mittelalters.

In seiner Jugend war der aus einer Südtiroler Adelsfamilie stammende Oswald ein Abenteurer, der im Dienst eines fahrenden Ritters ein unstetes Wanderleben führte. Im Dienst König Sigismunds nahm er an den Hussitenkriegen teil; auch am Kampf des Tiroler Adels gegen Herzog Friedrich II. von Österreich war er beteiligt.

Oswald von Wolkenstein schuf geistliche Lyrik, insbesondere Mariendichtungen, daneben aber auch temperamentvolle Minne- und Zechlieder, die nichts mehr mit der im Hochmittelalter besungenen Hohen Minne gemeinsam haben, sondern von Erotik und Ironie gekennzeichnet sind. In vielen seiner Lieder verarbeitete der Dichter erlebte Episoden. Zu vielen seiner Gedichte sind auch die von ihm selbst komponierten Melodien überliefert.

John Dunstable

Englischer Komponist

* um 1380
† 24. Dezember 1453 in London

Er wird als Canonicus und Musicus des Herzogs von Bedford (Bruder König Heinrichs V.) erwähnt. Dieser war 1422/35 Regent von Frankreich, häufig in Paris, so dass Dunstable die französische Musik wohl gekannt haben muss. Da seine Werke ebenfalls stark in italienischer Handschrift verbreitet sind, muss auch Kontakt mit Italien bestanden haben. Die 1953 abgeschlossene Gesamtausgabe der Werke von Dunstable enthält 55 Kompositionen, hinzu kommen 9 zweifelhafte. Im Mittelpunkt stehen lateinische Motetten, in denen die isoryhthmische Technik ausgeprägt ist. Die Melodik ist durbetont, fließend-gesanglich, die Choralmelodie durchzieht in kolorierter Form alle Stimmen. Besonders gerühmt wurden die italienische Ballata *O rosa bella* sowie die Motetten Quam pulchra es und Veni sancte spiritus. Dunstable komponierte ferner Ordinariumssätze und Messen. Johannes Tinctoris nennt ihn den ältesten Komponisten, der einwandfreie Musik komponiert hat.

Guillaume Dufay

Französischer Komponist

* um 1400

† 27. November 1474 in Cambrai

Von 1409-12 wird an der Kathedrale von Cambrai ein Chorknabe „Willelmus“ genannt, woraus das ungefähre Geburtsdatum 1400 hergeleitet wird. Von 1420-27 stand er in Diensten der Familie Malatesta in Pesaro und Rimini. Mit Unterbrechungen gehörte er von 1428-37 der päpstlichen Kapelle an, reiste aber auch viel und wurde 1436 mit einem Kanonikat in Cambrai beliehen. Aufenthalte in Bologna, Ferrara und Florenz sind belegt. Von 1737-44 lebte er in Savoyen, bevor er anschließend nach Cambrai ging, wo er sich bis zu seinem Tod die meiste Zeit aufgehalten haben dürfte.

Dufay genoss schon zu Lebzeiten einen in ganz Europa verbreiteten Ruf. Zahlreiche seiner Werke sind Auftragskompositionen der wichtigsten Herrscher der Zeit, von Päpsten bzw. Gegenpäpsten oder zu Hochzeiten in den großen Adels- und Königshäusern. Eine von Dufays berühmtesten Motetten, „Nuper rosarum flores“, entstand zur Einweihung des Domes zu Florenz am 25. März 1436. Wichtige von ihm gepflegte Kompositionsgattungen waren die so genannte Cantus-firmus-Messe (Missa „Caput“, Missa „Ecce ancilla diomini“, Missa „L'homme armé“ usw.) und die isorhythmische Motette.

Johannes Ockeghem am Dirigentenpult. Buchmalerei aus dem 16. Jahrhundert.

Sein Stil lehnt sich an die Musik der Ars nova zwar noch an, ist aber durch ein größeres Maß an Kantabilität gekennzeichnet und markiert damit den Beginn der Renaissance (franko-flämische Schule). Weitere Werke: einzelne Messensätze, Messproprien, Benedicamus-Vertonungen, Magnificats, (Marianische) Antiphonen, Hymnen, über 30 weitere Motetten, ca. 85 Rondeaux, Balladen und Virelais.

Initiale eines Missales, eines Messbuches aus dem 13. Jahrhundert.

Konrad Paumann

Deutscher Komponist und Organist

* 1410/15 in Nürnberg
† 24. Januar 1473 in München

Über die Ausbildung des blind geborenen Meisters ist nichts bekannt. Das damalige Nürnberg war ein Zentrum von Orgelspiel und Orgelbau und bot so genügend Anregungen und Möglichkeiten zur Förderung seines Talents. 1446 wird Paumann als Organist an St. Sebaldus und 1 Jahr später als Stadtorganist genannt. 1450 ging er nach München, wo er als Hoforganist wirkte und auf Reisen in Süddeutschland und Italien mit seinem Orgelspiel größtes Aufsehen erregte. Paumann, der außer Orgel auch Laute, Blockflöte, Harfe und Fiedel spielte, gilt als der bedeutendste deutsche Musiker seiner Zeit. Von seinen Kompositionen sind nur wenige überliefert. Wichtig war seine Erfindung einer deutschen Lautentabulatur, die bis nach 1600 in Gebrauch war.

Johannes Ockeghem

franko-Flämischer Komponist

* um 1410 in Ostflandern
† 6. Februar 1497 in Tours

Ockeghem, der vermutlich ein Schüler von G. Binchois war, gehörte 1443/44 der Kantorei an der Liebfrauenkiche von Antwerpen an, trat 1448 in die Kapelle Herzog Karls I. von Bourbon ein und stand ab 1453 in Diensten der französischen Könige Karl VII., Ludwig XI. und Karl VIII. Seit 1465 trug er denTitel „maistre de la chappelle de chant du roy“. Auf Reisen unter anderem nach Spanien auch diplomatisch tätig, wurde er von seinen Zeitgenossen als ein in seiner Epoche herausragender Musiker angesehen. Ockeghems polyphoner, auf ständige Abwechslung (Variatio) zielender Stil ist für die dritte Generation der franko-flämischen Musik wichtiges Vorbild. Zentrale Gattung in seinem Schaffen war die (Cantus-firmus-)Messe (14 vollständige Zyklen), 10 Motetten (mit gesicherten Zuschreibungen), 20 Chansons, zahlreiche verlorene und zweifelhaft überlieferte Werke. Ockeghem gilt als der Schöpfer der ersten kompletten Requiem-Vertonung (der Totenmesse).

Josquin Desprez

franko-Flämischer Komponist

* um 1449 im Burgund
† 27. August 1521 in Condé-sur-l'Escaut

auch: *Josquin des Prés*, *Josquin Després*; Josquin Desprez war zunächst Sängerknabe in St. Quentin und wahrscheinlich Schüler von J. Ockeghem. Er wurde 1459 Kapellsänger am Dom zu Mailand; ab 1472 stand er in Diensten von Maria Sforza, ab 1476 von Kardinal Ascanio Sforza. Spätestens seit 1479 war Josquin Desprez im geistlichen Stand. Von 1486 bis mindestens 1494 war er in Rom an der päpstlichen Kapelle, dann in Mailand und Ferrara (ab 1503). Josquin Desprez galt bei seinen Zeitgenossen als „Fürst der Musik“, so unter anderem bei Martin Luther, der ihn außerordentlich schätzte.

„Das Konzert". Gemälde eines anonymen flämischen Malers aus dem 16. Jahrhundert. Die Sängerin wird von einer Flöte und einer Laute begleitet.

RENAISSANCE

Die Renaissance als musikgeschichtliche Epoche reicht von etwa 1450 bis 1600. Im 15. Jahrhundert beginnen Musiker, Literaten und bildende Künstler sich als Vertreter einer „neuen" Kunst aufzufassen; in den Traktaten der Musiktheoretiker wird der Ruf nach der Wiedergeburt der Künste und einer Rückbesinnung auf die Antike laut. Man will die Musik als autonome, vermenschlichte Kunst verstanden wissen, die ihren Sinn vom Wort her erhalten muss. Die Begrenzung dieser Epoche deckt sich mit dem Zeitraum der Vorherrschaft der niederländischen Musiker, die nicht nur in ihrer Heimat, sondern vor allem in Italien, Deutschland und Spanien führende Stellen einnehmen. Durch die weite Verbreitung der Musik, an der die Entwicklung des Notendrucks großen Anteil hatte, entstand trotz nationaler Besonderheiten eine Musik europäischen Charakters. Die Niederländer entwickelten in den musikalischen Hauptformen Messe und Motette einen gesanglichen, polyphonen Stil, der sich durch das Streben nach harmonischer Fülle auszeichnet. Eine besondere Rolle spielt der Cantus firmus, eine liturgische oder weltliche Melodie, die meist als Mittelstimme die Komposition durchzieht.

Heinrich Isaac

Flämischer Komponist

* um 1450
† 26. März 1517 in Florenz

1480 bis 1494 am Hof der Medici in Florenz, nach deren Sturz in Diensten von Kaiser Maximilian I. (bis 1514), gelegentliche Aufenthalte in Italien, Konstanz und am Hof Friedrich des Weisen (bis 1500). Seine letzten Lebensjahre verbrachte Isaac in Florenz. Er schuf zahlreiche Messen, Lieder, geistliche und weltliche Sätze, darunter „Innsbruck ich muss dich lassen". Zu Isaacs Schülern zählt unter anderem Ludwig Senfl.

Martin Luther.

Martin Luther

Deutscher Kirchenreformator

* 10. November 1483 in Eisleben
† 18. Februar 1546 in Eisleben

In seiner Familie wurde die Hausmusik sehr gefördert. Er selbst spielte Laute und sang Tenor. Luthers Bedeutung für die Musik liegt vor allem in der Pflege des protestantischen Kirchengesanges und der Erneuerung der Liturgie. So setzte er es auf seinen Vorschlag hin durch, Teile der Messe von der Gemeinde ausführen zu lassen, z.B. das Credo: „Wir glauben alle an einen Gott." Luther selbst trat als Dichter und Komponist vieler Reformationslieder hervor. Er soll rund 37 Lieder geschrieben haben; zu den bekanntesten zählen *Ein feste Burg ist unser Gott*; *Aus tiefer Not schrei ich zu Dir*; *Nun freut Euch, liebe Christen*; *Ein neues Liede*; *Wohl, der in Gottes Furcht steht*; *Mit Fried und Freud*. Die formalen Einzelheiten seines Liedschaffens, wie Strophenbau, Metrik, Wort-Tonverhältnis, stehen dem Meistergesang viel näher als der eigentlichen Lyrik. Hans Sachs verfasste 1523 ein Preislied auf die „Wittenbergisch Nachtigall, die man yetzt höret überall". Dennoch sind die geistlichen Lieder zum Teil Nachbildungen von Psalmen oder mittelalterlichen lateinischen Hymnen.

Ludwig Senfl

Deutscher Komponist

* um 1486 in Basel/Zürich
† 1542/43 in München

1496 wurde Senfl in die Hofkapelle von König Maximilian I. als Sänger und Notist aufgenommen, mit der er im selben Jahr unter 14 Mitgliedern nach Wien übersiedelte. Hier erhielt er seine musikalische Grundausbildung und wurde bald Schreiber und Schüler von Heinrich Isaac. 1507/08 weilte Senfl mit der Hofkapelle zum Reichstag in Konstanz und wurde dort Kleriker. Als Isaac 1512 nach Florenz übersiedelte, scheint Senfl in den folgenden Jahren dessen Vertretung übernommen zu haben, ehe er 1517/20, bis zur Auflösung der kaiserlichen Hofkapelle, als Nachfolger Isaacs das Amt des Komponisten der Kapelle innehatte. Ab 1523 lebte er in München. Hier stand er im Dienste des Herzogs Wilhelm IV. von Bayern (als Musicus initiator, Musicus primarius oder auch fürstlicher Komponist zu München, wie er sich selbst bezeichnete). Senfl war ein kompositorisch kühner Meister der musikalischen Renaissance, ein musikalischer Handwerker von umfassendem Geist und Überblick, der auf mehreren Gebieten die Strömungen seiner Epoche genial zusammenfasste.

Constanzo Festa

Italienischer Komponist

* um 1480 in Villafranca Piemonte (Turin)
† 10. April 1545 in Rom

1517 kam er in die päpstliche Kapelle, die noch heute sein Te Deum aufführt. Festa ist der erste bedeutende Meister des durchimitierenden Motettenstils in Italien und neben Adrian Willaert einer der frühesten Madrigalkomponisten. Er schuf 1 Buch 3st. Madrigale, 1537, Messen, Messensätze, Litaneien, zahlreiche Motetten und Hymnen. Viele weltliche Werke, vor allem Madrigale, finden sich in Sammeldrucken seiner Zeit.

Hans Sachs

Deutscher Meistersinger und Schriftsteller

* 5. November 1494 in Nürnberg
† 19. Januar 1576 in Nürnberg

Hans Sachs, der Schneidersohn aus Nürnberg, verließ nach dem Besuch der Lateinschule und nach einer Schuhmacherlehre 1511 seine Vaterstadt und ging als Geselle und Meistersangs-Adept auf Wanderschaft durch ganz Deutschland. Auf dieser Reise hatte er erste Berührung mit dem Meistersang, der in gewissem Sinne den Minnesang fortsetzte. In Frankfurt trat er erstmals als Meistersinger auf. 1516 kehrte er für immer nach Nürnberg zurück. Erste Berühmtheit erlangte Hans Sachs durch sein frühes Eintreten für Luther in dem Streitgedicht „Die Wittenber-

Hans Sachs.

gisch Nachtigall“ (1523). Aus der Fülle seiner moralisierenden und kraftvoll typisierenden Schwänke und Fastnachtsspiele seien hier genannt: „Das Narrenschneiden“ (1534), „Der Schwanger Pauer“ (1544), „Der Teufel mit dem alten Weib“ (1545), „Der farend Schüler im Paradeiß“ (1550) und „S. Peter mit der Geiß“ (1555).
Eine hohe Würdigung erfuhr der lange Zeit vergessene Hans Sachs mit der Übernahme seines Knittelverses durch Johann Wolfgang von Goethe – er verherrlichte ihn durch sein Gedicht „Hans Sachsens poetische Sendung“ – und später vor allem durch R. Wagners Oper „Die Meistersinger von Nürnberg“. Mit rund 200 Bühnenstücken, 1 800 Spruchgedichten und über 4 000 Meisterliedern ist Sachs der überragende deutsche Volksdichter an der Schwelle von Mittelalter und Neuzeit.

Antonio de Cbezón

Spanischer Cembalist

* 3. Mai 1510 in Burgos
† 26. März 1566 in Madrid

Er wurde blind geboren, stand im Dienste der Kaiserin Isabella, Karls V. und Philipps II., mit dem er sich 1554/56 in England aufhielt, wo sein Spiel zum Aufschwung der Virginalmusik beigetragen haben mag. Sein Sohn und Nachfolger Hernando de Cbezón († 1602) gab Übungen, Bearbeitungen und Übertragungen von Motetten für Orgel von seinem Vater und anderen Mitgliedern der Familie heraus.

Adrianus Petit Coclico

Flämischer Komponist und Musiktheoretiker

* 1499/1500 in Flandern
† um 1563 in Kopenhagen

Er nannte sich Schüler von Josquin Desprez und war 1545 als Musiklehrer in Wittenberg, ein Jahr später in Frankfurt (Oder), 1547 in Stettin, danach Kapellmitglied in Königsberg. 1550 ging er nach Nürnberg, wo er eine Musikschule eröffnete und bei Johannes Montanus die Motettensammlung *Musica Reservata* herausbrachte. Dieser Begriff begegnet im Zusammenhang mit dem affekthaft wortausdeutenden Stil hier zum erstenmal. Außerdem gab er das musikhistorisch bedeutsame

Kompendium musices heraus. 1555 ging Coclico über Wismar an die Kopenhagener Hofkapelle.

Jakob Arcadelt

Flämischer Komponist

* um 1505
† um 1568 in Paris

Arcadelt hielt sich bis um 1539 vermutlich in Florenz, Lyon und Venedig auf. 1540-1551 Mitglied der päpstlichen Kapelle am Vatikan. Weitere Stationen: Lüttich und Reims. 1557 als Mitglied der Königlichen Hofkapelle in Paris genannt.
Arcadelt komponierte wenig Kirchenmusik und war ein Meister des (französischsprachigen) Chansons und des (italienischsprachigen) Madrigals der ersten Periode. Sein Ruhm gründet sich auf die 1539 in vier Bänden gedruckten Madrigalsammlungen, deren weite Verbreitung und Beliebtheit durch zahlreiche Nachdrucke dokumentiert ist.

Thomas Tallis

Englischer Komponist

* um 1505
† 23. November 1585 in Greenwich
(heute zu London)

Tallis war seit 1540 Organist in Canterbury. Gemeinsam mit seinem Schüler W. Byrd wurde ihm im Jahr 1575 von Königin Elisabeth I. ein Patent für den Druck und Verkauf von Noten zugesprochen. Tallis komponierte vor allem Kirchenmusik wie Messen und Motetten. Außerdem vertonte er die „Klagelieder des Jeremiah" und schuf die 40-stimmige Motette „Spem in alium".

Jakobus Clemens non Papa

franko-Flämischer Komponist

* zwischen 1510 und 1515 in Middelburg
† um 1555/56 in Diksmuide, Flandern

eigentlich: *Jacques Clément*; Clemens non Papa gehört zu den Komponisten der franko-flämischen Schule und schuf vor allem polyphone Vokalmusik, darunter Messen und Motetten, aber auch weltliche Chansons. Er wirkte u.a. an der Kathedrale von Brügge (1544/45) und in der Marianischen Bruderschaft von s'Hertogenbosch (1550).

„Die Wittenbergisch Nachtigal". Titelblatt der von Hans Sachs 1523 veröffentlichten Erstausgabe.

Andrea Gabrieli

Italienischer Komponist und Organist

* um 1510 oder 1515 in Venedig
† 1586 in Venedig

Von 1536 an war Gabrieli Sänger an San Marco in Venedig, wo er 1564 als Nachfolger von Claudio Merulo das Amt des Zweiten Organisten antrat. Schon zuvor hatte er Organistenstellen in Verona und an San Geremia in Venedig inne und reiste 1562 im Gefolge Herzog Albrechts V. von Bayern unter anderem nach Prag und Würzburg. 1585 wurde er zum Ersten Organisten an San Marco ernannt. Gabrieli schuf vielfach mehrchörige Vokalwerke, in denen er einen harmonisch und satztechnisch flächigeren Stil herausbildete, der unter anderem die später sich entwickelnde Dur-Moll-Harmonik vorbereitete. Weitere Höhepunkte seines Schaffens sind die über 200 Madrigale sowie zahlreiche Orgelwerke. Er komponierte außerdem die Musik zur Feier des Sieges von Lepanto (1571) und schuf Chöre zu einer Aufführung des Schauspiels „Oedipus tyrannus“ (1585, zur Einweihung des Teatro Olimpico von Vicenza).

Vincenzo Galilei

Italienischer Komponist und Musiktheoretiker

* um 1520 in Santa Maria a Monte (Florenz)
† 2. Juli 1591 in Florenz

Vater des Naturforschers und Philosophen Galileo Galilei. Er wurde als Lauten- und Violinvirtuose ausgebildet, wandte sich noch als 40jähriger bei Gioseffo Zarlino in Venedig dem Theoriestudium zu und nahm Unterricht in Rom bei Girolamo Mei. Danach wirkte er in Pisa als Lautenlehrer. Galileis eigentliche Bedeutung liegt in seiner Mitarbeit in der Florentiner Camerata, in deren Kreis er an der Ausarbeitung des Stile recitative maßgeblich beteiligt war.

Giovanni Pierluigi da Palestrina

Italienischer Komponist

* zwischen 3. Februar 1525 und 2. Februar 1526 in Palestrina
† 2. Februar 1594 in Rom

Als Sängerknabe wurde Palestrina zunächst in Rom an Santa Maria Maggiore musikalisch ausgebildet, bevor er in seiner Heimatstadt von 1544 bis 1551 als Organist wirkte. Anschließend bekleidete er die Kapellmeisterstelle in Rom an der Cappella Giulia (Petersdom) und wechselte 1555 in die päpstliche Kapelle (Sixtinische Kapelle) als Sänger, eine Position, die er nur kurze Zeit behielt, da Papst Paul IV. keine verheirateten Sänger mehr duldete. Es folgte im selben Jahr eine Anstellung an San Giovanni in Laterano sowie ab 1561 an Santa Maria Maggiore jeweils als Kapellmeister.

Orlando di Lasso mit der bayerischen Hofkapelle. Miniatur aus der 2. Hälfte des 16. Jahrhunderts.

Schon 1554 war sein erster Band mit Messen im Druck erschienen. Der zweite Band, 1567 gedruckt, enthält die „Missa Papae Marcelli“, die vermeintlich der gegenreformatorischen Forderung nach besserer Textverständlichkeit in der polyphonen Musik nachkommen soll. An ihr hat sich die Legendenbildung von Palestrina als Retter der katholischen Kirchenmusik entsponnen. Seine Madrigalbücher, das erste 1555 erschienen, wurden in der Folge häufig nachgedruckt, ebenso die sechs Motettenbücher (1563-1584), die insgesamt 177 Werke enthalten.

Von 1567 bis 1571 war er im Dienst des Kardinals d'Este und anschließend kehrte er auf seinen Kapellmeisterposten an der Capella Giulia am Petersdom zurück, auf dem er bis zu seinem Tod verblieb. Palestrina führte als Hauptvertreter der römischen Schule das Erbe der kunstvollen kontrapunktischen Vielstimmigkeit der niederländischen Meister (franko-flämische Schule) zu höchster Blüte und verband die Vokalpolyphonie mit dem neuen harmonischen Empfinden des späten 16. Jh.s.

Sein A-cappella-Stil wurde nach dem Tridentiner Konzil (1545-63) für die katholische Kirchenmusik als vorbildlich angesehen. Der von ihm gepflegte, ausgewogen-artifizielle Kompositionsstil blieb über die Jahrhunderte Basis für alle wichtigen Lehrwerke zum Kontrapunkt. Ein spätes Aufleben des so genannten „Palestrinastils“ brachte der Historismus im 19. Jahrhundert (Cäcilianismus). Gesamtausgaben der Werke Palestrinas erschienen im 19. Jh. (hg. von F.X. Haberl) und im 20. Jh. (hg. von R. Casimiri).

Werke: 104 Messen, über 375 Motetten, 68 Offertorien, über 65 Hymnen, 4 Lamentationen, über 140 Madrigale, über 50 geistliche Madrigale.

Baldassare Donato

Italienischer Komponist

* um 1530
† 1603 in Venedig

Er war Schüler von Cipriano de Rore. 1550 nennt er sich Sänger an San Marco, 1562/65 war er dort Kapellmeister-Assistent Adrian Willaerts und 1590 als Nachfolger Gioseffo Zarlinos 1. Kapellmeister.

Donato ist bekannt als Komponist liedhafter, witziger Villanellen. Kompositionen: *Le Napollitane,* 4stimmig, 1550; Madrigale, 4- bis 6stimmig, 2 Bücher; *Il primo libro di Motetti,* 5- bis 8stimmig, 1599.

Costanzo Porta

Italienischer Komponist und Kapellmeister

* um 1530 in Cremona
† 19. Mai 1601 in Padua

Er war Schüler von Adrian Willaert in Venedig. Um 1552 wurde er Chormeister an der Kathedrale in Osimo (Ancona). Anschließend war er Kirchenkapellmeister, ab 1565 in Padua, ab 1567 in Ravenna, ab 1574 in Loreto, ab 1580 wieder in Ravenna und ab 1589 wieder in Padua.

Porta, der zahlreiche Schüler hatte, war einer der Meister, die, ausgehend von der durch Willaert übermittelten strengen niederländischen Kompositionsweise, die kontrapunktische Vielchörigkeit des venezianischen Stils schufen.

Orlando di Lasso

niederländischer Komponist

* um 1532 in Mons, Hennegau
† 14. Juni 1594 in München

alias: *Roland de Lassus*;
Lasso, dessen Musikalität sich schon im Knabenalter offenbarte, wurde nach ersten musikalischen Unterweisungen an der Kathedrale in Mons von Ferrante Gonzaga zur weiteren Ausbildung mit nach Italien genommen. Dort lebte er von 1550 an in Neapel beim Marchese della Terza, war von 1553 bis 1555 Kapellmeister am Lateran in Rom und reiste anschließend nach Antwerpen, wo er zwei Jahre verweilte und wo auch seine ersten Werke im Druck erschienen. Seit 1556 gehörte Lasso der Hofkapelle in München an, der er ab 1564 auf Wunsch Herzog Albrechts V. von Bayern als Leiter vorstand, eine Position, die er bis zu seinem Tod inne hatte und in der er die Kapelle zu einer der europaweit renommiertesten Ensembles aufbaute. Zur Akquise von Sängern war er unter anderem auf Reisen in die Niederlande (1560), ferner besuchte er mit seinem Fürsten Prag und Speyer, wo er 1570 den Adelsbrief erhielt. Zu den herausragendsten Kompositionen, die Lasso schuf, gehören die Motettensammlungen der „Prophetiae Sibyllarum“ sowie die „Sieben Bußpsalmen“, die zu Lebzeiten Lassos von seinem fürstlichen Auftraggeber nur zu Privataufführungen freigegeben wurden (Musica riservata). Neben zahlreichen liturgischen, z.T. cantus-firmus-gestützten Kompositionen (Motetten, Messen, Lamentationen, Lektionen, Passionen, Falsobordoni) für den regelmäßigen Gottesdienst der Münchener Hofkapelle schuf Lasso vor allem große

geistliche Motetten, die dem moderneren Typus ohne Cantus firmus mit freier Imitation angehörten und die unter anderem in großformatigen Prachtdrucken erschienen waren („Patrocinium musices"). Große Kunstfertigkeit besitzen v.a. auch seine in die Hunderte gehenden französischen Chansons, italienischen Madrigale und deutschen Lieder. Aus Lassos letzten Lebensmonaten stammt die Sammlung geistlicher Madrigale „Lagrime di S. Pietro".
Zu seinen Schülern gehören L. Lechner, G. Gabrieli, J. Eccard und Gregor Aichinger. Neuere Forschungen (Franz Körndle) belegen, dass zahlreiche Motetten für lateinisch-jesuitische Schulspiele komponiert wurden und Lasso mithin zu den Pionieren der sich bald darauf durchsetzenden Gattung der Oper gelten darf.
In Italien führte Lassos Schüler G. Gabrieli den lebhaften und unmittelbaren Stil des letzten niederländischen Meisters fort. Die Söhne Lassos gaben nach seinem Tod unter dem Titel „Magnum opus musicum" (1604) einen Großteil der Motetten ihres Vaters im Druck heraus, ein Unterfangen, das als erster Versuch einer Gesamtausgabe gilt.

William Byrd

Englischer Komponist

* 1543 wahrscheinlich in Lincoln
† 4. Juli 1623 in Stondon Massey, Essex

Byrd war von 1563 bis 1572 Organist an der Lincoln Cathedral, später Sänger und Organist an der Chapel Royal. Gemeinsam mit seinem Lehrer Thomas Tallis wurde Byrd im Jahr 1575 von Königin Elisabeth I. ein Patent für den Verkauf und Druck von Noten zugesprochen. Byrd komponierte kirchenmusikalische Werke (über 60 Anthems, drei Messen, die zweibändige Motettensammlung „Gradualia" mit Vertonungen der Proprien von 1605 und 1607, und andere geistliche Musik), daneben aber auch Madrigale und bedeutende Instrumentalmusik. Vor allem seine mehr als 140 Werke für Cembalo bzw. Virginal lassen ihm für die englische Musik eine ähnliche Bedeutung zukommen, wie sie die Orgelmusik G. Frescobaldis für die italienische besaß.

Giulio Caccini

Italienischer Komponist und Sänger

* 1545 in Tivoli oder bei Rom
† 10. Dezember 1618 in Florenz

Seine 1602 erschienene Sammlung von Madrigalen und Strophenliedern „Le nuove musiche" für Gesangsstimme und Basso continuo war wegweisend für den um 1600 stattfindenden Stilwandel zum Frühbarock mit seinen affektgeladenen, geringstimmigen Kompositionen und dem so genannten Stile recitativo. Caccini gehört überdies zu den ersten Opernkomponisten der Musikgeschichte. Seine „Euridice" auf ein Libretto von O. Rinuccini erschien 1600 im Druck und wurde am 5. Dezember 1602 in Florenz uraufgeführt.

Tomás Luis de Victoria

Spanischer Komponist, Kapellmeister und Organist

* um 1550 in Avila
† 27. August 1611 in Madrid

Er war Chorknabe in seiner Geburtsstadt und kam mit 15 Jahren nach Rom. Hier studierte er am Collegium Germanicum. Victoria war 1569/70 Kapellmeister und Organist an Santa Maria di Montserrato in Rom, ab 1571 Musiklehrer am Römischen Seminar und ab 1573 Kapellmeister am Collegium Germanicum sowie an S. Apollinare. Er war 1578 als Geistlicher in Rom tätig und kehrte dann nach Spanien zurück, wo er ab 1596 Kapellmeister und Organist der Kaiserin Maria in Madrid und ab 1603 in gleicher Stellung bei deren Tochter Margarita war.

Orazio Vecchi

Italienischer Komponist und Kapellmeister

* 6. Dezember 1550 in Modena
† 19. Februar 1605 ebenda.

Er wurde in seiner Geburtsstadt von Salvatore Essenga in der Musik unterrichtet, erhielt die geistlichen Weihen und war als Musiklehrer tätig. Später wurde er Kapellmeister in Reggio Emilia und Kanonikus in Correggio. Vecchi war 1581/84 Domkapellmeister in Salò und 1584/86 in Modena. Er wurde auch zum Leiter der Hofmusik und Musiklehrer der Kinder des Herzogs bestellt.

Johannes Eccard

Deutscher Komponist

* 1553 in Mühlhausen (Thüringen)
† 1611 in Berlin

Er war 1567/71 Chorknabe in Weimar, 1571/73 Kapellsänger in München und dort zugleich Schüler von Roland de Lassus. 1577/78 stand er zu Augsburg im Dienste der Fugger, 1580 wurde er zum Vizekapellmeister der Hofkapelle in Königsberg ernannt (1604 Kapellmeister) und 1608 zum kurfürstlichen Kapellmeister in Berlin. Nächst Leonhard Lechner ist Eccard der bedeutendste Meister des mehrstimmigen evangelischen Kirchenliedes seiner Zeit.

Leonhard Lechner

Deutscher Komponist

* um 1553 in Etschtal
† 9. September 1606 in Stuttgart

Er war bis 1570 Sängerknabe an der Münchner Hofkapelle bei Roland de Lassus sowie in Landshut, danach auf Wanderschaft, vielleicht auch in Italien. 1575 wurde er in Nürnberg Schulkollaborator. Hier trat er zum Protestantismus über und hatte eine fruchtbare Schaffenszeit als Komponist für bürgerliche Musikvereinigungen. Nach einem Aufenthalt als Hofkapellmeister in Hechingen und vergeblicher Anwartschaft auf das Dresdner Hofkapellmeister-Amt wurde Lechner Hofkapellsänger in Stuttgart und 1595 Hofkapellmeister. Lechners etwa 160 Lieder verbinden deutsche Liedmelodik mit italienischen Canzonen- und Villanellenformen und polyphonen Elementen. Ähnlich verschmolz Lechner in seinen späten deutschen Motetten, die zu dem Bedeutendsten gehören, was die Zeit zwischen Lassus und Heinrich Schütz auf diesem Gebiet aufzuweisen hat.

Giovanni Gabrieli

Italienischer Komponist und Organist

* um 1557 in Venedig
† 12. August 1612 in Venedig

Giovanni war zunächst Schüler seines Onkels A. Gabrieli, bevor er 1575-79 an der Münchner Hofkapelle unter O. di Lasso verpflichtet war. 1584 folgte er seinem Onkel ins Amt des Zweiten Organisten an St. Marco in Venedig und wurde schon ein Jahr später in die Erste Position berufen, die er bis zu seinem Tod inne hatte. Unter seinen zahlreichen Schülern ragt vor allem H. Schütz hervor.

Der Markusdom in Venedig, dem Zentrum der Venezianischen Schule. Hier spielten unter vielen anderen auch die Organisten Andrea und Giovanni Gabrieli.

Seite eines Liederbuches mit einer Komposition von J. P. Sweelinck aus dem 17. Jh.

Gabrieli ist ein wichtiger Vertreter der Venezianischen Schule, er schuf vor allem geistliche Musik und entwickelte maßgeblich den vielstimmigen, konzertierenden Stil (Concerto).
In dieser Hinsicht wichtige Werke erschienen 1587 in der gedruckten Sammlung „Concerti", die sechs- bis 16-stimmige geistliche und weltliche Vokalmusik mit Instrumentalbegleitung enthält, sowie im 1597 erschienen Druck „Symphoniae sacrae". Giovanni Gabrieli lieferte entscheidende Beiträge zur Ausbildung einer eigenständigen Instrumentalmusik, er trat für die Mehrchörigkeit und die Vollstimmigkeit der Chöre ein.Weitere Werke: Zahlreiche Motetten und Messensätze, Orgelwerke, Ensemblekanzonen, Madrigale.

Thomas Morley

Englischer Komponist

* 1557 oder 1558 in Norwich
† Oktober 1602 in London

Schüler von W. Byrd. Morley schrieb Kanzonetten, Ballett- und Instrumentalstücke u.a. Besonders berühmt sind seine Madrigale, die dieser musikalischen Gattung in England zum Durchbruch verhalfen. Morley vertonte bevorzugt Sonette Shakespeares. Außerdem verfasste er auch musiktheoretische Abhandlungen. Werke: „First Book of Balletts to Five Voices" (1595), „The Triumphs of Oriana" (1601) u.a.

Giovanni Giacomo Gastoldi

Italienischer Komponist

* um 1550
† 1622

Der aus Caravaggio stammende Gastoldi trat bald als Komponist von Tanzliedern und Madrigalen hervor. Seine Werke hatten Einfluss auf die weitere Entwicklung dieser beiden musikalischen Gattungen. Er wirkte als Kapellmeister in Mantua sowie ab 1609 am Mailänder Dom.

Don Carlo Gesualdo da Venosa

Fürst von Venosa, Italienischer Komponist

* um 1560 in Neapel
† 8. September 1613 in Neapel

Vertreter der seconda prattica und Autor zahlreicher Madrigale mit extravaganter Chromatik. Gesualdo fand in den Jahrbüchern der Stadt Neapel Erwähnung, nachdem er 1590 seine erste Frau und ihren Liebhaber im Affekt ermordet hatte.

Peter Philips

Englischer Komponist, Sänger und Organist

* 1560/61 in London
† 1628 in Brüssel

Seine Ausbildung erhielt er wahrscheinlich als Chorknabe an St. Paul's Kathedrale. Wegen seines katholischen Glaubens verließ er England. Über Frankreich kam er nach Italien, wo er zunächst in das English College in Rom aufgenommen wurde. 1582/85 war er Organist des College und stand auch im Dienste des Kardinals Farnese. 1585/90 wirkte er im Dienste des Lord Thomas Paget, mit dem er Spanien, Frankreich und Flandern besuchte. 1590/97 lebte er als Musiklehrer in Antwerpen und wurde 1597 Organist der Hofkapelle in Brüssel. Philips war ein bedeutender englischer Komponist seiner Zeit. Durch ihn wurde der Kontinent mit der englischen Musik vertraut gemacht. Seine Kompositionen weisen ihn als Meister aus, der wohl mancher Anregung der italienischen Musik folgte, dabei aber zu eigenständigen Leistungen gelangte.

Jan Pieterszoon Sweelinck

niederländischer Komponist

* 1562 in Deventer
† 16. Oktober 1621 in Amsterdam

Sweelinck war als Nachfolger seines Vaters von 1580 bis zu seinem Tod Organist an der Oude Kerk in Amsterdam. Zu seinen Schülern gehörten S. Scheidt und M. Praetorius. Er komponierte Vokalwerke (Madrigale, Motetten, Psalmen; mit und ohne Generalbass), als Berühmtheit galt er jedoch wegen seiner Orgelspielkunst und seinen Orgelkompositionen. Er schuf v.a. Fantasien, Ricercare, Toccaten sowie Choral-, Lied- und Tanzbearbeitungen.

John Dowland

Englischer Komponist und Lautenist

* 1562 in Dalkey bei Dublin
† 21. Januar 1626 in London

Dowland weilte zunächst von 1579 bis 1584 als Diplomat in Paris, studierte bis 1588 in Oxford Musik und wirkte in Wolfenbüttel, Kassel, Venedig und Florenz, bevor er für einige Zeit wieder nach London zurückkehrte. Es folgten Anstellungen als königlicher Kammerlautenist in Dänemark (1598 bis 1606) sowie später bei Lord Walden in London und ab 1612 als einer der sechs königlichen Lautenisten, ebenfalls in London. Vor allem als Lautenvirtuose und Schöpfer zahlreicher Lieder und Lautenwerke erwarb sich Dowland schon zu Lebzeiten einen hervorragenden Ruf.
Werke: Psalmen, mehrstimmige Lieder mit Lautenbegleitung, Werke für Laute, „Lachrymae or seven Teares figured in seven passionate Pavans" für 5 Instrumente und Laute u.a.

Hans Leo Haßler

Deutscher Komponist, Organist,

* 26. Oktober 1564 in Nürnberg
† 8. Juni 1612 in Frankfurt (Main).

Er war der erste deutsche Komponist, der sich seine Kenntnis der italienischen Musik an Ort und Stelle verschaffte: 1584/85 studierte er in Venedig, wahrscheinlich bei Andrea und Giovanni Gabrieli. Ein Jahr später wurde er Organist der Fugger in Augsburg.
Hier gelangte er bald zu hohem Ansehen und wurde 1595 mit seinen Brüdern, die als Finanzleute tätig waren, in den Adelsstand erhoben; er stand den Stadtpfeifern vor und beschäftigte sich auch mit der Konstruktion mechanischer Musikinstrumente. 1601/08 war Haßler oberster Stadtmusicus von Nürnberg, zugleich kaiserlicher Hofdiener und Kammerorganist. Diese Ämter sowie Reisen in Handelsangelegenheiten führten ihn häufig nach Prag und in andere große Städte. 1605 verlegte er seinen Wohnsitz nach Ulm, wo er Mitglied der Kaufherrenzunft wurde. 1608 nach Dresden, wo er in den Dienst des Kurfürsten trat. Haßlers Vater Isaak Haßler (1530-1591) und sein Bruder Caspar Haßler (1562-1618) waren nebenberuflich als Organisten tätig.
Haßler knüpft stilistisch an die großen italienischen Meister seiner Zeit an, besonders an die beiden Gabrieli, gelangt aber zu einer ausgeprägt eigenen Haltung, die sich vor allem in seinen Tanzliedern zeigt. Hier spiegelt sich die süddeutsch-bürgerliche Atmosphäre, in der er lebte, besonders deutlich. Ihr entspricht auch die klare Ausprägung von Dur-Moll gegenüber zeitgenössischen kirchentonartlichen Bindungen, die bei Haßler noch weiter zurücktreten als bei anderen deutschen Komponisten um 1600. Auch in der Entwicklung des neuzeitlichen Akzenttaktes (gegenüber dem Modalrhythmus) ist Haßler weit vorangeschritten.

Dame am Cembalo. Detail aus einem Gemälde von G. Coques aus dem 17. Jahrhundert.

Barock

Der musikalische Barock umfasst die Zeit von etwa 1570/80 bis gegen 1730/40. Er ist in Italien entstanden, wo in 2 Städten 2 grundlegende Merkmale der Barockmusik ausgebildet wurden. In Venedig wurde von den 3 Organisten an San Marco Willaert, Andrea und Giovanni Gabrieli die Mehrchörigkeit entwickelt, von der Struktur des vertonten Textes gelöst und schließlich auf Instrumentalgruppen angewandt. Diese instrumentalen Chöre (bis zu 5) wurden von G. Gabrieli teilweise mit genauen Besetzungsangaben versehen, wodurch die Absicht des Abhebens verschiedener Klanggruppen voneinander und das konzertierende Prinzip, der stile concertato, offenbar wird. Das Prinzip des Konzertierens, das ein neues Klangbewusstsein voraussetzt, drang dann in fast jede Vokal- und Instumentalmusik der Zeit ein und wurde im Concerto grosso, das eine der Hauptformen der barocken Orchestermusik darstellt, formkonstitutiv. Die zweite grundlegende Errungenschaft des Barock, die Monodie, entspringt ebenso wie die Mehrchörigkeit den Tendenzen der Renaissance, scheidet sich aber mit einem deutlicheren Bruch von dieser. Die Monodie, vorgebildet schon in den Lautenliedern des 16. Jahrhunderts, entstammt den Bestrebungen der Camerata Fiorentina, die Musik der griechischen Antike, ihre vermeintliche Schlichtheit, Natürlichkeit und Reinheit der Gegenwart wieder dienstbar zu machen. So trat an die Stelle der Vielstimmigkeit, des polyphonen Gewebes die Monodie, der Sologesang mit einer bassbetonten, wesentlich akkordischen Begleitung. Die Begleitung übernahm dann bald der Generalbass, der für die Barockmusik so unentbehrlich wurde, dass man die Epoche des Barock auch als „Generalbasszeitalter" bezeichnet hat.

Claudio Monteverdi

Claudio Monteverdi

Italienischer Komponist

* 15. Mai 1567 in Cremona
† 29. November 1643 in Venedig

Monteverdi ist heute vor allem als einer der wichtigsten Wegbereiter der Oper bekannt, deren neuen Stil (*Seconda prattica*) er entscheidend mitprägte. Aber auch die so genannte *Prima prattica* war Monteverdi vertaut, und wurde von ihm gepflegt. Die Seconda prattica das Opernstils war immer wieder Zielscheibe teils heftiger Angriffe, besonders des Musiktheoretikers G.M. Artusi.

Monteverdi war lange Zeit als Musiker tätig, später in der Stellung eines „maestro de la camera e de la chiesa sopra la musica" am Hof V. Gonzagas in Mantua. Für die dortige „Accademia degl'Invaghiti" schrieb er 1607 sein erstes dramatisches Werk: „L'Orfeo". Schon mit dieser Oper markiert Monteverdi einen unbestrittenen ersten Höhepunkt im Bereich der noch jungen Oper. Später wird er „Maestro di cappella" an S. Marco in Venedig, wo er 1543 nach einer letzten Reise in seiner Geburtsstadt Cremona am 29. November stirbt.

Hauptwerke: „L'Orfeo"(1607), „Il ritorno d'Ulisse in patria"(1641), „L'incoronatione di Poppea"(1642), acht Madrigalbücher, Marienvesper.

Marco da Gagliano

Italienischer Komponist

* 1. Mai 1582 in Florenz
† 25. Februar 1643 ebenda

Er war der Schüler des florentinischen Kapellmeisters Luca Bati, dessen Nachfolger an S. Lorenzo er 1608 wurde. 1607 gründete er die Accademia degli Elevati.

Für den Gonzaga-Hof in Mantua komponierte er 1607 die Oper *Dafne* und ließ sich währenddessen in Florenz durch Jacopo Peri vertreten. Gagliano ist ein bedeutender Vertreter des frühen Stile rappresentativo, komponierte daneben aber auch im traditionellen polyphonen Stil.

Johann Staden

Komponist und Organist

* 2. Juli 1581 in Nürnberg
† 15. November 1634 ebenda

Über seine Kindheit ist nichts überliefert; um 1600 soll er in Nürnberg als Organist tätig gewesen sein. Staden war ab 1604 fürstlicher Organist in Bayreuth und ab 1605 mit dem Hof in Kulmbach. Um 1610 kehrte er vermutlich in seine Heimatstadt zurück, wo er 1616 Organist an der Spitalskirche, im selben Jahr an der Lorenzkirche und 1618 an der Sebalduskirche wurde. Sein bekanntester Schüler war Johann Erasmus Kindermann. Kompositionen: *Neue Pavanen, Galliarden, Couranten, Balletten, Intraden und Canzonen,* 1618; *Opusculum novum,* 1625; *Operum musicorum posthumorum* 1643; *Neue teutsche Lieder nach Art der Villanellen, beyneben etlicher Baletti oder Tantz,* 1606; *Neue teutsche Lieder mit poetischen Texten, samt etlichen Galliarden,* 1609; *Venus Kräntzlein...,* 1610; *Neue teutsche geistliche Gesäng,* 1609; *Harmoniae sacrae...,* 1616; *Kirchenmusik* 1637.

Gregorio Allegri

Italienischer Sänger und Komponist

* 1582
† 7. Februar 1652 in Rom

Allegri war seit seiner Jugendzeit in den Chören verschiedener römischer Kirchen als Sänger verpflichtet, bevor er sich bei G.M. Nanino zum Komponisten ausbilden ließ. Weitere Anstellungen führten ihn nach Fermo (1607-21), Tivoli und ab 1628 wieder nach Rom. Später wurde er als Sänger in die Päpstliche Kapelle von Urban VI-II. berufen, für die er unter anderem sein berühmtes „Miserere“ schuf. Es wurde immer in der Karwoche aufgeführt und die Noten blieben streng unter Verschluss. W.A. Mozart soll das Werk als 14-Jähriger nach einmaligem Hören aus dem Gedächtnis niedergeschrieben haben.

Allegri komponierte hauptsächlich Kirchenmusiken, die teilweise der älteren römischen Vokalpolyphonie verpflichtet sind, aber auch Werke im moderneren, nach 1600 gebräuchlichen konzertierenden Stil.

Heinrich Schütz.

Girolamo Frescobaldi

Italienischer Komponist

* 12. September 1583 in Ferrara
† 1. März 1643 in Rom

Schüler von Luzzasco Luzzaschi. Frescobaldi war der bedeutendste Komponist von Instrumentalmusik um 1600, und darüber hinaus auch einer der ersten, Komponisten, die sich überhaupt mit der Instrumentalmusik in gleichwertiger Weise wie mit der Vokalmusik auseinander setzten. Frescobaldi machte sich als Sänger, Cembalist und Organist einen Namen und bekleidete verschiedene Ämter, darunter (bis zu seinem Tod) das des Organisten an St. Peter in Rom. Zu seinen Hauptwerken zählen die „Fiori musicali“ (1635), in denen Frescobaldi ausgearbeitete Tokkaten, Fantasien, Ricercare usw. über Choralmelodien als so genannte Orgelmessen niedergeschrieben hat.

Orlando Gibbons

Englischer Komponist und Musiker

* 25. Dezember 1583 in Oxford
† 25. Juni 1625 in Canterbury

Vertreter der englischen Virginalisten. Gibbons wirkte am englischen Hof und war ab 1623 Organist der Westminster Abbey. Seine Bedeutung für die englische Kirchenmusik ist hoch einzuschätzen. Seine Anthems, seine Madrigale und vor allem seine Kompositionen für das Virginal zählen zu den herausragenden musikalischen Schöpfungen seiner Epoche.

Heinrich Schütz

Deutscher Komponist

* 14. Oktober 1585 in Bad Köstritz, Thüringen
† 6. November 1672 in Dresden

Schütz studierte zuerst die Rechte, ging dann, gefördert durch Landgraf Moritz von Hessen, nach Italien (Stipendium in Venedig, daher Kontakt zu C. Monteverdi und G. Gabrieli). Schütz brachte die Neuerungen der italienischen Musik zu Beginn des 17. Jh. nach Deutschland und wurde so einer der entscheidenden Weg-

bereiter des deutschen Barock. Sein großer Einfluss macht sich schon am Werk seiner Zeitgenossen, so etwa bei J.H. Schein, bemerkbar. 1617 wurde Schütz Dresdner Hofkapellmeister. Er schrieb die erste Oper in deutscher Sprache („Dafne“, Musik verschollen), außerdem Madrigale, geistliche Konzerte, Motetten und Passionen.
Hauptwerke: „Psalmen Davids“ (1619), „Cantiones sacrae“ (1625),“Deutsches Magnifikat“ 1671) und die „Kleinen geistlichen Konzerte“ für Singstimmen und Basso continuo.

Johann Hermann Schein

Deutscher Komponist

* 20. Januar 1586 in Grünhein
† 19. November 1630 in Leipzig

Schein war zunächst Chorknabe der Dresdner Hofkapelle, ab 1603 Alumnus in Schulpforta, 1607 Jurastudent in Leipzig, 1615 Hofkapellmeister in Weimar und 1616 Kantor der Thomaskirche in Leipzig (wie später J.S. Bach). Neben H. Schütz und S. Scheidt war Schein einer der großen Meister der deutschen Musik in der ersten Hälfte des 17. Jh.s. Er spielte in der Geschichte der Instrumentalsuite eine wichtige Rolle, ebenso schuf er frühe Beispiele des geselligen Chorlieds und des ein- bis dreistimmigen Generalbasslieds.
Werke/ wichtige Drucke: „Venus Kräntzlein“ (1609, fünfstimmige deutsche Leider, Intraden, Galliarden, Canzonen), „Cymbalum Sionium“ (1615, deutsche und lateinische Motetten), „Banchetto musicale“ (1617, Tanzsuiten), „Musica divina“ (1620, geistliche Musik), „Musica boscareccia Wald-Liederlein, auff Italian-Villanellische Invention“ (3 Teile: 1621, 1626, 1628, dreistimmige deutsche Lieder mit und ohne Generalbass), „Israelis Brünnlein“ (1623, fünf- und sechsstimmige Motetten mit Generalbass), „Cantional oder Gesangbuch Augspurgischer Confession“ (1627, 312 vier- bis sechsstimmige Sätze, nur teilweise von Schein), Gelegenheitskompositionen zu gesellschaftlichen Anlässen.

Samuel Scheidt

Deutscher Organist und Komponist

getauft 3. November 1587 in Halle an der Saale
† 24. März 1654 in Halle an der Saale

seit 1609 Hoforganist, seit 1620 Hofkapellmeister, 1628 bis 1630 musikalischer Direktor in Halle. 1624 erschien seine Schrift „Tabulatura nova“, in der er unter anderem Orgelkompositionen veröffentlichte. Scheidt wird zu den bedeutendsten protestantischen Kirchenmusikern des 17. Jh.s gezählt. Sein Stil ist entscheidend von J. Sweelinck beeinflusst worden, bei dem er auch in Amsterdam studierte.
Weitere Werke: „Görlitzer Tabulaturbuch“ (1650), „Ludi musici“ (4 Bände 1621 bis 1627) u.a.

Henry Lawes

Englischer Komponist

* 5. Januar 1596 in Dinton
† 21. Oktober 1662 in London

Bruder von William Lawes. Er studierte eventuell bei Coperario, wurde 1626 Mitglied der Hofkapelle. Lawes wurde schon zu seiner Zeit als der führende englische Liedkomponist anerkannt. Sein neuer, stark wortbezogener Stil war für den englischen Barock von großer Bedeutung.

William Lawes

Englischer Komponist

* 1. Mai 1602 in Salisbury
† 1645 in Chester

Bruder von Henry Lawes. Er studierte bei Coperario, wurde Kammermusiker am Hofe Karls I. und fiel als Soldat der Royalistenarmee in den Kämpfen des Bürgerkrieges. Lawes ist ein bedeutender Meister der englischen mehrstimmigen Instrumentalkunst. Seine beiden Hauptsammlungen sind *Royal Consorts of Viols* und *Great consorte;* anderes ist in Veröffentlichungen der Zeit verstreut. Mit Simon Ives komponierte er die Musik zu James Shirleys *The Triumph of Peace,* 1633.

Biagio Marini

Italienischer Komponist, Violinist und Kapellmeister

* um 1597 in Brescia
† 20. März 1665 in Venedig

Er studierte bei Giovanni Battista Fontana und Claudio Monteverdi. 1615 war er Geiger an San Marco in Venedig, ab 1620 Kapellmeister in Brescia, ab 1621 Musiker beim Herzog von Parma und nach 1623 bis etwa 1645 in Neuburg (Donau) am Hofe der Wittelsbacher (von da auf Reisen unter anderem in Düsseldorf und Brüssel.) 1649 hielt er sich in Mailand auf, war 1652 Kapellmeister in Ferrara und lebte ab 1653 wieder in Venedig. Marini war einer der ersten Vertreter der sich spezialisierenden Violinmusik und als solcher beteiligt an der Herausbildung eines speziellen Violinstils. Zunehmend verfeinerte er die Selbständigkeit der von der Violine auszuführenden Oberstimme in den Instrumentalsätzen. Neben Werken für Violine solo, für Violine mit anderen Instrumenten oder Singstimmen komponierte er andere Instrumentalmusik, Vokalwerke und eine Oper.

Francesco Cavalli

Italienischer Komponist

* 14. Februar 1602 in Crema
† 17. Januar 1676 in Venedig

Er hieß ursprünglich Francesco Caletti-Bruni, nahm jedoch später den Namen seines Förderers Federigo Cavalli an, wie es im 17. Jahrhundert im Allgemeinen üblich war. Cavalli wirkte an verschiedenen venezianischen Kirchen und genoss einen hervorragenden Ruf als Opernkomponist. Zur Hochzeit Ludwigs XIV. komponierte er die Oper „L'Ercole amante“ (1662).

Giacomo Carissimi

Italienischer Komponist

* 18. April 1604 in Rom
† 12. Januar 1674 in Rom

Carissimi war seit 1630 Kapellmeister am Jesuitenkolleg in Rom, zu dem die Kirche San Apollinare gehört. Er schuf vor allem geistliche Musik. Insbesondere seine Oratorien waren für die noch junge Gattung von großer Bedeutung. Von seinen 15 lateinischen Oratorien sind als Hauptwerke „Jonas“, „Jephta“, „Ezechias“, „Balthazar“, „Abraham et Isaac“, „David et Jonathas“, „Historia divitis“, „Diluvium universale“ sowie „Extremum judicium Salomonis“ zu nennen. Schüler von Carissimi waren A. Scarlatti, J.K. Kerll, C. Bernhard, M.A. Charpentier.
Beeinflusst von C.Z. Monteverdi konnte Carissimi der Kirchenmusik neue Impulse vermitteln. Er schuf neben seinen Oratorien zwölf Messen sowie zahlreiche Kantaten und Motetten. Werke: „Historia de Jephte“, „Dives malus“ u.a.

Andreas Hammerschmidt

böhmischer Komponist

* 1611/1612 in Brüx (Böhmen)
† 29. Oktober 1675 in Zittau

Er begann seine musikalische Laufbahn als Organist, wirkte ab 1635 in Freiberg (Erzgebirge) und ab 1639 in

Jean-Baptiste Lully.

Zittau an St. Petri. Genauere Daten über seine jahrzehntelange Tätigkeit in Zittau sind nicht überliefert. Er scheint die Stadt nur gelegentlich zu Reisen in nahegelegene Großstädte verlassen zu haben. Seine Kompositionen waren jedoch in ganz Deutschland bekannt und sicherten ihm Ansehen und Wohlstand. Hammerschmidt ist als der bedeutendste Vertreter der deutschen Kirchenmusik neben Heinrich Schütz anzusehen. Seine Werke nehmen in starkem Maße den italienischen konzertierenden Stil auf.

Johann Jakob Froberger

Deutscher Komponist

* 18. Mai 1616 in Stuttgart
† 6. Mai 1667 in Héricourt

Als Sohn des Stuttgarter Hofkapellmeisters Basilius Froberger geboren, ging Froberger 1634 nach Wien, um seine musikalische Ausbildung fortzuführen. Drei Jahre später wurde er dritter Hoforganist in Wien. Die Jahre von 1638 bis 1640 verbrachte er in Rom, wo er Komposition bei G. Frescobaldi studierte. Von 1641 bis 1658 arbeitete er wieder in Wien, unterbrochen von längeren Konzertreisen in den Jahren 1645 bis 1653 (Froberger war ein bedeutender Cembalo- und Orgel-Virtuose). Von 1653 an arbeitete er für Sybille von Württemberg.
Frobergers Wirken war vor allem für die Klaviersuite von Bedeutung, als deren eigentlicher Schöpfer er anzusehen ist. Er komponierte mehrere Dutzend Suiten. Außerdem schuf er z.B. Toccaten, Fantasien und Kanzonen. Frobergers Kompositionsstil ist dadurch gekennzeichnet, dass er Stilelemente aus verschiedenen Ländern einfließen ließ.

Marc'Antonio Cesti

Italienischer Komponist und Sänger

* 5. August 1623 in Arezzo
† 14. Oktober 1669 in Florenz

Unter dem Namen Frate Antonio wurde Cesti 1637 Mitglied im Franziskanerorden. 1645 war er für vier Jahre als Domkapellmeister in Volterra tätig. 1652 wurde Cesti Kapellmeister Erzherzog Ferdinands in Innsbruck, was er

auch dann noch blieb, als er 1659 als Tenorist in die Sixtinischen Kapelle zu Rom berufen wurde. Ab 1662 bekleidete er das Amt eines Vizekapellmeisters an der Hofmusik in Wien.
Cesti gilt als wichtiger Vertreter der italienischen Oper der zweiten Hälfte des 17. Jh.s., dem es gelang, ihre Stellung auch in Wien zu festigen. Dazu trugen u.a. die Uraufführung seiner Prachtoper „Il pomo d'oro“ (1668) bei. Insgesamt komponierte Cesti 15 Opern, über 65 weltliche Kantaten und einige geistliche Vokalwerke.

Szene aus „Le Bourgois gentilhomme“ von Lully und Molière. Gemälde von C. R. Leslie.

John Banister

Komponist und Violinenspieler

* 1630 in London
† 3. Oktober 1679 ebenda

Er war der Sohn eines Stadtmusikanten und trat 1660 in den Dienst Karls II., der ihn zu Studien nach Frankreich sandte. 1662/66 war er in London Leiter einer Gruppe von 12 Geigern (aus His Majesty's Violins ausgesucht) und danach Musiklehrer einer Prinzessin. Von 1672 an veranstaltete er in seinem Hause Konzerte, zu denen jedermann gegen Bezahlung Zutritt hatte und für die er mit Zeitungsannoncen warb. Er steht somit am Beginn des öffentlichen Konzertwesens in England.
Banister veröffentlichte mit Thomas Lowe den Sammelband *Ayres and Dialogues Composed for Voices and Violins*, 2- bis 4stimmig, 1678, und komponierte Schauspielmusik, Lieder zu Theaterstücken, einzelne Instrumentalsätze.

Jean-Baptiste Lully

Französischer Komponist

* 28. November 1632 in Florenz
† 22. März 1687 in Paris

eigentlich: *Giovanni Battista Lulli*;
Seine erste Anstellung in Paris erhielt Lully 1646 bei der Prinzessin de Montpensier, wo er als Mitglied der Hauskapelle große musikalische Begabung zeigte. 1653 wurde er Hofkomponist von Ludwigs XIV. und Geiger im Ensemble der „vingt-quatre violons du roi“; wenig später folgte die Gründung eines weiteren Orchesters, der „petits violons“ mit 16 Instrumentalisten. Lully wurde 1661 zum „Surintendant de la musique“ und 1662 zum „Maître de la musique de la famille royale“ ernannt.
Er komponierte zahlreiche Divertissements und Ballette. Aus der Zusammenarbeit mit Molière entstanden Comédie ballets und Pastoralen, höfische Unterhaltungsstücke mit Tanzeinlagen. 1672 wies ihm der König das Privileg zum Aufbau der Académie royale de musique zu.
1680, am Höhepunkt seines Ruhmes, wurde er zum „Secrétaire du roi“ ernannt und starb wenige Jahre später an einer Blutvergiftung, die er sich beim Dirigieren mit den damals üblichen Dirigierstäben am Fuß zugezogen hatte.
Lully war eine Persönlichkeit des französischen Absolutismus, eng verwoben mit dem Königshaus. Von der Gunst Ludwigs XIV. abhängig formte er in einer Art Gesamtkunstwerk Tanz (Ballett), Bühne und Musik zu einer Einheit und drängte den italienischen Einfluss in der Musik deutlich zurück. Seine Orchestersuiten wirkten stilbildend auf J.S. Bach und G.F. Händel. Schüler Lullys waren Johann Sigismund Kusser, G. Muffat und Johann Caspar Ferdinand Fischer.
Werke: 16 Opern (vom Typ der Tragedies lyriques, z.B. „Alceste“, „Thésée“, „Atys“), über 25 Ballette, 14 Comédies ballets, zahlreiche Motetten mit Instrumentalbegleitung, Suiten, Ouvertüren, Tänze u.a.

Vor sich ein Notenblatt, den Kopf auf den Arm gestützt: Dietrich Buxtehude auf einem Gemälde aus dem 17. Jahrhundert.

Marc Antoine Charpentier

Französischer Komponist

* um 1645 in Paris
† 24. Februar 1704 in Paris

Schüler von G. Carissimi. Charpentier erwarb sich vor allem als Komponist geistlicher Musik Ruhm. Er schrieb Oratorien, Messen und Bühnenwerke. Der Musiker war Kapellmeister an der Kirche St. Louis in Paris und seit 1698 an der dortigen Sainte-Chapelle. Hauptwerke: „Filius prodigues", „Le Reniement de Saint Pierre", „Médée" (Oper).

Antonio Draghi

Italienischer Komponist

* 1635 in Rimini
† 16. Januar 1700 in Wien

Er war zunächst Bassist in Venedig, ging 1658 nach Wien, wo er 1669 Kapellmeister, 1673 Intendente delle Musiche teatrali Kaiser Leopolds I. und 1682 Hofkapellmeister wurde. Als Opernkomponist führte Draghi den theatralischen Typus von Antonio Cesti weiter bei Bevorzugung kurzer Arienformen und tonmalerischer Wendungen. Er betätigte sich auch als Librettist. In den letzten Jahrzehnten des 17. Jahrhunderts beherrschte die Produktivität Draghis das Wiener Musikleben nahezu gänzlich. Draghi schuf 172 Opern; 43 Oratorien; zahlreiche Kirchenmusik.

Dietrich Buxtehude

Deutscher Komponist

* um 1637 vermutlich in Oldesloe
† 9. Mai 1707 in Lübeck

Dietrich Buxtehude wurde als Sohn eines Kirchenorganisten geboren und lernte von seinem Vater früh das Orgelspielen. Nach kleineren Organistenstellen wurde er 1668 Organist und Kantor an der Marienkirche in Lübeck. Der Organist machte die von seinem Vorgänger Franz Tunder eingeführten Abendmusiken (Konzerte, die jedes Jahr vor Weihnachten gespielt wurden) zu einem musikalischen Ereignis von solchem Rang, dass J.S. Bach mehrere hundert Kilometer zu Fuß ging, um sie zu hören. Buxtehudes Kompositionen hatten maßgeblichen Einfluss auf das Werk Johann Sebastian Bachs. Insbesondere Buxtehudes Toccaten, Fugen und Präludien wiesen eine bedeutende Wirkungsgeschichte auf. Außerdem verfasste der Komponist auch Vokalwerke für die Kirche sowie Suiten und Sonaten.

Johann Wolfgang Franck

Deutscher Komponist

* 17. Juni 1644 in Unterschwaningen (Mittelfranken)
† 1696/1719

Franck war 1665 Hofmusikus, 1673 fürstlicher Kapellmeister in Ansbach, floh 1679 wegen einer Straftat nach Hamburg, wo er sich zunächst als Opernkomponist betätigte und 1682/85 Domkapellmeister war. 1690 ging Franck nach England, wo er besonders als Liedkomponist Erfolg hatte. Er schuf 73 Melodien zu Gedichten Hinrich Elmenhorsts im Geistlichen Gesangbuch, 1685, und in den Geistreichen Liedern, 1700, sowie Solokantaten *Erster Theil Musikalischer Andachten,* 1687, und etwa 15 Opern.

Johann Christoph Bach

Deutscher Komponist und Organist

* 8. Dezember 1642 in Arnstadt
† 31. März 1703 in Eisenach

Organist in Eisenach ab 1665, später hier auch Cembalist der Hofkapelle und Komponist; der hervorragendste

Kopf der älteren Bach-Generation, in der Familienchronik als der „große und ausdrückende“ Komponist bezeichnet. Charakteristisch für die kühne Harmonik in seiner Musik sind die Solokantate *Ach, dass ich Wasser g'nug hätte* und das Variationswerk für Klavier über die *Aria Eberliniana* (1690).

Alessandro Stradella

Italienischer Komponist

* 1. Oktober 1644 in Montefestino bei Neapel
† 25. Februar 1682 in Genua

Von Stradellas Lebensumständen ist wenig überliefert; zahlreiche Berichte sprechen aber von einem abenteuerlichen Leben mit zahlreichen Liebesabenteuern. Während eines solchen wurde Stradella von einem eifersüchtigen Ehemann ermordet.

Mit seinen Instrumentalwerken, Kantaten, Opern und Oratorien legte Stradella die Grundlagen für A. Scarlatti und die Musik des 18. Jahrhunderts.

Heinrich Ignaz Franz (von) Biber

Österreichischer Komponist und Geiger

* 12. August 1644 in Waretenberg, Böhmen
† 3. Mai 1705 in Salzburg

Biber war zunächst Musiker der Olmützer Hofkapelle, wo er sich schnell einen guten Ruf als Virtuose erwarb, von wo er aber 1670 ohne formelle Entlassung nach Salzburg flüchtete. Dort bekleidete er zunächst die Position eines Hofmusikers, ab 1679 die des Vizekapellmeisters und ab 1684 des Kapellmeisters und Truchsess. 1690 wurde er von Kaiser Leopold I. in den Adelsstand erhoben. Vor allem mit seinen 16 Violinsonaten, den so genannten „Rosenkranzsonaten“ oder Sonaten der „15 heiligen Mysterien“ (1676) setzte Biber für die Entwicklung des virtuosen Violinspiels neue Maßstäbe. Sie enthalten unter anderem die Technik der Skordatur, Doppel-, Tripel- und Quadrupelgriffe sowie vielfach polyphones Spiel.

Weitere Werke: Opern („Alessandro in Pietra“, „L'ossequio di Salisburgo“), Schuldramen, Vespern, Litaneien, Requiem-Vertonungen, Offertorien, Messen, (unter anderem Missa Sancti Henrici), Werke für 5- bis 8-stimmiges Blechbläserensemble (unter anderem die Serenade „mit dem Nachtwächterruf“), Musik für Streicherensemble, Partiten, Sonaten u.a.

Antonio Stradivari

Italienischer Geigenbauer

* 1644 oder 1648/49 in Cremona
† 18. Dezember 1737 ebenda

Er wurde von Nicola Amati unterwiesen. Das erste von Stradivari signierte Instrument datiert von 1665. Stand er anfangs unter starkem Einfluss von Amati, so experimentierte er zwischen 1685 und 1700 an Form und Material und brachte um 1700 ein eigenes Modell heraus, das sich durch größere Form, niedrigere Wölbung und stärkere Neigung der f-Löcher auszeichnet; der Boden besteht aus Ahorn, die Decke aus Fichte, Leisten und Klötzchen aus Weide, die Farbe der Lackierung ist leuchtend Braun (Hellrot auf Goldgelb). Die Stradivari-Geige hat gegenüber den Instrumenten Amatis und Guarneris (die weich, dunkel, „flötenartig“ klingen) einen hellen, scharfen, „oboenartigen“ Klang. Stradivari baute über 1100 Instrumente, von denen heute noch etwa 540 Violinen, 12 Violen und 50 Violoncelli existieren (wobei die Echtheit nicht in allen Fällen nachgewiesen ist). Als seine wertvollste Geige wird das 1715 gebaute, von dem Geiger Messia gespielte und mit dessen Namen versehene Instrument bezeichnet (mehrere Stradivari-Geigen tragen

Antonio Stradivari. Gemälde von Edgar Bundy, 1893.

die Namen ihrer einst berühmten Besitzer). Von seinen 11 Kindern waren nur 2 als Geigenbauer tätig, Francesco und Omobone.

John Blow

Englischer Komponist

* Februar 1649 in Newark (Nottinghamshire)
† 1. Oktober 1708 in London

Er war zunächst Kapellknabe, wurde 1668 Organist an der Westminster Abbey, verzichtete 1680 aber auf diese Position zugunsten seines Schülers Henry Purcell und nahm sie nach dessen Tode 1695 wieder ein. Er war auch mehrfach in der königlichen Kapelle beamtet. Mit einem harmonisch kühnen, eigenwilligen Stil gehört Blow zu den wichtigsten englischen Meistern seiner Zeit.

Johann Pachelbel

Deutscher Komponist

getauft 1. September 1653 in Nürnberg
† 3. März 1706 in Nürnberg

Pachelbel ließ sich in Nürnberg, Regensburg sowie in Wien bei J.K. Kerll musikalisch ausbilden. Er bekleidete die Ämter des Hilfsorganisten am Wiener St. Stephans-Dom (ab 1673), des Hoforganisten in Eisenach (ab 1677, Bekanntschaft mit J.A. Bachs Vater), des Organisten der Predigerkirche in Erfurt, ein Jahr später des Hoforganisten in Stuttgart (ab 1690), des Stadtorganisten in Gotha (ab 1692) und kehrte 1695 in seine Geburtsstadt zurück, wo er zum Sebaldus-Organisten ernannt wurde.
Pachelbel galt als einer der herausragenden Orgelvirtuosen seiner Zeit. Er verschmolz in seinen Kompositionen italienische, süd- und mitteldeutsche Einflüsse, gelehrten Kontrapunkt mit ausgeprägt gesanglicher Stilistik. Er komponierte Musik für Tasteninstrumente (Choralbearbeitungen, z.B. „Acht Choräle zum Praeambulieren“, 1693; Fantasien; Tokkaten; Fugen; Chacconen; Suiten.
Werke: Arien, Motetten, geistliche Konzerte, Vespervertonungen (unter anderem Magnificats), zahlreiche zweifelhafte und verlorene Werke u.a.

Arcangelo Corelli.

Arcangelo Corelli

Italienischer Violinist und Komponist

* 17. Februar 1653 in Fusignano
† 8. Januar 1713 in Rom

Nach seinem Studium in Bologna ging Corelli 1675 nach Rom, wo er sowohl als Violinist als auch als Komponist außerordentlich erfolgreich war: Er galt als der größte Violinen-Virtuose seiner Zeit, seine Kompositionen waren sehr begehrt und weit verbreitet. 1690 war ihm die Leitung der Hofkapelle des römischen Kardinals Ottoboni übertragen worden.
Corelli begründete die italienische Violinistenschule und war maßgeblich an der Entwicklung der „Sonata da chiesa“, der „Sonata da camera“ sowie des Concerto grosso. Als Komponist schuf er ausschließlich Werke für Streichinstrumente. Schüler Corellis waren F. Geminiani, P. Locatelli, G. Muffat sowie G.F. Händel.

Agostino Steffani

Italienischer Komponist

* 25. Juli 1654 in Castelfranco Veneto
† 12. Februar 1728 in Frankfurt am Main

Steffani wurde zur musikalischen Ausbildung von Kurfürst Ferdinand Maria nach München geholt, wo er von 1668 bis 1671 bei J.K. Kerll studierte. Nach Lehrjahren bei E. Bernabei in Rom (1672 bis 1674) kehrte er zurück nach München, wo er ab 1675 das Organistenamt an der Hofkapelle inne hatte. 1680 wurde er zum Priester geweiht, erfüllte regelmäßig diplomatische Aufträge in ganz Europa und komponierte fünf Opern und ein Turnierspiel für den Wittelsbacher-Herrscher. Ab 1688 war er in Diensten des Herzogs (später Kurfürst) Ernst August von Hannover. 1706 wurde er zum Bischof geweiht und vom Papst 1709 zum apostolischen Vikar für Norddeutschland ernannt. Bereits von Krankheit gezeichnet, zog er sich 1722 nach Padua zurück, ging 1725 erneut nach Hannover und starb auf einer Reise nach Mainz.
Steffani komponierte Orchesterwerke und Kirchenmusik; insbesondere seine Opern waren musikgeschichtlich bedeutsam. Sein musikalischer Nachlass ist verschollen.

Bartolomeo Cristofori

Italienischer Instrumentenbauer

* 4. Mai 1655 in Padua
† 27. Januar 1731 in Florenz

Erfinder und Erbauer des ersten Klaviers. Das „gravicembalo col piano e forte“ genannte Instrument verband einen dem Hackbrett nachempfundenen Anschlag der Saiten mit Hämmern mit der vom Cembalo stammenden Klaviatur.

Dadurch gelang es Cristofori ein Instrument zu bauen, das sowohl laut, als auch leise spielen kann; eine Fähigkeit, zu der das Cembalo nicht in der Lage ist.

Johann Christoph Denner

Deutscher Holzblasinstrumentenbauer

* 13. August 1655 in Leipzig
† 26. April 1707 in Nürnberg

Seine Instrumente zeichnen sich durch besonders reine Stimmung aus. Historisch wichtig wurden seine Versuche, das alte französische Chalumeau technisch zu verbessern, woraus gegen 1700 die Klarinette entstand. Friedrich Weigmann machte Denner zum Helden seiner Oper „Der Klarinettenmacher“, 1913.

Marin Marais

Französischer Gambist und Komponist

* 31. Mai 1656 in Paris
† 15. August 1728 ebenda

Er war zunächst Chorknabe und wurde von Sainte-Cólombe im Gambenspiel und von Jean Baptiste Lully in der Komposition unterrichtet. Marais war Solist des Orchesters der Académie Royale de Musique seit dessen Gründung, wurde von Lully gelegentlich als Kapellmeister eingesetzt und bekleidete dieses Amt ständig von 1695 bis 1710.

Ab 1676 bereits wirkte er bei der königlichen Kammermusik und wurde von Ludwig XIV. im Jahre 1679 zum königlichen Kammergambisten ernannt. Erst unter Ludwig XV. schied er zugunsten eines seiner Söhne 1725 aus dem königlichen Dienst. Marais war einer der bedeutendsten Gambisten seiner Zeit und bereicherte als Komponist in der Nachfolge Lullys die Suite durch Einbeziehung von Charakterstücken, wie er überhaupt die musikalische Charakterisierungskunst seines Lehrers Lully weiterführte.

Henry Purcell.

Berühmtestes Zeugnis dafür ist die *tempête*-Musik aus seiner Oper *Alcyone*. Die Spieltechnik seines Instruments förderte er in der Mehrgriffigkeit und der Erschließung hoher Lagen.

Henry Purcell

Englischer Komponist

* 1659 vermutlich in London
† 21. November 1695 in London

Purcell war an der Chapel Royal unter anderem Schüler von J. Blow. Ab 1677 am königlichen Hof angestellt, wurde er 1679 Organist an der Westminster Abbey, später auch an der Chapel Royal. Purcell ist der bedeutenste englische Komponist des Barock, und führte in seinem Werk viele typische Genres der britischen Musik des 16. und 17. Jh.s fort, so etwa das Anthem oder das Fancy. Sein Schaffen beinhaltet kammermusikalische Werke ebenso wie Bühnenmusiken und Opern, darunter „Dido and Aeneas“ (1689). Viele seiner über 100 Lieder sind in den beiden Bänden des „Orpheus Britannicus“ zusammengefasst.

André Campra

französischer Komponist

* 4. Dezember 1660 in Aix-en-Provence
† 14. Juni 1744 in Versailles

Sein Vater war aus Turin eingewandert. 1674 wurde Campra in seiner Heimatstadt Chorknabe und Schüler von Guillaume Poitevin, 1678 erhielt er die Priesterweihe. Drei Jahre später wurde er Kirchenkapellmeister in Arles, 1683 in Toulouse. 1694 ging er nach Paris (Notre-Dame), wo er neben der kirchlichen Tätigkeit ab 1697 anonym musikalische Bühnenwerke veröffentlichte. Diese wie auch seine späteren Opern wurden in Paris beziehungsweise Versailles aufgeführt. 1700 gab er die Tätigkeit an der Kirche auf. 1723 erhielt er den Titel königlicher Kapellmeister und wurde Direktor der Musikpagen.

Campra ist einer der wichtigsten französischen Opernkomponisten zwischen Jean-Baptiste Lully und Jean-Philippe Rameau. Seine Werke prägen den französischen Typus der höfischen Festoper und des Divertissements weiter aus.

Johann Joseph Fux

Österreichischer Komponist

* 1660 in Hirtenfeld, Steiermark
† 14. Februar 1741 in Wien

Fux studierte zunächst an verschiedenen Jesuitenkollegien in Graz und Ingolstadt, bevor er von1696 bis 1702 Organist am Wiener Schottenstift war. Schon 1698 ernannte ihn Kaiser Leopold I., der bereits Messvertonungen von Fux gehört hatte, zum Hofkomponisten, eine Position, aus der heraus er zunehmend Einfluss an der Wiener Hofkapelle gewann und zunächst zum Zweiten Kapellmeister am Stefansdom (1705), 1713 dann zum Vize-Hofkapellmeister und 1715 schließlich zum Hofkapellmeister an der kaiserlichen Hofmusik berufen wurde. Fux war einer der bekanntesten Komponisten und Musiktheoretiker seiner Zeit. Mit seinem Kontrapunkt-Lehrbuch „Gradus ad Parnassum" legte er den Grundstein für das Studium mehrerer Komponistengenerationen. Noch W.A. Mozart orientierte sich am Kontrapunkt von Fux. Zu seinen Schülern gehörte unter anderem J.J. Quantz, der spätere Flötenlehrer Friedrich des Großen.

Werke: 18 Opern, 11 Oratorien, über 70 Messen, über 50 Vespern, Psalmen, Hymnen und Einzelsätze zum Messordinarium und Messproprium, 38 Triosonaten sowie Partiten, Sonaten, Symphonien, Klavierstücke u.a.

Alessandro Scarlatti.

Alessandro Scarlatti

Italienischer Komponist

* 2. Mai 1660 in Palermo
† 22. Oktober 1725 in Neapel

Scarlatti erhielt seine musikalische Ausbildung wahrscheinlich bei G. Carissimi. Einen ersten Erfolg als Opernkomponist konnte er mit „Gli equivoci nell sembiante" verbuchen, der ihm die Stellung als Kapellmeister von Königin Christine von Schweden einbrachte (1680-83). Unter den zahlreichen Stellungen, die Scarlatti an verschiedenen Kirchen und Höfen Italiens bekleidete, zählen v.a. von 1684 bis 1702 und von 1708 bis 1717 die des Ersten Kapellmeisters bei Hof in Neapel sowie beim Kardinal Ottoboni, in Florenz, Rom und Loreto. Er gilt als der Hauptmeis-

ter der älteren Neapolitanischen Schule. Scarlatti prägte in seinen 114 Opern ab spätestens 1694 maßgeblich den Typus der Da-capo-Arie. Darüber hinaus entwickelte er den Ouvertürentyp in Form eines dreiteiligen, „Sinfonia" genannten Instrumentalstückes, das zum Muster früher Symphonien wurde. Weiter sind über 800 Kantaten und Kammermusik belegt.
Er war unter anderem Lehrer von F. Geminiani, J.A. Hasse und seines Sohnes D. Scarlatti.

Friedrich Wilhelm Zachow

deutscher Komponist, Organist und Pädagoge

* 14. November 1663 in Leipzig
† 7. August 1712 in Halle (Saale)

Er wurde von seinem Vater als Stadtpfeifer ausgebildet, war ab 1675 in Eilenburg und wurde 1684 Organist an der Liebfrauenkirche in Halle sowie Leiter des Stadtsingechors. Zachow war auch ein geschätzter Lehrer. Sein berühmtester Schüler war Georg Friedrich Händel, den er ab 1692 in Orgel und Komposition unterrichtete.

Antonio Lotti

Italienischer Komponist, Organist und Kapellmeister

* Februar 1666 in Venedig
† 5. Januar 1740 ebenda

Gefördert von Giovanni Legrenzi, wurde er in Venedig 1687 Sänger der Capella Ducale und 1690 Organist. 1717 wurde er für 2 Jahre nach Dresden berufen, richtete dort eine italienische Kapelle ein, komponierte und dirigierte Opern. In seinem Opernschaffen bevorzugte er eine musik-dramatisch geprägte Charakterisierungskunst in der Nachfolge von Pier Francesco Cavalli, Marc Antonio Cesti und Claudio Monteverdi.
Nach seiner Rückkehr nach Venedig wandte er sich von der Oper ab und ganz der Kirchenmusik und Kammermusik zu. Er übernahm sein Organistenamt wieder und wurde 1733 zum Kirchenkapellmeister berufen. Zu den Bewunderern seines Schaffens gehörten unter anderem Johann Sebastian Bach und Johann Adolf Hasse.

Johann Christoph Pepusch

Englischer Komponist

* 1667 in Berlin
† 20. Juli 1752 in London

Pepusch war deutscher Herkunft; seit 1700 lebte er jedoch in London. Als Pepuschs Hauptwerk gilt die Vertonung von J. Gays „The Beggar's Opera", die später B. Brecht zur Vorlage seiner berühmten „Dreigroschenoper" diente. Pepusch war Mitbegründer der Academy of Ancient Music.

François Couperin

Französischer Komponist, Organist und Cembalist

* 10. November 1668 in Paris
† 11. September 1733 in Paris

Couperin, ein herausragender Meister der Cembalomusik, wird zur Riege der französischen „Clavecinisten" gezählt und war ab 1693 Organist am französischen Hof sowie Lehrer von Ludwig XIV.
Seine Musik wurde u.a. von Corelli beeinflusst. In einigen Werken („Les gôuts reunis", „Apothéose de Lully", „Apothéose de Corelli") stellt er allegorisch die Vereinigung der damals konkurrierenden italienischen und französischen Stile dar.
Werke: Motetten, Arien, Kammermusik (geringstimmige Concerti), Werke für Cembalo („Pièces de clavecin" in vier Bänden, 1713-1730) Orgelwerke u.a. Theoretische Schriften: „L'art de toucher le clavecin" (Paris 1716); „Regle pour l'accompagnement" (Manuskript).

Giovanni Bononcini

Italienischer Komponist

* 18. Juli 1670 in Modena
† 9. Juli 1747 in Wien

Er war Schüler seines Vaters (Giovanni Maria Bononcini, 1642-1678, Kapellmeister und Komponist) und Giovanni Paolo Colonnas in Bologna. Dort wurde er 1688 Kirchenkapellmeister. 1692/96 lebte er in Rom, ging 1698 nach Venedig und weiter nach Wien, wo er bis 1711 blieb, dazwischen aber mehrfach zu Aufführungen seiner Werke nach Berlin reiste. Nach einem Aufenthalt in Italien begab er sich 1720 nach London, wo es zu der Rivalität mit Georg Friedrich Händel kam. Später ging er nach Paris, dann wiederum nach Wien; genaue Daten aus seinen letzten Lebensjahren fehlen. Bononcini trat zuerst mit Kammerkonzerten und Sinfonien hervor und komponierte auch Kirchenmusik. Erst in Rom begann er mit der Bühnenkomposition, die ihm dann vor allem in Wien und London Erfolge brachte. Für Berlin schrieb er 1702 die Oper *Gli amori di Polifemo*; in London veröffentlichte er auch Kammermusik und komponierte ein Anthem. Bononcini ging aus der älteren italienischen Schule hervor. Wenngleich er deren durchgearbeitete

Satzkunst noch weiter pflegte, so weisen auflockernde Züge in seinen Opern bereits auf den neuen neapolitanischen Stil des 18. Jahrhunderts hin, zu dessen Wegbereitern er daher in gewissem Sinne gezählt werden darf.

Antonio Caldara

Italienischer Komponist

* 1670 in Venedig
† 28. Dezember 1736 in Wien

1700 bis 1707 Kapellmeister in Mantua. 1708 komponierte er für Kaiser Karl VI. den 2. Akt der Oper „L'Atenaide", 1709 bis 1716 war Caldara in Rom angestellt. 1716 Übersiedelung nach Wien, wo er 1716 Vizekapellmeister am kaiserlichen Hof wurde. Von Antonio Caldara sind etwa 80 Opern, außerdem Oratorien, Kirchen- und Kammermusik erhalten.

Tomaso Albinoni

Italienischer Komponist

* 8. Juni 1671 in Venedig
† 17. Januar 1751 in Venedig

Albinoni entstammt einer wohlhabenden Kaufmannsfamilie aus Venedig und war deshalb einer der ersten berühmten Vertreter des so genannten musikalischen Dilettanten, der als Komponist ohne materielle Zwänge und Anstellungen bei Hof oder in Kirchenkapellen wirken konnte. Mit seinen 12 Concerti von 1700 schuf er wegweisende frühe Vertreter des Solokonzerts. Als Opernkomponist feierte er zunächst in Venedig und anderen italienischen Städten Erfolge, ab ca. 1720 auch europaweit. 1722 überwachte er anlässlich einer Fürstenhochzeit Opernaufführungen in München am Hof Max Emmanuels, dem er auch seine 12 Concerti op. 9 widmete. Diese Werke sowie acht der zwölf Concerti op. 7 (1707) markieren wichtige Entwicklungsstufen des ebenfalls noch jungen Oboenkonzerts.
Das häufig gespielte Adagio für Streicher und Orgel g-Moll stammt nur zu einem äußerst geringen Teil von Albinoni, es handelt sich um eine Rekonstruktion des Albinoni-Forschers Remo Giazotto aus dem 20. Jh.
Werke: 80 Opern, 40 Solokantaten, über 60 Solokonzerte („Concerti a cinque"), 17 Sonaten und über 50 Triosonaten.

Antonio Vivaldi. Gemälde von F. M. La Cave.

Reinhard Keiser

Deutscher Komponist

getauft 12. Januar 1674 in Teuchern bei Weißenfels
† 12. September 1739 in Hamburg

Keiser betätigte sich als Komponist von Kirchenmusik, Opern und Oratorien. Er wirkte vor allem in Hamburg, wo er unter anderem für das dortige Opernhaus, das er auch zeitweise lei-

tete, Opern schrieb. Außerdem war er in Braunschweig, Ludwigsburg und Kopenhagen tätig. Keiser schrieb über 75 Opern und Singspiele. Sein Einfluss ist im Werk J.S. Bachs erkennbar; G.F. Händel verfasste in seinem Auftrag Werke für die Hamburger Oper am Gänsemarkt. Keiser gilt als der Schöpfer der ersten deutschsprachigen Opern.
Werke: „Procris und Cephalus", „Adonis", „Der Hamburger Jahrmarkt", Kantaten, Oratorien u.a.

Antonio Vivaldi

Italienischer Komponist und Violinist

* 4. März 1678 in Venedig
† 28. Juli 1741 in Wien

Vivaldis Vater, der Geiger in Venedig an San Marco war, erteilte Antonio schon früh ersten Violinunterricht und brachte ihn bald in Kontakt mit G. Legrenzi, dem dortigen Kapellmeister. Parallel zu seiner musikalischen Ausbildung schlug Vivaldi die Priesterlaufbahn ein, was ihm den Beinamen „prete rosso" („der rothaarige Priester") einbrachte. Von 1709 an war er (mit Unterbrechungen) bis in sein letztes Lebensjahr dem Ospedale della pietà in verschiedenen Positionen verpflichtet, einem Waisenhaus für Mädchen mit großer Akzentsetzung auf musikalische Ausbildung und Musikausübung im Rahmen von quasi-geistlichen Konzertveranstaltungen. Zunächst wirkte er dort als „Maestro di violino", später auch als Kapellmeister. 1718 bis 1720 war er in Mantua Kapellmeister beim Landgrafen Philipp von Hessen-Darmstadt. Zwischenzeitlich engagierte er sich neben seiner Tätigkeit als Opernkomponist auch als Opernimpresario am venezianischen Teatro Sant'Angelo. Zahlreiche Reisen führten ihn von 1729 bis 1733 unter anderem nach Wien und Prag. 1740 reiste er erneut nach Wien und verstarb dort. Seit 1720 lebte er in einer Verbindung mit der Sopranistin und gefeierten Opernsängerin Anna Girò. Schüler von Vivaldi war unter anderem der Dresdner Hofgeiger J.G. Pisendel. Größte Bedeutung kommt Vivaldi als

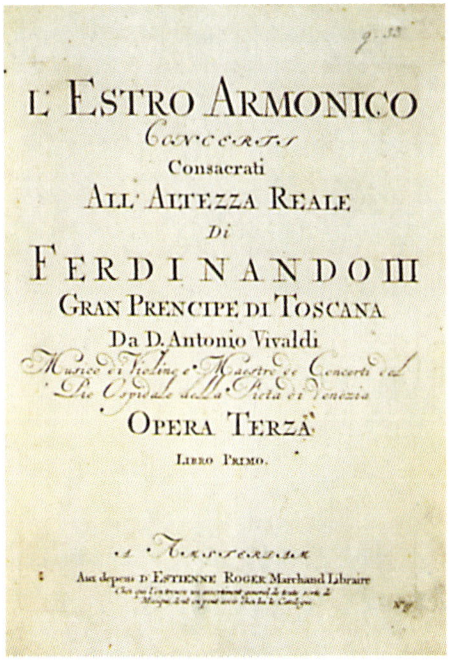

Titelblatt von Vivaldis Konzertsammlung op. 3, L'estro armonico, 1711.

Komponist einer großen Anzahl an Solokonzerten für verschiedene Instrumente, v.a. aber für die Violine, zu. Sie wirkten gattungs- und stilbildend für das Solokonzert und drängten das Concerto grosso in seiner Bedeutung zurück.
Vivaldi entwickelte in seinen Konzerten den für Instrumentalkonzerte bis ins 19. Jh. gültige dreisätzigen Typus (schnell-langsam-schnell). Sein Konzertstil schließt hohe Virtuosität in den Ecksätzen ein, die stets eine Folge von Orchesterritornellen mit drei bis fünf (und mehr) Soloepisoden bieten. Die langsamen Mittelsätze sind oft improvisiert wirkende gesangliche Linien über nur wenigen Akkorden oder zweiteilige liedhafte Formen. Als Opernkomponist gelang es ihm nicht, sich von den Konventionen der Opera seria zu lösen. Seine kirchenmusikalischen Werke bieten neben handwerklich einwandfreier Kontrapunktik opernhaft brillante Arien, Duette sowie Chorsätze von eindringlicher Harmonik. Er beeinflusste das Werk vieler seiner Zeitgenossen, unter anderem von J.S. Bach, der einige Werke von Vivaldi bearbeitete und den er bei einem seiner Dresden-Aufenthalte am Hof August des Starken eventuell getroffen haben könnte. Zu den populärsten Kompositionen des Venezianers gehören die vier Violinkonzerte „Le quattro stagioni" („Die vier Jahreszeiten", op. 8, 1725), die lautmalerisch das Jahreszeitensonett eines unbekannten Dichters (Vivaldi selbst?) nachzeichnen.
Werke: 49 Opern (unter anderem „L'Olimpiade", „Griselda"); Kirchenmusik: 55 Motetten, Hymnen und Messensätze (unter anderem „Gloria", RV 589), „Juditha triumphans" (Oratorium); Instrumentalmusik: in den Drucken op. 1 bis 13 erschienen zu Vivaldis Lebzeiten 83 Konzerte und 36 Sonaten (Violinsonaten, Triosonaten), insgesamt über 400 Konzerte, darunter 200 für Violine, andere Soloinstrumente: Violoncello (über 25 Konzerte), Blockflöte, Querflöte, Piccoloflöte, Oboe, Fagott (38 Konzerte), Trompete, Viola d'amore, Mandoline, Laute; Konzerte für zwei bis sechs Soloinstrumente, Werke für ein bis vier obligate Instrumente und B.c., u.a.

Henry Mancini

amerikanischer Komponist

* 16. April 1924 in Cleveland, Ohio
† 14. Juni 1994 in Los Angeles, Kalifornien

Der junge Musiker war in den 1940er Jahren Mitarbeiter Glenn Millers und begann erst in den 50er Jahren eine steile Karriere als Komponist und Songwriter. Erste Erfolge feierte Mancini mit der „Glenn Miller Story" (1954) sowie mit der „Benny Goodman Story" (1956). Weltberühmt wurde er mit der Melodie „Moon River", die er für den Film „Frühstück bei Tiffany" komponiert hatte und für die er 1961 mit einem Oscar ausgezeichnet wurde. Ein weiterer großer Erfolg wurde die von ihm komponierte Titelmusik für die Krimiserie „Der rosarote Panther". Mancini schrieb weltbekannte Melodien zu mehr als 100 Filmen, darunter „Love Story" (1971) und „Die Dornenvögel" (1983).

Jan Dismas Zelenka

tschechischer Komponist

* 16. Oktober 1679 in Launowitz
† 22. Dezember 1745 in Dresden

Zelenka war nach seiner Ausbildung als Jesuitenschüler in Prag zunächst bis 1710 bei Graf Hartig, später als Kontrabassist am Dresdener Hof angestellt. Nach einer Italienreise 1721 wurde Zelenka 1721 Vizekapellmeister und 1729 Kapellmeister der Kirchenmusik, 1735 „Kirchencompositeur". Der Auftrag zu seinem Requiem in D-Dur wurde ihm jedoch erst in letzter Minute erteilt, als klar war, dass J.A. Hasse, der am Hof hoch angesehen war, keine Zeit zur Komposition finden würde.
Der Stil Zelenkas orientiert sich teilweise am neapolitanischen, aber auch am norddeutschen Stil.
Werke: „Sub olea pacis" (Oper); „Il serpente di bronzo", „Gesù al calvario",

Szene aus der Balettkomödie „La Princesse de Navarre" von Rameau.

„Il penitenti al sepolcro del Redentore“ (Oratorien); 13 Messen, einzelne Messensätze; 2 Magnificate; „Lectiones Ieremiae prophetae“ für Soli und Instrumente; Responsorien, Motetten, Psalmvertonungen, Antiphone, Hymnen, Litaneien; 6 Triosonaten für 2 Oboen und B.c.; „Hipocondrie” für 7 Instrumente, eine Symphonie , ein Concerto für 8 Instrumente, 5 Capriccios, Reiterfanfaren für 4 Trompeten und Pauken u.a.

Georg Philipp Telemann

Deutscher Komponist

* 14. März 1681 in Magdeburg
† 25. Juni 1767 in Hamburg

Telemann studierte in Leipzig Jura, wurde dort 1704 Organist und Musikdirektor an der heutigen Matthei-Kirche. Er bekleidete verschiedene Kapellmeisterstellungen und ließ sich 1721 in Hamburg nieder, wo er Direktor der fünf Hamburger Hauptkirchen wurde. Telemann erneuerte das Hamburger Collegium musicum, mit dem er regelmäßige öffentliche Aufführungen veranstaltete.

Sein umfangreiches Werk umfasst an die 40 Opern, Oratorien und Passionen, 300 Kantaten und Motetten, 126 erhaltene Orchesterwerke (geschätzt werden allein an die 1 000 ursprünglich komponierte Orchestersuiten) und andere Instrumentalmusik.

Als einer der produktivsten Komponisten seiner Zeit, war Telemann doch so flexibel, im Alter den Stilwandel nachzuvollziehen und sich dem „galanten Stil“ anzuschließen; darin unterscheidet sich Telemann deutlich vom befreundeten, vier Jahre jüngeren J.S. Bach, der dieser Entwicklung bis zuletzt mit großer Ablehnung gegenüberstand.

Jean-Philippe Rameau.

Jean-Philippe Rameau

Französischer Komponist

* 25. September 1683 in Dijon
† 12. September 1764 in Paris

Kammerkomponist Ludwigs XV., zugleich Organist in Avignon, Clermont und Paris. 1701 ging er nach Italien, kehrte allerdings nach Frankreich zurück, um eine speziell französische Musik zu schaffen, weswegen ihn J.J. Rousseau, ein Befürworter der italienischen Musik, scharf und öffentlich angriff. Am französischen Königshof war Rameau Nachfolger von B. Lully.

Rameau entwarf eine Harmonielehre, die die bis heute gültigen Begriffe Tonika, Dominante und Subdominante in die Musiktheorie einführt.

Der subdominantische Quintsextakkord wird bis heute „Rameau-Akkord“

Orgelkonzert von Händel am Covent Garden in London.

genannt. Hauptwerk: „Hippolyte et Aricie“.

Francesco Durante

Italienischer Komponist

* 31. März 1684 in Frattamaggiore bei Neapel
† 30. September 1755 in Neapel

Durante genoss vermutlich u.a. bei Pitoni in Rom um 1700 seine musikalische Ausbildung und war anschließend vor allem in Capuana als Lehrer sowie von 1728-39 Kapellmeister an den dortigen Konservatorien angestellt. Eine weitere Station war Loreto, wo er 1742 als Nachfolger N. Porporas ebenfalls eine Lehrtätigkeit aufnahm. Neben Cembalostücken komponierte er hauptsächlich geistliche Musik. Er schrieb auch theoretische Abhandlungen. Zu seinen Schülern zählten A. Sacchini, N.V. Piccini und G.P. Pergolesi.

Georg Friedrich Händel

Deutscher Komponist

* 23. Februar 1685 in Halle (Saale)
† 14. April 1759 in London

Der Sohn des Arztes Georg Händel besuchte die städtische Lateinschule in Halle und erhielt Musikunterricht bei dem Organisten Friedrich Wilhelm Zackow. Auf Wunsch des Vaters sollte er Jura studieren, immatrikulierte sich in Halle, nahm jedoch kurz darauf eine Organistenstelle an und ging ein Jahr später nach Hamburg, wo er zuerst als Geiger und Cembalist, dann als Komponist an der deutschen Oper tätig war. 1705 erregte Händel mit seiner ersten Oper „Almira“ Aufsehen. Von 1707 bis 1710 hielt er sich in Italien auf und lernte dort auch die damals bedeutendsten italienischen Komponisten, besonders S. Alessandro und D. Scarlatti, A. Corelli sowie Agostino Steffani, kennen.

1710 wurde Händel Hofkapellmeister des Kurfürsten Georg Ludwig in Hannover, der 1714 als George I. den englischen Thron bestieg. Ab 1712 lebte Händel beinahe ständig in London und war neben seinen Verpflichtungen

als Hofkomponist bis 1738 hauptsächlich für die Oper tätig. Das 1719 unter seiner Leitung gegründete Opernunternehmen „Royal Academy of Music“ brach 1728 aus wirtschaftlichen Gründen zusammen, ein im selben Jahr von Händel gegründetes Operninstitut scheiterte 1733 an einem Konkurrenzunternehmen. Ein dritter Versuch endete 1738 mit Händels finanziellem Ruin. Nach einer schweren Krankheit wandte er sich ganz der Komposition von Oratorien zu und eröffnete mit „Saul“ und „Israel in Egypt“ die Reihe seiner insgesamt 22 Chor-Oratorien. Als das gelungenste wurde schon zu seinen Lebzeiten der „Messiah“ erkannt, der nach seiner Erstaufführung im Frühjahr 1742 in Dublin 1743 in London mit großem Erfolg aufgeführt wurde. Sein letztes Werk, „Jephta“, schuf Händel 1751. 1752 erblindete er ohne erkennbare Ursache. Er starb sieben Jahre später in London und wurde in Westminster Abbey beigesetzt, in der ihm zu Ehren ein Denkmal aufgestellt ist.
Werke: „Music for a royal fireworks“ (Feuerwerksmusik), die so genannte „Wassermusik“ sowie die Opern „Serse“ (Xerxes), „Gulio Cesare“ (Julius Cäsar) und die schon von W.A Mozart bearbeitete Oper „Acis and Galatea“ u.a. An Instrumentalmusik Händels sind insbesondere die Concerti Grossi und die Konzerte für Orgel und Orchester zu nennen.

Johann Sebastian Bach

Deutscher Komponist

* 21. März 1685 in Eisenach
† 28. Juli 1750 in Leipzig

Bach gilt als Vollender vorausgegangener Entwicklungsepochen und als

Georg Friedrich Händel.

Johann Sebastian Bach. Portrait von Elias Gottlieb Haussmann aus dem Jahre 1746.

Großmeister des kanonisch-kontrapunktischen Stils. Zu Lebzeiten war er vor allem als Komponist, Cembalist und Organist berühmt. Er wurde in Eisenach als Sohn des Stadtmusikers Ambrosius Bach geboren, lernte von ihm das Violinspiel und die Kirchenmusik. Schon mit zehn Jahren hatte Bach beide Eltern verloren und lebte von da an bei seinem Bruder, der ihn im Cembalo- und Orgelspiel unterwies. 1703 wurde er Hofmusiker bei Herzog Johann Ernst in Weimar, 1704 Organist an der neuen Kirche zu Arnstadt sowie 1707 an S. Blasius in Mühlhausen (Thüringen). Dort heiratete er seine erste Frau, Maria Barbara, mit der er sieben Kinder hatte. Wieder in Weimar, als Hoforganist und Konzertmeister (1708-17), komponierte Bach besonders Kirchenkantaten. 1717 folgte die Berufung an den Hof von Anhalt-Köthen, wo er als fürstlicher Kammermusikdirektor seine sechs „Brandenburgischen Konzerte", Suiten, Konzerte, Sonaten und andere Kammermusikwerke, seine französischen Suiten, seine zweistimmigen Inventionen, das „Wohltemperierte Klavier" und seine dreistimmigen Symphonien für Klavier schrieb. Diese Zeit hat Bach später selbst als den Höhepunkt seines Lebens bezeichnet. 1721 heiratete er nach dem Tod Maria Barbaras seine zweite Frau, Anna Magdalena, mit der er weitere siebzehn Kinder hatte. Von 1723 bis zu seinem Tod war Bach Kantor an der Thomaskirche in Leipzig, wo er auch an der Thomasschule unterrichtete. In dieser Zeit schrieb er über 200 Kirchenkantaten, sein fünfstimmiges Magnificat (1723), die Johannes- (1724) und die Matthäuspassion (1729), das Kyrie und Gloria der später als h-moll-Messe bekannt gewordenen katholischen Messe (1733), das „Weihnachtsoratorium" (bestehend aus sechs einzelnen Kantaten), den zweiten Teil des „Wohltemperierten Klaviers", die „englischen Suiten", viele Klavier-, Orgel- und Orchesterwerke. 1736 ernannte ihn der Kurfürst von Dresden zum „königlich-polnischen und kursächsischen

Hofkompositeur". Einen bedeutenden Beitrag zur kompositorisch-künstlerischen Auseinandersetzung mit der Variation legte Bach 1742 mit seiner „Aria mit 30 Variationen", den so genannten „Goldbergvariationen", vor. Zu den letzten Werken Bachs gehören das „Musikalische Opfer" (1747, über ein Thema von Friedrich dem Großen, das er Bach anlässlich eines Besuchs in Sanssouci gestellt hatte), „Die „Kunst der Fuge" (1745-50) sowie die Vollendung seiner h-Moll-Messe (1747-49) durch die Zusammenstellung aus bereits vorhandenen und in dieser Zeit neu komponierten Teilen (Kyrie/ Gloria von 1731/33, Teile daraus im Parodieverfahren aus früheren Kompositionen übernommen; Credo neu komponiert bzw. aus früher komponierten Kantaten übernommen; Sanctus von 1723; Osanna, Benedictus, Agnus Dei und Dona nobis pacem ebenfalls zum Teil im Parodieverfahren aus Kantatensätzen von 1732-35 zusammengestellt). Als Bach im Alter von 66 Jahren starb, war er bereits seit einem Jahr erblindet. Zu seinen letzten Werken gehört der Orgelchoral „Vor deinen Thron tret ich hiermit".

Nachdem Bach lange Zeit nur noch Liebhabern und Komponisten ein Begriff war, erfuhr sein Werk erst mit der Wiederaufführung der Matthäuspassion unter F. Mendelssohn Bartoldy (1829) und mit Gründung der Bachgesellschaft 1850 eine Renaissance.

Domenico Scarlatti.

John Gay

Englischer Schriftsteller

* 16. September 1685 in Barnstaple, Devonshire
† 4. Dezember 1732 in London

Gay war ein Schüler von Pope. Er schrieb Dramen und Gedichte und verfasste das erste englischsprachige Libretto einer Oper: „The Beggar's Opera" (1728). Diese Oper diente 200 Jahre später Bertolt Brecht und Kurt Weill als Grundlage für die „Dreigroschenoper" (1928).

Domenico Scarlatti

Italienischer Komponist

* 26. Oktober 1685 in Neapel
† 23. Juli 1757 in Madrid

Sohn und Schüler von A. Scarlatti; seit 1715 Kapellmeister am Vatikan. Besonders bekannt sind seine etwa ab 1730 entstandenen knapp 200 Cembalosonaten, mit denen Scarlatti die klassische Sonate des 18. Jahrhunderts stark beeinflusste.

Wolfgang Amadeus Mozart.

KLASSIK

Die mus. Klassik umfasst die Zeit zwischen Barock und Romantik. Doch sind die Grenzen fließend: einerseits werden schon in der Zeit des Barock, nämlich ab etwa 1700, im Galanten Stil Merkmale der Klassik ausgebildet, andererseits überlappen sich klassische und romantische Merkmale etwa zwischen 1820 und 1830, ja sogar im Werk einzelner Komponisten. Statt der Bezeichnung Klassik wird auch der Ausdruck, Klassizismus angewandt, der aber besser derjenigen Musik, die sich – wie die von Mendelssohn oder des Neoklassizismus – an Technik, Stil oder Geist früherer Musik anlehnt, vorbehalten bliebe. Die Klassik ist in der Musik eine selbständige Epoche, in der die musikalischen Ideale der Hörer auch späterer Zeit so verwirklicht waren, dass diese Musik normativ als „klassisch" bezeichnet wurde. Dies vermeintlich Normative mag wesentlich darauf beruhen, dass in der Klassik erstmals ein Musikstil für breite Schichten ohne kirchlichen Bezug geschaffen wurde. In der Klassik brechen bürgerliche Vorstellungen in die Musik ein: das Konzertwesen blüht auf, Opera buffa und Singspiel als bürgerliche Opernformen entstehen, die Musik wird kantabel und „natürlich" und verzichtet ebenso auf Gelehrsamkeit wie auf Pathos. Obwohl in Frankreich das Natürlichkeitsideal am eindeutigsten vertreten wird und in Italien die Sonatenform schon früh vorgebildet ist und der kantable Stil entsteht, obwohl in Deutschland die Lehre vom „vermischten Geschmack", nach der sich ein guter Stil nur durch die Adaption aller musikalischen Errungenschaften der anderen Völker ergibt, einige Zeit herrscht, gilt die Klassik als die Zeit, in der Deutschland nach Italien die Führung in der Musik antritt. Nach Vor- und Frühklassik trifft das hauptsächlich für die Hochklassik zu, die man auch als Wiener Klassik bezeichnet. Ihr Beginn wird auf 1781 angesetzt; in diesem Jahr ging Mozart als freier Komponist nach Wien und Haydn komponierte die 6 Streichquartette op. 33 („Russische Quartette"), in denen er seine Meisterschaft erreichte und gleichzeitig einen neuen Quartettstil schuf (Durchbrochene Arbeit, obligates Akkompagnement). Beethoven, der 3. Hauptmeister der Klassik, kam erst 1792 nach Wien. Instrumentale Hauptform der Wiener Klassik ist die Sonatenform, in der sich die formbildende Strebigkeit der funktionalen Harmonik am reinsten verkörperte; sie wird in den meisten Instrumentalgattungen angewandt, vor allem in den für die Klassik repräsentativen Gattungen Symphonie, Streichquartett und Klaviersonate. Von den Vokalformen ist das Lied noch ohne große Bedeutung, während die Oper – teils (bei Beethoven) in der Art der zeitgenössischen französischen Oper – einen gewichtigen Platz einnimmt. Die Kirchenmusik gründet ihren Stil auf symphonische und opernhafte Elemente.

Georg Muffat

Österreichischer Komponist

getauft 1. Juni 1653 in Mégève, Savoyen
† 23. Februar 1704 in Passau

Nach seiner musikalischen Ausbildung in Paris arbeitete Muffat ab 1671 als Organist in Molsheim. Seit 1674 studierte Muffat in Ingolstadt Jura, 1677/78 hielt er sich in Prag auf, seit 1678 war er in Salzburg Organist und 1681/82 studierte er ein gutes Jahr Instrumentalmusik bei bedeutenden Meistern in Rom. Da dieser Studienaufenthalt in Rom die Werke Muffats entscheidend beeinflusste, wurde der Komponist zu einem bedeutenden Vermittler von italienischer Instrumentalmusik in Deutschland.

In Rom studierte Muffat unter anderem bei A. Corelli, der als eigentlicher Schöpfer der Form des Concerto grosso anzusehen ist. Muffat selber komponierte zwölf Concerti grossi und trug so zur Verbreitung dieser Konzertform im deutschsprachigen Raum bei.

Seit 1690 arbeitete Muffat als Kapellmeister für den Fürstbischof von Passau. Er komponierte neben seinen Concerti grossi Sonaten für Streicher, Orchestersuiten und Toccaten. Zu Muffats Werken gehören auch drei Opern (verloren) und eine Messe (zweifelhaft). Werke: „Armonico tributo" (1682), „Apparatus musico-organisticus" (1690) u.a.

Benedetto Marcello

Italienischer Komponist und Dichter

* 9. August 1686 in Venedig
† 24./25. Juli 1739 in Brescia

Er studierte Violine und Komposition bei Francesco Gasparini und Antonio Lotte, schlug aber die Diplomatenlaufbahn ein und nannte sich auf den Drucken seiner Werke „nobile Veneta dilettante di contrapuntto". Seine Vertonung von 50 Psalmen in Kantaten zu 1 bis 4 Stimmen mit Generalbass machten ihn schon zu Lebzeiten berühmt und fanden die Bewunderung Johann Matthesons und später Giuseppe Verdis. Umfangreiche, nur mit Generalbass versehene Partien seiner Concerti lassen vermuten, dass Marcello mit weitgehender Improvisation rechnete. Er hielt sich jedoch streng an den von Padre Martini benannten „stile osservato". Marcellos veröffentlichte Schriften zeichnen sich durch eine bemerkenswerte Kenntnis der italienischen und antiken Schriftsteller aus.

Francesco Maria Veracini

Italienischer Violinist und Komponist

* 1. Februar 1690 in Florenz
† 31. Oktober 1768 ebenda

Den ersten Unterricht erhielt er von seinem Onkel Antonio Veracini; später studierte er bei Giovanni Maria Casini und Francesco Gasparini. Nach Abschluss seiner Ausbildung ging Veracini auf Konzertreisen. 1714 spielte er in London, war 1720/23 Kammervirtuose in Dresden, anschließend in Prag beim Grafen Kinsky, 1735/44 wieder in London und lebte von da an in Florenz.

Giuseppe Tartini

Italienischer Violinist und Komponist

* 8. April 1692 in Piran
† 26. Februar 1770 in Padua

Tartini wurde nach seinem Studium in Assisi Konzertmeister im Orchester der Basilika Sant'Antonio in Padua. 1728 gründete er in Padua eine Musikakademie. Tartini gilt als Begründer des modernen Violinspiels: Er entwickelte eine ganz neue Spielweise mit Doppelgriffen und Trillern, die die Grundlage für die heutige Technik bildet. Tartini hinterließ ein umfangreiches kompositorisches Werk: Violinkonzerte und -sonaten, Symphonien und Cellokonzerte. Berühmt wurde die so genannte „Sonate mit dem Teufelstriller". Von großer Bedeutung ist auch Tartinis musiktheoretisches Werk. Zudem entdeckte er unter anderem das Phänomen der Kombinationstöne: Beim Erklingen zweier Töne entsteht ein dritter Ton.

Nicola Porpora.

Nicola Porpora

Italienischer Komponist, Kapellmeister und Pädagoge

* 17. August 1686 in Neapel
† 3. März 1768 ebenda

Seine Ausbildung erhielt er 1696/1706 am Konservatorium dei Poveri di Gesù Cristo in Neapel bei Gaëtano Greco und Ottavio Campanile. Anschließend war er als Kapellmeister und Gesangslehrer tätig. 1709/13 wirkte er in Neapel als Kapellmeister des Kommandanten Prinz Philipp von Hessen-Darmstadt und danach als Kapellmeister des portugiesischen Gesandten. 1715/22 lehrte Porpora am Konservatorium S. Onofrio, förderte dann den später berühmten Kastraten Farinelli und wurde 1725 Konservatoriumsdirektor in Venedig. 1733 nach London berufen, rivalisierte er mit Georg Friedrich Händel (Oper und Oratorium), kehrte aber 1737 nach Venedig zurück. 1738 ging er nach Neapel, wirkte dort 1739/42 als Konservatoriumslehrer und anschließend als Chordirigent in Venedig. Ab 1747 war Porpora als Gesangslehrer und ab 1748 als Kapellmeister in Dresden tätig. Ab 1752 lebte er in Wien, wo Joseph Haydn in seinem Dienst stand, 1758 in Neapel, 1759 wieder in Wien und ab 1760 in Neapel, wo er die letzten Jahre ohne Anstellung blieb. Porpora war ein zu seiner Zeit berühmter Vertreter der neapolitanischen Oper, der Tendenzen aus seiner Gesangslehrerpraxis wie Belcanto, brillierende Vortragskunst und reiche Ornamentik in seinen Kompositionen kultivierte.

Jean-Marie Leclair

Französischer Komponist und Ballettmeister

* 10. Mai 1697 in Lyon
† 22. Oktober 1764 in Paris

Bereits als Tänzer in Turin komponierte er Intermedien und wurde Violinschüler von Francesco Lorenzo Somis. 1728 ging er nach Paris und hatte in den Concerts Spirituels als Solist große Erfolge. 1734/36 war Leclair Mitglied der königlichen Kapelle, 1736/45 wirkte er in Holland und Spanien, kehrte dann nach Paris zurück, wo er 1748 Violonist des Duc de Gramont wurde. Leclair war einer der größten Violinvirtuosen seiner Zeit. Auch als Violinkomponist war er führend. Insbesondere hat er die Doppelgrifftechnik gefördert.

Johann Joachim Quantz

Deutscher Komponist

* 30. Januar 1697 in Scheden bei Münden
† 12. Juli 1773 in Potsdam

Quantz studierte bei J.J. Fux (Kontrapunkt), wurde 1718 Mitglied der Königlichen Kapelle in Dresden, ging studienhalber nach Italien (1724), lebte in Paris und London sowie 1727 wieder in Dresden. 1728 zog ihn der junge Friedrich der Große in seine Umgebung. Ab 1741 war Quantz Flötenlehrer und Hofkomponist Friedrichs des Großen, für den er mehrere Werke für Flöte komponierte. Werke: 300 Konzerte und 200 Kammermusiken für Flöte, Lieder, eine Serenade. In seinem Buch „Versuch einer Anweisung, die Flöte traversiere zu spielen" (1752) gibt er wichtige Aufschlüsse über die Rolle des Basso continuo, über die Besetzung der Streicher und über die Aufführungspraxis barocker Musik.

Johann Adolf Hasse

Deutscher Komponist

* 25. März 1699 in Hamburg
† 16. Dezember 1783 in Hamburg

Johann A. Hasse war ein Schüler A. Scarlattis. 1727 wurde er Kapellmeister in Venedig, wo er seine künftige Frau, die Sängerin Faustina Bordoni, kennen lernte. 1731 wurden beide an den Dresdner Hof für die italienische Oper verpflichtet, kehrten aber im selben Jahr nach Italien zurück. Nach einer Londonreise, wo Hasse in der Konkurrenz mit G.F. Händel erfolglos war, zog er mit seiner Frau wieder nach Dresden. Nach 1740 versah er dauernd sein Dresdner Amt und wurde nach einem Erfolg in Paris (1750) Oberkapellmeister, während Faustina die Bühne verließ. 1756 ging er nochmals nach Italien und wurde 1763 seiner Stellung in Dresden enthoben. Werke: ca. 56 Opern, 13 Intermezzi, elf Oratorien und andere Kirchen- und Instrumentalwerke.

Johann Nepomuk Hummel.

Johann Gottlieb Graun

Deutscher Geiger, Komponist und Pädagoge

* 1699/1700 in Wahrenbrück
† 27. Oktober 1771 in Berlin

Bruder von Carl Heinrich Graun. Er war Kreuzschüler in Dresden und dort Violinschüler von Johann Georg Pisendel, anschließend in Padua Schüler von Giuseppe Tartini. 1726 kam Graun als Kapelldirektor nach Merseburg und wurde dort der Lehrer Wilhelm Friedemann Bachs. 1732 trat er in den Dienst des preußischen Kronprinzen, des späteren Friedrich II. (Rheinsberg). Graun war ein zu seiner Zeit hochangesehener Instrumentalkomponist, dessen etwas schwerfälliger Stil sich im Rahmen der norddeutschen Schule deutlich von der Mannheimer Richtung abhebt.

Carl Heinrich Graun

Deutscher Komponist

* 7. Mai 1701 in Wahrenbrück
† 8. August 1759 in Berlin

Bruder von Johann Gottlieb Graun. Er war Kreuzschüler in Dresden und betätigte sich früh als Komponist von Kirchenmusik. 1725 ging er als Operntenor nach Braunschweig, trat aber bald auch als Opernkomponist hervor und wurde 1727 Vizekapellmeister. 1735 kam er nach Rheinsberg zu Friedrich II., der ihn 1740 zum Kapellmeister ernannte und mit der Einrichtung der Berliner Oper beauftragte. Mit Grauns Oper *Cesare e Cleopatra* wurde 1742 das Haus eröffnet. Johann Adolf Hasse und Graun komponierten die Opern für die ersten Spielzeiten. Seine italienischen Opern, an deren Texten teilweise der König mitarbeitete, genossen die Bevorzugung des Hofes. Grauns eigentliche Bedeutung liegt aber auf dem Gebiet der Kirchenmusik. Sein Oratorium *Der Tod Jesu*, 1755, wurde in Berlin bis 1884 fast alljährlich am Karfreitag aufgeführt.

Johann Nepomuk Hummel

Österreichischer Komponist und Pianist

* 14. November 1778 in Preßburg
† 17. Oktober 1837 in Weimar

Sein Vater Johannes Hummel war Kapellmeister an Emanuel Schikaneders Wiener Theater und vermittelte ihm für zwei Jahre den Unterricht bei Wolfgang Amadeus Mozart. Als 10- bis 15jähriger unternahm Hummel mit seinem Vater Konzertreisen, die ihn bis nach England führten. Anschließend studierte er Komposition bei Johann Georg Albrechtsberger und Antonio Salieri und war 1804/11 Joseph Haydns Nachfolger als Kapellmeister beim Fürsten Eszterházy. 1816 ging Hummel als Hofkapellmeister nach Stuttgart, 1819 in gleicher Eigenschaft nach Weimar. Konzertreisen führten ihn jetzt wiederholt nach England und Russland. Hummels Kompositionen stehen stilistisch völlig unter dem Einfluss Mozarts. Seine an virtuosem Beiwerk überreiche Manier wurde von der leicht ansprechenden Wiener Klaviermechanik stark beeinflusste.

Baldassare Galuppi

Italienischer Komponist und Kapellmeister

* 18. Oktober 1706 in Burano (Venedig)
† 3. Januar 1785 in Venedig

Er studierte nach dem Misserfolg seiner ersten Oper (1722) bei Antonio Lotti in Venedig, begann als Opernkomponist wieder 1728, lebte als solcher 1741/43 in London, kehrte anschließend nach Venedig zurück und wurde hier an San Marco Vizekapellmeister (1748) und 1. Kapellmeister (1762). Im selben Jahr wurde er auch Direktor des Conservatorio degli Incurabili. 1765/68 wirkte Galuppi in Petersburg als Hofkomponist und Hofkapellmeister. 1768 übernahm er wieder die Direktion des Conservatorio on Venedig. Galuppi war ein bedeutender Opernkomponist seiner Zeit. Besonders die lebhafte Rhythmik und farbige Orchestrierung seiner Kompositionen wurden geschätzt. Während ihrer 15jährigen Zusammenarbeit vertonte Galuppi 20 Opernlibrettos von Carlo Goldoni, wobei die Verarbeitung musikalischer Folklore-Elemente auffällt.

Flötenkonzert Friedrichs des Großen in Sanssouci. Gemälde von Adolph Menzel. Friedrich II. musiziert auf der Flöte, Carl Philipp Emanuel Bach begleitet ihn am Cembalo.

Egidio Romoaldo Duni

Italienischer Komponist

* 9. Februar 1709 in Matera (Neapel)
† 11. Juni 1775 in Paris

Er studierte am Konservatorium Neapel und war befreundet mit Francesco Durante. Etwa 1730 wurde er Kirchenkapellmeister in Bari, 1737 weilte er zur Aufführung einer seiner Opern in London und ließ sich 1738 an der Universität Leiden immatrikulieren. 1739 wieder in Italien, wurde er an den Hof des spanischen Infanten in Parma berufen. 1757 ging er nach Paris, wo seine in dieser Zeit komponierten Opern zur Herausbildung der französischen Opéra comique beitrugen. In der Frühzeit komponierte Duni auch einige Instrumentalwerke sowie 1737 für London den *Demofoonte*, dem eine Reihe Metastasio-Opern vorausgingen und folgten, sowie 2 Buffo-Opern auf Goldoni-Texte.

Franz Xaver Richter

Deutscher Komponist und Kapellmeister

* 1. Dezember 1709 in Holleschau, Mähren
† 12. September 1789 in Straßburg

Komponist der Mannheimer Schule. 1740 wurde er zum Vizekapellmeister des Fürstabtes Anselm von Reichlin-Meldegg in Kempten ernannt. Sieben Jahre später kam er an die Hofkapelle des Kurfürsten Karl Theodor von der Pfalz nach Mannheim, wo er als Bassist und „Virtuoso di Camera“ nachgewiesen ist und später den Titel „Kammer-Compositeur“ erhielt. Außerdem unternahm er längere Reisen nach Frankreich, England und in die Niederlande. Von 1769 bis zu seinem Tod wirkte er als Kapellmeister am Straßburger Münster und leitete dort auch Konzerte am bischöflichen Hof. Schrieb Symphonien, Konzerte und Kammermusik. Wegbereiter der Wiener Klassik.

Wilhelm Friedemann Bach

Deutscher Organist und Komponist

* 22. November 1710 in Weimar
† 1. Juli 1784 in Berlin

Sohn von J.S. Bach; nach seinen Wirkungsorten „Hallischer“ oder auch „Dresdner“ Bach genannt.
23-jährig als Organist an der Dresdner Sophienkirche; wechselte 1746 an die Hallenser Marktkirche, gab das Amt 1764 auf und siedelte nach Berlin über, wo er jahrelang vergeblich versuchte, als freier Künstler Fuß zu fassen.
Werke: fünf Klavierkonzerte, neun Klaviersonaten, vier Triosonaten, neun Symphonien, 29 Kantaten u.a.

Giovanni Battista Pergolesi

Italienischer Komponist

* 4. Januar 1710 in Jesi (Ancona)
† 16. März 1736 in Pozzuoli (Neapel)

Den ersten Unterricht erhielt er in seiner Geburtsstadt und studierte 1723/31 am Konservatorium in Neapel bei Gaëtano Greco, Leonardo Vinci, Francesco Durante und B. Infantes. 1731 erhielt er den ersten Opernauftrag, nachdem er sich schon mit anderen Kompositionen bekannt gemacht hatte, wurde 1732 Kapellmeister des Prinzen Colonna-Stigliano, trat 1734 in den Dienst des Herzogs Carafa-Maddaloni und kehrte 1735 nach Neapel zurück.
Die Wirkung seiner Kompositionen auf die Zeitgenossen muss ernorm gewesen sein, denn nach seinem Tode waren Werke von ihm so gefragt, dass zahlreiche Unterstellungen vorgenommen wurden. Klarheit der Form, Treffsicherheit in der Situationsschilderung und in der Charakterisierungskunst, melodische Schönheit und Verbundenheit mit der Volksmusik seiner Heimat kennzeichnen Pergolesis Musik. Mit seiner *La serva padrona* schuf er eine der ersten Opere buffe, die nicht nur den Beifall der Zeitgenossen fand, sondern sich bis heute im Opernrepertoire hielt.

Carl Philipp Emanuel Bach

Deutscher Komponist

* 8. März 1714 in Weimar
† 14. Dezember 1788 in Hamburg

Sohn von J.S. Bach: „Berliner“ oder „Hamburger“ Bach; wirkte am Hof von Friedrich II. und in Hamburg.
Er war der Hauptvertreter des so genannten „empfindsamen Stils“, der im Unterschied zur barocken Einheit des Affektes (innerhalb eines Musikstückes) auf größtmögliche Kontraste der Empfindung zielte. Das Werk Carl Philipp Emanuel Bachs übte großen Einfluss auf Vorklassik und Klassik aus.

Christoph Willibald Ritter von Gluck

Deutscher Komponist

* 2. Juli 1714 in Erasbach, Oberpfalz
† 15. November 1787 in Wien

Der Sohn eines Försters lief bereits früh von zu Hause fort, schlug sich als Gelegenheitsmusiker durch, studierte zunächst in Prag unter anderem Mathematik und ging dann nach Mailand, um bei G. Sammartini Musik zu studieren. Seine ersten Orgelkompositionen hatten so viel Erfolg, dass man ihn nach London berief, wo er die Bekanntschaft G.F. Händels machte. Nach Reisejahren mit der Mingottischen Operntruppe ließ er sich als Dirigent an der Hofoper in Wien nieder. Opernerfolge in London, Paris und Rom brachten ihm unter anderem den päpstlichen Orden vom Goldenen Sporn ein, worauf er sich Ritter von Gluck nannte.
Vor Gluck waren die Opernhandlungen fast allgemein ein Intrigenspiel in mythischer Zeit gewesen. Die Texte galten nur als Vorwand, Musik zu schreiben, die dann von gesanglich-improvisatorischer Willkür der Sänger verändert wurden. Gluck verwandelte die bis dahin übliche Musikoper in ein Musikdrama, das der griechischen Tragödie – als einstigem Renaissance-Ideal – wieder näher rückte. Orchesterbegleitung und Chor wurden in das dramatische Geschehen mit einbezogen und somit wurde das Gesamtkunstwerk in den Dienst dramatischer Wahrheit gestellt. Aus den Partien der Gesangssolisten verschwand überflüssiger Zierat zugunsten liedhaft-schlichter und ausdrucksvoller Melodien. Gluck wollte in seinen Opern nicht nur Artistik, sondern

Christoph Willibald Gluck am Spinett. Paris 1775.

den ganzen Menschen zeigen. Markanteste Beispiele dafür sind „Orpheus und Euridice“ (1762), „Alceste“ (1767) und „Iphigenie auf Tauris“ (1779).

Niccolò Jommelli

Italienischer Komponist

* 10. September 1714 in Aversa (Neapel)
† 25. August 1774 in Neapel

Er studierte von 1725 bis 1736 in Neapel bei Ignazio Prota und Francesco Feo sowie 1741 in Bologna bei Padre Martini. 1736 wurde Jommelli Hauskomponist des Marchese del Vasto Avalos und begann 1737 als Opernkomponist mit *L'errore amoroso*. 1740 ging er nach Rom, 1741 nach Bologna und war dann bis 1747 als Direktor des Ospedaletto degli Incurabili in Venedig tätig. In dieser Zeit komponierte er auch Kirchenmusik. 1749 ging Jommelli nach Wien und komponierte dort 5 Opern, wurde im selben Jahr in Rom Koadjutor des Kapellmeisters der Peterskirche Pietro Paolo Bencini und ging 1753 als Hofkapellmeister nach Stuttgart. Er kehrte 1769 nach Neapel zurück; als seine letzten Opern hier keinen Beifall fanden, übersiedelte er in seinen Geburtsort und schlug auch die Stelle des Hofkapellmeisters in Lissabon aus. Er bildete ein dramatisches Akkompagnato aus, erweiterte den Formenschatz, bezog den Chor ein und erstrebte eine harmonisch wie instrumentatorisch reiche Orchesterbehandlung. Jommellis Kompositionen auf anderen Gebieten waren wenig bedeutend, und nur einige Werke seiner Kirchenmusik ragen hervor.

Carl Stamitz

Deutscher Violinist und Komponist

* 7. Mai 1745 in Mannheim
† 9. November 1801 in Jena

Sohn des Komponisten J. Stamitz, der ihn musikalisch ausbildete. Bereits mit 17 Jahren wurde Stamitz in der Mannheimer Hofkapelle Geiger. 1770 wurde er von Herzog Louis von Noailles nach Paris als Hofkapellmeister gerufen. Als gefeierter Violinist bereiste er zwischen 1778 und 1794 große Teile Europas. Seine letzten Lebensjahre verbrachte er als Musiklehrer in Jena.

Stamitz komponierte zahlreiche Werke, darunter Violin- und Violakonzerte, Symphonien und sogar Opern. Er war ein Vertreter der so genannten Mannheimer Schule.

Johann Stamitz

Deutscher Komponist und Violinist

* 19. Juni 1717 in Deutschbrod, Böhmen
† 17. März 1757 in Mannheim

Stamitz kam zunächst als Violinist an den Mannheimer Hof und war ab 1750

Leiter der Mannheimer Hofkapelle. In dieser Funktion wurde er durch seine neuartige Orchesterführung berühmt. In seinen Konzerten, Symphonien und Kammermusiken schuf Stamitz einen neuen Orchesterstil mit einer rhythmisch und dynamisch kontrastreichen Musiksprache und gilt damit als Begründer der so genannten Mannheimer Schule.

Johann Friedrich Agricola

Deutscher Komponist

* 4. Januar 1720 in Dobitschen (Altenburg)
† 2. Dezember 1774 in Berlin.

Er war neben seinen Leipziger Universitätsstudien 1738/41 Schüler von Johann Sebastian Bach und 1741 in Berlin von Johann Joachim Quantz. Hier wurde er 1751 Hofkomponist und 1759 Dirigent der königlichen Kapelle als Nachfolger von Carl Heinrich Graun. Agricola war gleichzeitig Sänger, Gesangslehrer, Organist, Mitverfasser des *Bach-Nekrologs* für Mizlers *Musikalische Bibliothek* IV und Herausgeber einer kommentierten und ergänzten Ausgabe von Jakob Adlungs *Musica mechanica organoedie.* Er schrieb Kirchenmusik, Lieder und die Oper *Il filosofo convinto in amore* (1751).

Johann Philipp Kirnberger

Deutscher Musiktheoretiker, Pädagoge

* 24. April 1721 in Saalfeld
† 26./27. Juli 1783 in Berlin

Er studierte bei Johann Sebastian Bach in Leipzig und wirkte zunächst in verschiedenen Stellen als Musiklehrer, später als Geiger in der königlichen Kapelle in Berlin sowie als Musiklehrer der Prinzessin Amalia. Er verfasste eine große Zahl von musiktheoretischen Lehrwerken, die infolge seines Ansehens weite Verbreitung fanden, jedoch progressivere Theorien in den Hintergrund drängten. Die Erkenntnisse Jean-Philippe Rameaus über das Wesen der Harmonie verkannte Kirnberger und stand damit ihrer Ausbreitung im Wege.

Pietro Nardini

Italienischer Violinist, Komponist und Pädagoge

* 12. April 1722 in Livorno
† 7. Mai 1793 in Florenz

Er wurde 1734/40 von Giuseppe Tartini in Padua ausgebildet und wirkte ab 1740 in seiner Geburtsstadt als Violinist sowie als Lehrer für sein Instrument. 1760 führten ihn Reisen nach Wien und Dresden. 1762/65 war er als Kammervirtuose und Konzertmeister in Stuttgart und anschließend für kurze Zeit in Braunschweig. Ab 1766 lebte er wieder in Livorno. 1769 wurde er als Konzertmeister nach Florenz berufen, wo er auch Schüler unterrichtete. Leopold Mozart rühmte die „Schönheit, Reinigkeit und Gleichheit des Tones und den singbaren Geschmack" von Nardinis Spiel. Als Komponist vertrat Nardini ähnliche Grundsätze und schuf auf dem Gebiet der Solosonate mit Generalbass bedeutende Werke. Er gilt als der Hauptmeister der italienischen frühklassischen Violinmusik.

Georg (Jirí Antonín) Benda

böhmischer Komponist und Geiger

* 30. Juni 1722 in Staré Benátky
† 6. November 1795 in Köstritz

Georg Benda war von 1742 bis 1748 Kammermusiker in Berlin bei Friedrich II. (dem Großen), dann in Gotha, wo er 1750 zum Hofkapellmeister ernannt wurde. 1778 nahm er seinen Abschied vom Arbeitsleben und ließ sich in Hamburg, später in Köstritz nieder. Benda gilt als der Erfinder des Melodrams, das heißt des Nebeneinanders von Musik und gesprochenem Wort. Im Unterschied zu J.-J. Rousseau, der zur Verdeutlichung der Mimik Zwischensätze einflicht, verwendet Benda die Musik, mit der er die Rede unterbricht, zur Erläuterung des voran- oder nachfolgenden Satzinhalts. Ein weiterer Fortschritt besteht in seiner Abkehr von der alten italienischen Opernform. Werke: Singspiele („Romeo und Julia", „Der Holzhauer"), Melodramen („Ariadne auf Naxos"," Medea", „Pygmalion"), Kantaten, Klavier- und Gesangstücke, Messen, 30 Symphonien, sieben Cembalokonzerte, elf Violinkonzerte.

Karl Friedrich Abel

Deutscher Komponist und Gambist

* 22. Dezember 1723 in Köthen
† 20. Juni 1787 in London

Sein Vater, der Gambist und Violoncellovirtuose Christian Ferdinand Abel (um 1695-1737), für den Johann Sebastian Bach vermutlich Solo-Suiten für Violoncello schrieb, unterrichtete ihn. 1746/58 war er Mitglied der Dresdner Hofkapelle. Dann führten ihn Reisen unter anderem nach London, wo er Kammermusiker wurde. Mit Johann Christian Bach leitete er hier die bedeutsamen *Bach-Abel-Concerts* (öffentliche Abonnementskonzerte), die 1765 eröffnet und bis zu Bachs Tod (1782) fortgeführt wurden. Danach unternahm er Virtuosenreisen, wobei er in Frankfurt (Main) mehrfach Goethes Vaterhaus besuchte, und ließ sich schließlich als Komponist und Solist in London nieder. Die Bedeutung von Abel liegt in seinem reichen Instrumentalschaffen, das stilistisch an J.C. Bach und die Mannheimer anschließt, aber einen stimmigeren Satz bevorzugt. Seine Spezialität sind die ausdrucksvoll-empfindsamen Adagios, für die er als einer der letzten großen Gambenvirtuosen prädestiniert war. Seine 3sätzigen „Ouvertüren"-Sinfonien, an denen neben den langsamen Sätzen die sehr knappen Finalsätze auffallen, leiten zur Orchestermusik des jungen Wolfgang Amadeus Mozart über.

Charles Burney

Englischer Musikhistoriker

* 7. April 1726 in Shrewsbury
† 12. April 1814 in Chelsea (London)

Er lebte überwiegend als Organist und Musiklehrer, promovierte 1769 in Oxford mit einer Komposition zum Doctor of Music und unternahm 1770 und 1772 Forschungsreisen nach Europa. Der Ertrag dieser Reisen, die Tagebücher *The Present State of Music in France and Italy*, 1771 (deutsch 1772) und *The Present State of Music in Germany, the Netherlands and United Provinces*, 2 Bände, 1773 (deutsch 1773 als "Carl Burney's der Musik Doctors Tagebuch seiner Musikalischen Reisen II und III"), bildet eine unschätzbare Quelle für die Kenntnis des Musiklebens dieser Zeit. Das auf europäischen Bibliotheken mit unermüdlichem Fleiß zusammengetragene historische Material bildet die Grundlage seines 4bändigen Werkes *A General History of Music*, 1776/89, der ersten nennenswerten Musikgeschichte in englischer Sprache.

Karl Friedrich Abel. Gemälde von Thomas Gainsborough aus dem Jahre 1777.

Tommaso Traëtta

Italienischer Komponist und Kapellmeister

* 30. März 1727 in Bitonto (Bari)
† 6. April 1779 in Venedig

Er studierte 1738/48 am Konservatorium in Neapel bei Nicola A. Porpora und Francesco Durante. Traëtta debütierte als Komponist 1751 mit der Oper *Farnace* und war in der Folgezeit ein vielbeschäftigter Opernkomponist. 1758/65 war er Hofkapellmeister in Parma, wo er auch als Musiklehrer der Prinzessinnen tätig war, und wurde 1765 zum

Direktor des Konservatoriums in Venedig berufen. 1768/74 wirkte Traëtta als Hofkomponist Katharinas II. in Petersburg, ging 1774 nach London, kehrte 1777 nach Italien zurück und lebte hier in Neapel und Venedig.

Niccolò Vito Piccini

Italienischer Komponist

* 16. Januar 1728 in Bari
† 7. Mai 1800 in Passy

auch: *Piccinni*;

Piccini wirkte in Neapel, Rom und Paris. Der Schüler F. Durantes erwarb sich hauptsächlich als Opernkomponist Anerkennung; weit mehr als 100 Opern zeugen von seiner außerordentlichen Produktivität. Heute ist der Name Piccini vor allem bekannt durch den operngeschichtlich bedeutenden Streit zwischen den Anhängern der damals traditionellen Form der Oper, die sich auf Piccini beriefen („Piccinisten"), und den innovativen Kräften, deren wichtigster Vertreter C.W. Gluck war („Gluckisten").

Giuseppe Sarti

Italienischer Komponist und Dirigent

* 1. Dezember 1729 in Faenza
† 28. Juli 1802 in Berlin

Er studierte bei Francesco Antonio Valotti in Padua sowie bei Padre Martini in Bologna. Sarti war 1742/50 Organist in Faenza, wurde dort 1752 Theaterdirektor, war 1753 Kapellmeister der Mingottischen Operntruppe und kam mit dieser nach Kopenhagen. Hier wurde er 1755 Hofkapellmeister, übernahm auch die Leitung der italienischen Oper und 1763, nach deren Schließung, die der Hofmusik. Als er 1775 entlassen wurde, ging er nach Italien zurück, wo er bis 1779 Direktor des Mädchenkonservatoriums in Venedig und anschließend Kapellmeister der Mailänder Kathedrale war. 1784 wurde Sarti an den Petersburger Hof berufen und wirkte dort als Direktor der kaiserlichen Kapelle sowie der italienischen Oper. Zu Beginn der 90er Jahre wurde er als Opfer einer Intrige in die Ukraine verbannt, kehrte 1793 nach Petersburg zurück und leitete dort bis 1802 das neugegründete Konservatorium. Sartis Opernschaffen übte in seiner musikalisch-dramatischen Tendenz einen starken Einfluss auf Wolfgang Amadeus Mozart aus, der im „Don Giovanni" aus Sartis *Fra i due litiganti...* zitiert.

Antonio Maria Gaspare Gioacchino Sacchini

Italienischer Komponist

* 14. Juni 1730 in Florenz
† 6. Oktober 1786 in Paris

Schüler F. Durantes. Sacchini arbeitete in vielen bedeutenden Städten Europas, darunter unter anderem Neapel, Rom, London, Paris und München. Berühmt war er vor allem für seine Opern, von denen er über 50 schrieb. Sein Stil ist von C.W. Gluck beeinflusst. Sacchini war der Lehrer D. Cimarosas. Hauptwerk: „Oedipe à Colone" (1786).

Christian Cannabich

Deutscher Komponist

* 28. Dezember 1731 in Mannheim
† 20. Januar 1798 in Frankfurt (Main)

Er trat bereits mit 13 Jahren in das Mannheimer Hoforchester ein, in dem sein Vater, Matthias Franz Cannabich, Flötist war. Cannabich war Schüler von Johann Stamitz und ab 1753 von Niccolò Jommelli in Rom. 1758 wurde er Konzertmeister des Mannheimer Orchesters, 1774 Direktor der Instrumentalmusik und siedelte 1778 mit dem Hof Karl Theodors nach München über. Cannabich kann als das Haupt der jüngeren Mannheimer Generation angesehen werden. Die Tradition Stamitz' fortführend, vermittelte er die Mannheimer Neuerungen des Instrumentalstils an Wolfgang Amadeus Mozart. In seinen Werken, sie stehen an künstlerischer Qualität hinter denen Stamitz' zurück, ist bemerkenswert, dass alle Orchesterinstrumente gleichmäßig an der thematischen Entwicklung beteiligt sind.

Gaëtano Pugnani

Italienischer Komponist, Violinist und Dirigent

* 27. November 1731 in Turin
† 15. Juli 1798 ebenda

Er wurde in seiner Heimatstadt von Giovanni Battista Somis im Violinspiel ausgebildet und begann hier 1741 im Orchester des Teatro Regio, wo er 1748 offiziell angestellt wurde. 1748/49 studierte Pugnani in Rom Kontrapunkt und war anschließend wieder in Turin tätig (1770 Konzertmeister und Leiter der Hofkapelle, 1776 Kammervirtuose und Generalmusikdirektor, 1786 Militär-Musikdirektor). Daneben führten ihn Reisen nach Paris (1754 trat er in den Concerts spirituels als Violinist auf), London (1767/70 Dirigent an King's Theatre, Aufführungen eigener Opern) und ab 1770 zu Aufführungen seiner Opern nach Neapel, Paris und

Wien. Als Begleiter seines bekanntesten Schülers Giovanni Battista Viotti war er in der Schweiz, in Deutschland, Polen und Russland. Pugnani war ein berühmter Violinvirtuose seiner Zeit und wurde als vielseitiger Komponist für die frühklassische italienische Instrumentalmusik bedeutsam.

Joseph Haydn

Österreichischer Komponist

* 1. April 1732 in Rohrau, Niederösterreich
† 31. Mai 1809 in Wien

Haydn stammt aus einer Handwerkerfamilie; ersten Musikunterricht erhielt er in Hainburg bei dem dortigen Schulrektor Frankh. Von 1746 an war er zunächst Sängerknabe, später Instrumentalist am Stefansdom in Wien. Zunächst bestritt er sein Leben als Gelegenheitsmusikant und -komponist, er arbeitete unter anderem für N. Porpora, von dem er auch Klavierunterricht erhielt und trat in Kontakt mit P. Metastasio. Um 1755 entstand im Auftrag von Joseph Freiherr von Fürnberg Haydns erstes Streichquartett. Zwischen 1757 und 1759 wurde er von den Fürsten Morzin als Kapellmeister verpflichtet. Bis zu seinem Wechsel an die Hofkapelle des Fürsten Nikolaus von Esterhazy (1761) komponierte er seine ersten ca. 15 Symphonien. An der Esterházy'schen Hofmusik war Haydn zunächst stellvertretender Kapellmeister, rückte dann aber nach dem Tod Gregor Joseph Werners 1766 in die erste Position auf, in der er bis zur Auflösung der Kapelle 1790, dem Todesjahr des Fürsten Esterházy, verblieb. In Eisenstadt und später (ab 1765) auf dem neu erbauten Schloss Esterházy sah sich Haydn vielfältigen Pflichten gegenüber: Er leitete jährlich bis zu 120 Opernaufführungen einschließlich der Probenarbeit, komponierte und hatte überdies Bibliothek und Instrumentenfundus sowie alle Angelegenheiten, die Hofmusik betrafen, zu regeln. Als Haydn 1790 diesen Posten verließ, hatte sich sein Ruhm trotz relativer Abgeschiedenheit und nur geringer Reisetätigkeit (1784 wurde ihm eine Reise nach London wegen Urlaubssperre verwehrt) europaweit verbreitet, sodass er bei zwei Englandreisen (1791, 1794) auf Einladung des Konzertunternehmers Johann Peter Salomon in gefeierten Konzerten seine zwölf „Londoner" Symphonien und weitere Werke präsentieren konnte. Zu Haydns Werken aus seinen letzten zwei Lebensjahrzehnten gehören außerdem die späten Streichquartette, unter anderem die „Sieben letzten Worte unseres Erlösers am Kreuze", die beiden Oratorien „Die Schöpfung" (1796-98) und „Die Jahreszeiten" (1799-1801) sowie sechs große Messen (1796-1801) zum Namenstag der Fürstin Maria Josepha Hermengild. Ab ungefähr 1703 entstanden keine weiteren Kompositionen mehr. Haydn war seit 1760 mit Maria Anna Aloysia Apollonia Keller in kinderloser und wenig glücklicher Ehe verbunden. Seit 1790 lebte er in Wien. Vor allem für die Symphonie und das Steichquartett gilt Joseph Haydn als Wegbereiter und Schöpfer der beiden klassischen großen Instrumentalgattungen, die er gleichzeitig zu einem ersten Höhepunkt führte. In seinen über 100 Symphonien und 77 Streichquartetten vollzog er die Festigung der Formensprache weniger durch Vereinheitlichung als durch ständiges Experiment und Erweiterung der musikalischen Möglichkeiten. Parallel dazu schuf er ein nicht weniger großes Repertoire an Kammermusik, das die Sphäre höfischer Gebrauchsmusik nicht im glei-

Haydn-Quartett. Gemälde von Julius Schmid.

chen Maß überwand. Dazu gehören die zahlreichen Barytontrios, die er für den musizierenden Fürsten Esterházy komponierte. Als Opernkomponist war Haydn weniger bedeutend; die Konzertliteratur bereicherte er um bedeutende Solokonzerte für Violoncello (D-Dur, C-Dur), Violine, Orgel und Klavier (v.a. Nr. 11 D-Dur), ein Hornkonzert D-Dur, das oft gespielte Trompetenkonzert in Es-Dur sowie eine Sinfonia concertante für Oboe, Fagott, Violine, Violoncello und Orchester. Ein lange Haydn zugeschriebenes Oboenkonzert in C-Dur stammt von einem anderen, nicht identifizierten Meister. Unter den Streichquartetten ragen vor allem die gedruckten Sammlungen (jeweils sechs Stück) von op. 20 (1774, noch als „Divertimenti" bezeichnet), op. 33 („Sonnenquartette", 1781), op. 50 („Preußische Quartette", 1787), op. 54/55 (1789/90), op. 64 (1791), op. 76 („Erdödy-Quartette", 1799, daraus Nr. 3, 2. Satz: Variationen über „Gott erhalte Franz den Kaiser", Melodie des Deutschlandliedes), op. 77 (1806). Haydn gehört zu den ersten Komponisten, deren Vita von zeitgenössichen Biografen aufgezeichnet wurde. Hierzu gehörten v.a. der Jurist Georg August Griesinger und der Maler Albert Christoph Dies.

Joseph Haydn.

Die heutige gebräuchliche Einordnung der Werke Haydns nach „Hob."(oken-Zahlen) beruht auf dem Werkverzeichnis des Musiksammlers und Bibliografen Anthony van Hoboken (1887-1983).

Werke: 15 Messen (unter anderem „kleine" und „große Orgelsolomesse", „Nikolaimesse", „Mariazeller Messe", „Heiligmesse", „Missa in temopre belli"/"Paukenmesse", „Nelsonmesse", „Theresienmesse", „Schöpfungsmesse", „Harmoniemesse"); weitere geistliche Werke für Soli, Chor und Orchester („Salve regina", usw.); Oratorien („Stabat mater", „Applausus", „Il ritorno di Tobia", „Die sieben letzten Worte unseres Erlösers am Kreuze" in der Oratorienfassung, „Die Schöpfung", „Die Jahreszeiten"); Kantaten, Komödien, Singspiele, Opern („Il mondo della luna", dramma giocoso; „L'anima del filosofo ossia Orfeo ed Euridice", dramma per musica u.a.); Arien, Klavierlieder, Kanons, 108 Symphonie, Instrumentalkonzerte, Bühnenmusiken, Tänze, Märsche, 77 Divertimenti/Streichquartette; Divertimenti für andere Besetzungen (mit Bläsern); 126 Barytontrios, 29 Klaviertrios, 47 Klaviersonaten, Werke für Flötenuhren, Arrangements von britischen Volksliedern u.a.

François-Joseph Gossec

Französischer Komponist

* 17. Januar 1734 in Vergnies, Hennegau
† 16. Februar 1829 in Passy bei Paris

Gossec schrieb Opern und Symphonien. Bekannt wurde er vor allem für seine so genannte Revolutionsmusik, bei der es sich hauptsächlich um Märsche, Hymnen und Chöre handelte. Gossec war der wichtigste Komponist der nach der Französischen Revolution entstandenen Republik. Er komponierte Stücke zu vielen offiziellen Anlässen und Gedenkfeiern.
Werke: „Thésée" sowie 20 weitere Bühnenwerke, 40 Symphonien, fünf concertante Symphonien, Märsche, Kammermusik, Revolutionschöre und -hymnen, Kantaten sowie geistliche Musik u.a.

Johann Christian Bach

Deutscher Komponist und Organist

* 5. September 1735 in Leipzig
† 1. Januar 1782 in London

jüngster Sohn von J.S. Bach; „Mailänder" oder „Londoner Bach" genannt. Er wurde zunächst von seinem Vater, dann von seinem Bruder Christian Phillip Emauel in Berlin und später von P. Martini in Mailand ausgebildet. Dort bekleidete er von 1760 bis 1762 das Amt des Domorganisten, bevor er in London als Opernkomponist und zusammen mit C.Fr. Abel als Konzertveranstalter und Interpret („Bach-Abel-Konzerte", von 1774-81) erfolgreich war. Mit seinen Werken für Klavier (Sonaten, Konzerte) schuf er wichtige Beispiele für den neuen empfindsamen Stil, der unter anderem durch seine fließende Melodik und die dynamischen Ausdrucksmöglichkeiten des Fortepianos gekennzeichnet ist. W.A. Mozart, der bei seinem London-Aufenthalt von 1763/64 freundschaftlichen Kontakt mit Bach knüpfte, lobte ausdrücklich dessen „singendes Allegro" und bezog sich seinerseits in Klavierkompositionen auf die modernen Klavierkompositionen Bachs.
Werke: 12 Opern, 2 Oratorien, über 90 Symphonien, Klavierkonzerte, Klaviersonaten, Kammermusik sowie die Sechs Quintette, op. 11. u.a.

Johann Christian Bach.

Johann Georg Albrechtsberger

Österreichischer Komponist, Theoretiker und Organist

* 3. Februar 1736 in Klosterneuburg bei Wien
† 7. März 1809 in Wien

Albrechtsberger erhielt seine musikalische Ausbildung vor allem im Kloster Melk. Er bekleidete verschiedene Organistenämter, bevor er 1772 nach Wien ging, um dort Chorregent der Karmeliterkirche und Organist der Kaiserlichen Hofkapelle zu werden. 1791 folgte er W.A. Mozart in das Amt des Assistenten des Kapellmeisters an St. Stephan in Wien. 1793 rückte er selbst in die leitende Position auf, die er bis zu seinem Tod inne hatte. Von seinen Zeitgenossen wurde Albrechtsberger als ausgezeichneter Organist und Kompositionslehrer geschätzt. Zu seinen Schülern zählt unter anderem L. van Beethoven. Sein Schaffen umfasst über 280 Kirchenkompositionen, 278 Werke für Tasteninstrumente, Symphonien, Solokonzerte, Streichquartette, Divertimenti sowie mehrere Schriften zur Kompositionslehre.

Michael Haydn

Österreichischer Komponist

* 14. September 1737 in Rohrau bei Bruck an der Leitha
† 10. August 1806 in Salzburg

Bruder von J. Haydn; er war wie jener zunächst Sängerknabe am Wiener Stephansdom und bekam Unterricht in Gesang, Tonsatz, Orgel, und Violine. Seine erste Anstellung führte ihn 1757 an die fürstbischöfliche Kapelle von Großwardein (heute Oradea in Rumänien), wo er seinen Ruf als Komponist von Kirchenmusik begründete. Von dort wechselte er 1763 an die Salzburger Hofmusik als Konzertmeister. 1781 folgte er auf W.A. Mozart in der Position des Hof- und Domorganisten. M. Haydn hatte wie sein Bruder Joseph einen großen Einfluss auf den jungen Mozart. Zu seinen Aufgaben in Salzburg, wo er bis zu seinem Tod blieb, gehörten unter anderem das Komponieren von Kirchen- und Kammermusik sowie die Unterweisung der Kapellknaben. Schüler von M. Haydn waren unter anderem Anton Diabelli und C.M. v. Weber.

Werke: 40 Messen, zahlreiche sonstige Kirchenkompositionen, Singspiele, Oratorien, zwölf Kantaten, 50 Lieder, Kanons, 45 Symphonien, Konzerte, Divertimenti, Partiten, Cassationen, Notturni, Serenate, Tänze und Märsche, zwölf Streichquartette u.a.

Carl Friedrich Fasch

Deutscher Komponist

* 18. November 1736 in Zerbst
† 3. August 1800 in Berlin

Sohn von Johann Friedrich Fasch. Er wurde durch seinen Vater musikalisch unterwiesen und 1756 neben Carl Philipp Emanuel Bach, als Cembalist an den preußischen Hof berufen; 1774/76 war er interimistischer Kapellmeister der Königlichen Oper. 1791 gründete Fasch die Berliner Singakademie, mit der er von Anfang an Johann Sebastian Bachs Werke pflegte. Mit dieser Gründung erhielt das Chorwesen in Deutschland einen bedeutenden Aufschwung und zugleich das beginnende Konzertwesen. Faschs Nachfolger wurde Carl Friedrich Zelter. Fasch komponierte eine Messe (16stimmig), 4 Kantaten, ein Requiem, Lieder und Klavierwerke.

Karl Ditters von Dittersdorf

Österreichischer Komponist

* 2. November 1739 in Wien
† 24. Oktober 1799 bei Nové Dvory

Dittersdorf war zunächst von 1761 an Geiger im Wiener Hofopernorchester und wechselt 1765 nach Großwardein (Oradea) als Nachfolger von M. Haydn in das Kapellmeisteramt an der dortigen fürstbischöflichen Kapelle. Nach Auflösung dieses Ensembles ging er nach Breslau an den Hof des Fürstbischofs, Grafen Schaffgotsch. Auf dessen österreichischer Besitzung entstehen nun auch seine wichtigsten Werke, vor allem seine Opern. Befreundet mit J. Haydn und C.W. Gluck, mit dem er nach Italien reist. Anlässlich der Aufführung seines Oratoriums „Hiob“ vor Friedrich Wilhelm II. in Berlin fiel er bei Schaffgotsch in Ungnade, was Dittersdorfs schnellem Aufstieg ein plötzliches Ende machte. Dittersorf schrieb etwa 40 Opern und Singspiele (u.a. „Doktor und Apotheker“), 120 Symphonien (darunter die 12 „Metamorphosen“-Symphonien nach Ovid, 6 davon verschollen), Konzerte (darunter ein bis heute häufig gespieltes Konzert für Kontrabass und Orchester, E-Dur) und Kammermusik.

Karl Ditters von Dittersdorf.

Giovanni Paisiello

Italienischer Komponist

* 9. Mai 1740 in Tarent
† 5. Juni 1816 in Neapel

auch: *Giovanni Paesiello;* Wichtige Stationen des Meisters der italienischen Opera buffa waren St. Petersburg, wo er von 1776 bis 1783 als Hofkomponist wirkte, sowie Neapel, wo er im Anschluss ab 1784 mit Unterbrechungen bis 1815 die Posten des Hofkapellmeisters und anfänglich auch des Hofkomponisten inne hatte. 1802 wurde er von Napoleon für ein Jahr nach Paris berufen. Er komponierte 80 Opern (unter anderem „Il barbiere di Siviglia“), Kantaten, Oratorien, Passionen, Messen, Kammermusik. Ebenfalls von Paisiello ist „Die schöne Müllerin“.

Jan Křtitel Vaňhal

böhmischer Komponist

* 12. Mai 1739 in Nové Nechanice
† 20. August 1813 in Wien

Er war schon in seiner tschechischen Heimat als Organist und Regens chori tätig. Nach kurzem Studium bei Karl Ditters von Dittersdorf in Wien besuchte er 2 Jahre hindurch verschiedene italienische Städte, wo er unter anderem mit Christoph Willibald Gluck in Verbindung trat. Nach abermaligem Aufenthalt in Wien bereiste er Ungarn und Kroatien, um sich dann endgültig in Wien niederzulassen. Hier lebte er ausschließlich vom Erlos seiner Werke und des Musikunterrichts und war somit der erste freischaffende Künstler. Er pflegte Beziehungen zu Joseph Haydn und Wolfgang Amadeus Mozart und war auch als Pianist geschätzt. Vaňhals Bedeutung liegt vor allem auf sinfonischem Gebiet. Mit seinen Sinfonien, in denen oft Anklänge an tschechische Volkslieder und –tänze bemerkbar sind, legte er einen der Grundsteine der Wiener Klassik. Bis zum Ende des 18 Jahrhundert erfreuten sich Vaňhals Kompositionen in Österreich und Deutschland größter Beliebtheit.

Johann Gottlieb Naumann

Deutscher Komponist und Kapellmeister

* 17. April 1741 in Blasewitz (Dresden)
† 23. Oktober 1801 in Dresden

Die erste Ausbildung erhielt er an der Kreuzschule in Dresden. 1757 ging er nach Italien, wo ihm Giuseppe Tartini in Padua, Padre Martini in Bologna und Johann Adolf Hasse in Venedig Anregungen boten. 1764 wurde er Kirchenkomponist am Dresdner Hof und 1776 zum Kapellmeister ernannt. Ab 1777 wirkte er für längere Zeit bei den Reformen und dem Ausbau des höfischen Musiklebens in Stockholm und Kopenhagen. 1788/89 dirigierte er als Gast in Berlin und war von da an wieder in Dresden tätig. Naumann war einer der letzten deutschen Musiker, die nach Studien in Italien in ihre Heimat zurückgekehrt, weiter italienische Opern schrieben. Doch vertrat er in der kompositorischen Anlage seiner Werke zugleich die nationalen Opernbestrebungen. In seinen Opern für Stockholm und Kopenhagen näherte er sich der französischen Ballettoper. Parallel zu den literarischen Erscheinungen der „Sturm-und-Drang"-Epoche hat er Elemente einer stärker intimgefühlvollen Haltung ausgebildet, was sich besonders in der Wahl der Texte, seiner Harmonik und Orchestrierung zeigt. Er wird deshalb oft als Wegbereiter der Frühromantik bezeichnet.

Luigi Boccherini

Italienischer Cellist und Komponist

* 19. Februar 1743 in Lucca
† 28. Mai 1805 in Madrid

Nach seinem Studium in Rom begann Boccherini seine musikalische Karriere als Cellist. Er zählte zu den bedeutendsten Cello-Virtuosen seiner Zeit und unternahm Konzertreisen in Österreich und in Frankreich. Später arbeitete er als Komponist, zunächst am Königshof in Madrid, ab 1787 in Berlin am Hof von Friedrich Wilhelm II., der selber Cello spielte und Boccherini zum Hofkompositeur ernannte, und ab 1797 wieder in Madrid. Mehrere hundert Kompositionen (darunter vor allem Kammermusik für Streicher) zeu-

Titelblatt einer Ausgabe mit Streichquartetten von Luigi Boccherini.

gen von Boccherinis Komponistentätigkeit.

Johann Peter Salomon

Deutscher Violinist und Komponist

* 20. Februar 1745 in Bonn
† 25. November 1815 in London

Er gehörte 1758/65 dem kurfürstlichen Orchester in Bonn an und wurde 1764 Konzertmeister des Prinzen Heinrich von Preußen in Rheinsberg. 1781 ging er nach London, wo er abwechselnd als Konzertmeister, Solist, Quartettspieler und Konzertunternehmer tätig war und im Musikleben Englands eine bedeutende Rolle spielte. 1790 wurde er mit Joseph Haydn in Wien bekannt; dieser wurde durch Salomon zu seinen London-Aufenthalten veranlasst. Salomon komponierte: Instrumentalmusik; Opern; Oratorien.

Domenico Cimarosa

Italienischer Komponist

* 17. Dezember 1749 in Aversa, Neapel
† 11. Januar 1801 in Venedig

Schüler A. Sacchinis. 1787 wurde Cimarosa Hofkapellmeister in St. Petersburg, 1791 in Wien. Er war ein überaus produktiver Komponist: In seinem Werk finden sich viele Kantaten, Klaviersonaten, Oratorien und Symphonien. Sein eigentlicher Ruhm begründete sich aber auf seinen komischen Opern (siehe Opera buffa), von denen „Die heimliche Hochzeit" („Il matrimonio segreto") von 1792 am erfolgreichsten war. Cimarosa schrieb fast 70 Opern. Sein Stil ist beeinflusst von W.A. Mozart.

Antonio Salieri

Italienischer Komponist

* 18. August 1750 in Legnano, Venedig
† 7. Mai 1825 in Wien

Salieri wurde unter anderem am Markusdom in Venedig musikalisch ausgebildet. Entdeckt und nach Wien gebracht hatte ihn 1770 Florian Gassmann, der Salieri auch in Komposition unterrichtete und ihm den Weg an den Wiener Kaiserhof ebnete. Nach Gassmanns Tod 1774 wurde Salieri seinerseits Kammerkompositeur und Kapellmeister der italienischen Oper. 1788 bis 1790 bekleidete er das Amt des Hofkapellmeisters, leitete danach die Hofsängerkapelle und komponierte Opern. Er war Lehrer L. van Beethovens, W.A. Mozarts und F. Schuberts. 1823 verfiel er in geistige Umnachtung. Sein vermeintlich intrigantes Wesen mag zu der Legendenbildung beigetragen haben, er sei an Mozarts Vergiftung beteiligt gewesen. N. Rimskij-Korsakow schuf eine Oper „Mozart und Salieri" (1898, nach Puschkin). Werke: 39 Opern, Kantaten, Oratorien, Requiem, 4 Te deum, Symphonien u.a.

Dmitri Stepanowitsch Bortnjanski

Russischer Komponist

* 1751 in Gluchow
† 7. Oktober 1825 in Petersburg

Er wurde als Knabe Mitglied des Petersburger Hofchores, erhielt seine musikalische Ausbildung durch Baldassare Galuppi und studierte 1769/79 in Italien, wo er auch Opern komponierte. Nach seiner Rückkehr wurde er Leiter des Petersburger Hofchores und entfaltete eine fruchtbare Tätigkeit als Komponist (Opern, Sinfonien, Kammermusik, geistliche Chormusik), allerdings ganz im Stile der zeitgenössischen französischen und italienischen Musik, wie sie im Russland jener Zeit bevorzugt wurde.

Muzio Clementi

Italienischer Komponist

* 23. Januar 1752 in Rom
† 10. März 1832 in Evesham

Begründer der modernen Klavierspieltechnik. Clementi komponierte Klaviersonaten, Etüden und Kammermusik.
Berühmt wurde er als Klaviervirtuose und als Klavierlehrer. Clementi lebte in England, begab sich aber auf mehrjährige Tourneen durch Europa. Heute noch bekannt ist sein Werk „Gradus ad Parnassum oder die Kunst des Fortepiano-Spiels" (1817-26), eine Sammlung von Fugen, Sonatinen, Tänzen u.a.

Johann Friedrich Reichardt

Deutscher Komponist

* 25. November 1752 in Königsberg
† 27. Juni 1814 in Giebichenstein bei Halle

Reichardt studierte zunächst Rechtswissenschaft und Philosophie in Leipzig und Königsberg, wo er auch Vorlesungen von Immanuel Kant besuchte.
1775 widmete er Friedrich II. dem Großen eine Oper, woraufhin er zum Königlichen Kapellmeister ernannt wurde. Er bereiste England, Frankreich und Italien und veröffentlichte 1792 seine „Vertrauten Briefe", die ihn aber seine Stellung kosteten. Vorübergehend war er Salinendirektor in Halle, dann kurze Zeit in Kassel Kapellmeister.
Nach einem kurzen Aufenthalt in Wien zog er sich nach Giebichenstein bei Halle zurück, wo er freundschaftliche Beziehungen zu Achim von Arnim unterhielt. Reichardt hat sehr viel Musikwerke geschaffen, vor allem Singspiele, Opern, Kantaten, aber auch Liedkompositionen, unter denen die Vertonungen der Goetheschen Gedichte einen besonderen Platz einnehmen. Von Bedeutung wurden auch seine zahlreichen musiktheoretischen Schriften.

Vicente Martin y Soler

Spanischer Komponist, Dirigent und Pädagoge

* 2. Mai 1754 in Valencia
† 11. Februar 1806 in Petersburg

Er war zunächst Chorknabe in seiner Heimatstadt, komponierte in Madrid seine ersten Werke und wurde von Padre Martini in Bologna unterrichtet. 1779/85 wirkte er in Italien als Opernkomponist (Neapel, Turin, Venedig u.a.), ging dann nach Wien, wo seine Werke große Beachtung fanden, und 1788 weiter nach Petersburg. Dort entfaltete er eine vielseitige Tätigkeit als Komponist, Dirigent, Bearbeiter, Musiklehrer. 1794/96 war er vorübergehend am Haymarket Theatre in London verpflichtet, trat aber nach seiner Rückkehr in Petersburg wieder seine früheren Ämter an. Durch seine Buffo-Opern wurde Martin y Soler schnell international beliebt und stand in höherem Ansehen als Domenico Cimarosa, Giovanni Paisiello und auch Wofgang Amadeus Mozart (der eine Melodie aus der Oper *Una cosa rard* im „Don Giovanni" zitiert). In seinen russischen Opern griff Martin y Soler auch auf die russische Volksmusik zurück. Er schrieb: Kammermusik; etwa 20 Opern; eine Zarzuela; 5 Ballette; einige Pasticci; Salve regina; Kantaten; vokale Kammermusik.

Giovanni Battista Viotti

Italienischer Violinist und Komponist

* 12. Mai 1755 in Fontanetto da Po
† 3. März 1824 in London

Er konzertierte ab 1780 mit Gaëtano Pugnani in Deutschland, Polen und Russland, später in London und Pa-

Leopold Mozart mit seinen Kindern, dem siebenjährigen Wolfgang und der elfjährigen Nannerl. Zeitgenössischer französischer Druck.

ris. Nach diesen überaus erfolgreichen Reisen wendete er sich vom öffentlichen Spiel ab und leitete ab 1788 das Théâtre de Monsieur in Tuilerien; 1791 gründete er zusammen mit Feydeau de Brou ein eigenes Theaterunternehmen, das jedoch keinen langen Bestand hatte. Nach 1792 trat er in London wieder solistisch auf (1794 unter anderem in den berühmten „Salomon-Konzerten" mit eigenen Violinkompositionen; 1795 veranstaltete er mit Peter Salomon und Joseph Haydn eine eigene Serie Opera Concerts). Daneben konzertierte er auch wieder in Deutschland, Italien und in der Schweiz, zog sich dann jedoch abermals (unter anderem wegen einer Verdächtigung, er sei als revolutionärer Agent in London aufgetreten) vom öffentlichen Musikleben zurück und verließ London. 1801 ist er wieder in London nachweisbar, und zwar als Teilhaber einer Weinhandlung. Erst 1802 trat er in Paris, auf Drängen Luigi Cherubinis, François Sales Baillots und Pierre Rodes, wieder mit vollendetem Spiel auf; 1819 übersiedelte er schließlich ganz nach Paris, wo er bis 1822 die Direktion der Opéra innehatte. Seine Kompositionen stehen in der Violinliteratur mit in erster Reihe.

Wolfgang Amadeus Mozart

Österreichischer Komponist

* 27. Januar 1756 in Salzburg

† 5. Dezember 1791 in Wien

eigentlich: *Joannes Chrysostomus Wolfgangus Theophilus (= lat. Amadeus)*;

Der Sohn L. Mozarts erhielt schon sehr früh eine umfassende musikalische Ausbildung durch den Vater und begann bereits 1761 zu komponieren. Die erste Konzertreise zusammen mit der fünf Jahre älteren Schwester Maria Anna („Nannerl") führte nach München und Wien. 1763 bis 1766 unternahm er eine große Reise durch Westeuropa. Stationen waren München, Schwetzingen, Heidelberg, Mainz, Frankfurt (Main), Koblenz, Aachen, mit längeren Aufenthalten in Paris und London.

Zweck der Reisen war die Präsentation der beiden „Wunderkinder" einem höfischen und kunstinteressierten bürgerlichen Publikum. In Paris erschienen 1764 erstmals Werke von Wolfgang Amadeus im Druck, seine Sonaten für Klavier und Violine (KV 6-9). In der Folge der Reise lag Mozarts Interesse schon früh bei den großen Musikzentren, herrschenden Moden und dem Kennenlernen bedeutender Werke und Komponisten. (z.B. Händelsche Oratorien, J.S. Bach und seine Klaviermusik während des 15-monatigen Aufenthalts in London). Es folgte der Besuch Wiens, der trotz Kontaktaufnahme mit dem Kaiserhaus keine nachhaltige Wirkung zeigte. Die Opera buffa „La finta semplice", auf Anregung Josephs II. komponiert, wurde erst 1769 in Salzburg uraufgeführt. Wegen einer Blatternepidemie wichen die Mozarts von Wien zeitweise nach Olmütz und Brünn aus. Für Wien komponierte er das Singspiel „Bastien und Bastienne" (1768) sowie die Missa solemnis („Waisenhausmesse"), KV 139.

Nach kurzem Verweilen in Salzburg, wo Mozart zum Konzertmeister der fürstbischöflichen Hofmusik ernannt wurde, unternahm er mit dem Vater zwischen 1769 und 1773 drei große Reisen nach Italien, während derer er für Mailand drei Auftragsopern schuf, vom Papst zum „Ritter vom Goldenen Sporn" ernannt und in Bologna nach Kontrapunktstudien bei Padre Martini in die berühmte „Accademia dei Filarmonici" aufgenommen wurde. In Rom soll Mozart nach einmaligem Hören das „Miserere" von G. Allegri aus dem Gedächtnis niedergeschrieben haben, eine Komposition, die nur einmal im Jahr in der Karwoche in der Sixtinischen Kapelle gesungen und deren Notenwerk unter strengem Verschluss gehalten wurde.

Wieder in Salzburg, schrieb Mozart in den folgenden Jahren Kirchenmusik (Messen KV 167, 194, 196, 220 – „Spatzenmesse", 257, 259, zwei Litaneien KV 195, 243, Dixit dominus – Magnificat KV 193, 17 Kirchen- oder Epistelsonanten) sowie Serenaden und Symphonien. Zur Inthronisation seines neuen Dienstherrn, Fürstbischof Colloredo, entstand 1772 „Il sogno di Scipione". Im Karneval 1775 wurde für München die Oper „La finta giardiniera" uraufgeführt. Ebenfalls 1775 schrieb Mozart vier Violinkonzerte (D-Dur, KV 211, G-Dur, KV 216, D-Dur, KV 218 und A-Dur, KV 219).

Wachsende Unzufriedenheit über dienstliche Angelegenheiten, die nach seinem Dafürhalten von Colloredo vernachlässigte Musikpflege, über seinen Status als Bediensteter bei Hof, fehlende Möglichkeiten zur Beurlaubung für Reisen, fehlende Perspektiven zur beruflichen Fortentwicklung und die Nichtachtung seiner künstlerischen Potenz führten 1777 zum Bruch mit Colloredo und der Abreise zusammen mit seiner Mutter nach München, Mannheim und Paris. Auf keiner der Stationen fand er die erhoffte höfische Anstellung. Er knüpfte wichtige Kontakte mit den Musikern der berühmten Mannheimer Hofkapelle und lernte Aloysia Weber kennen, für die er bald tiefe Zuneigung empfand, nach fehlender Erwiederung später jedoch deren Schwester Constanze heiratete. In Mannheim entstanden Arien, ein Flötenkonzert (G-Dur, KV 313), Flötenquartette und Klaviersonaten. In Paris schuf Mozart für Konzerte (die so genannten „Academien" und „Concerts spirituels") die „Pariser" Symphonie D-Dur, KV 297, die Ballettpantomime „Les petits riens", zwei Violinsonaten und eine Klaviersonate sowie die nicht im Original erhaltene Sinfonia concertante für Flöte, Oboe, Fagott, Horn und Orchester, KV 297B/Anh. C14.1.

Ohne seine in Paris gestorbene Mutter kehrte er Januar 1779 nach Salzburg zurück und stand abermals in Diensten des Erzbischofs von Salzburg. Nach der Aufführung der Oper „Idomeneo"

„Die Zauberflöte". Bühnenbildentwurf von Karl Friedrich Schinkel für die Aufführung des Jahres 1816 in Berlin.

in München kam es zum endgültigen Bruch mit dem Erzbischof und Mozart blieb fortan als freier Künstler in der kaiserlichen Hauptstadt, dem Wien zur Zeit Josephs II.. Dort heiratete er 1782 Constanze Weber. Wichtige Werke der Jahre 1781/82 waren seine „Krönungsmesse", KV 317, das „Münchner Kyrie", KV 341, die Sinfonia concertante für Violine, Viola und Orchester, KV 364, Die Bläserserenade B-Dur, KV 361 („Gran Partita") u.a.
Bis 1786 blieb ihm in Wien der Erfolg als Pianist in Adelshäusern und Opernkomponist („Die Entführung aus dem Serail", 1782; „Die Hochzeit des Figaro", 1786) treu, dann verließ ihn jedoch die Gunst des Publikums. Dafür fand sein Schaffen nun in Prag zunehmenden Anklang; er erhielt Opernaufträge („Don Giovanni", 1787; „Titus", 1791).
In diesem Zusammenhang entstand auch die „Prager" Symphonie (D-Dur, KV 504 in drei Sätzen). Durch seinen Kontakt zum Musikliebhaber Baron Gottfried van Swieten lernte Mozart ältere Musik von Händel und Bach kennen, er bearbeitete u.a. Händels „Messiah". Neben der Oper und dem Unterrichten wurde in den Wiener Jahren das Klavierkonzert zu Mozarts wichtigstem Betätigungsfeld, nicht zuletzt, weil er entsprechende Werke für seine selbst veranstalteten „Academien" zur Darstellung seines eigenen pianistischen Könnens benötigte. Nach den bis auf das „Jeunehomme"-Konzert (Es-Dur, KV 271) weniger bedeutenden Salzburger Konzerten entstanden in Wien 17 Konzerte (1782/83: F-Dur, KV 413; A-Dur, KV 414, C-Dur, KV 415; 1784: Es-Dur, KV 449; B-Dur, KV 450; D-Dur, KV 451; G-

Figurine zur Aufführung der Oper „Don Giovanni".

Dur, KV 453; B-Dur, KV 456; F-Dur, KV 459; 1785: d-Moll, KV 466; C-Dur, KV 467; Es-Dur, KV 482; 1786: c-Moll, KV 491; C-Dur, KV 503; 1788: D-Dur, KV 537, angeblich für Konzerte anlässlich einer Reise nach Frankfurt zur Kaiserkrönung Leopolds II. komponiert; 1791: B-Dur, KV 595 für Mozarts letzten Auftritt als Pianist im März).

Dabei handelt es sich nicht nur um frühe Beispiele einer noch jungen Gattung, sondern um die Ergebnisse einer errungenen Meisterschaft Mozarts, denen keiner seiner Zeitgenossen ähnlich Ausgereiftes entgegen setzen konnte. Nach fast zehnjähriger Pause nahm Mozart Ende 1782 sein Quartettschaffen wieder auf und widmete J. Haydn die sechs, 1785 als op. 10 gedruckten Werke (G-Dur, KV 387; d-Moll, KV 421; Es-Dur, KV 428; B-Dur,KV 458, das „Jagd-Quartett"; A-Dur, KV 464; C-Dur, Kv 465, „Dissonanzen"). 1790 erhielt er auf einer Reise nach Berlin in Potsdam von König Friedrich Wilhelm II. den Kompositionsauftrag zu Streichquartetten. Im Anschluss entstanden die drei „Preußischen Quartette" (D-Dur, KV 575; B-Dur, KV 589; F-Dur, KV 590).

Mozarts letzte Jahre waren überschattet durch größtenteils selbst verschuldete wirtschaftliche Sorgen. 1787 war L. van Beethoven kurz Mozarts Schüler, und er wurde zum kaiserlichen Hofkomponisten (ohne Besoldung) ernannt. 1788 entstanden die letzten drei Symphonien (Nr. 39 Es-Dur, KV 543; Nr. 40 g-Moll, KV 550; Nr. 41 C-Dur, KV 551 mit dem nicht von Mozart stammenden Beinamen „Jupiter"). 1790 wurde in Wien „Così fan tutte" (die letzte der drei Opern, für die L. Da Ponte das Libretto schrieb) uraufgeführt, 1791 „Die Zauberflöte". Wichtige Einnahmequelle war in dieser Zeit die zahlreich für den Wiener Hof geschaffene Tanzmusik für Orchesterbesetzung (Menuette, Deutsche Tänze, Ländler, Kontretänze). Das „Requiem" blieb unvollendet.

Figurine zur Aufführung der Oper „Die Zauberflöte". Dargestellt ist die „Königin der Nacht".

Mozart erlag im Dezember 1791 einer bis heute nicht genau identifizierten Krankheit, wahrscheinlich einem Nierenleiden. Eine (schleichende) Vergiftung muss in den Bereich der nach Mozarts Tod schnell wuchernden Legendenbildung verwiesen werden. Mozart war wie Haydn seit 1784 Mitglied verschiedener Freimaurerlogen. In diesem Zusammenhang entstanden Werke wie die Kantate „Die Maurerfreunde", KV 471 oder die „Maurerische Trauermusik", KV 477 u.a. Er galt sowohl seinem väterlichen Freund und älterem Kollegen J. Haydn als auch J.W. v. Goethe als der größte Komponist aller Zeiten. Sein Werk umfasst alle wichtige Gattungen der damaligen Musikpflege und war vor allem auf dem Gebiet der Kammermusik (Klaviersonaten, Streichquartette, Streichquintette), der Klavierkonzerte und der Opern innovativ und wegweisend für folgende Komponistengenerationen. Mozarts Zugriff auf die Musik war nicht nur in den Opern, sondern vor allem in seiner Instrumentalmusik von einer inneren Logik geprägt, die gepaart mit seinen immer wieder individuell gefundenen Lösungen musikalischer Formprobleme zu Werken von großer Ausgewogenheit von Form und Inhalt geführt haben.

Mozart war einer der ersten Künstler, die sich aus den Zwängen des Dienstes an einem Fürstenhof lösten und die materielle und geistige Abhängigkeit gegen eine freie künstlerische Entfaltung eintauschten. Für Mozart bedeutete dies jedoch die eigene Auslieferung an einen strukturell wie gesellschaftlich-sozial noch nicht tragfähigen Musikmarkt.

Werke: 17 Messen (darunter die unvollendete c-Moll-Messe, KV 427), Litaneien, Vespern, weitere kleinere geistliche Werke für Soli, Chor und Orchester, 17 Kirchen- oder Epistelsonaten, Oratorien, Kantaten, geistliche Dramen, 22 Bühnenwerke (Opere serie, Opere buffe, Singspiele, Bühnenmusiken), Arien und Szenen für Singstimme und Orchester, über 25 Lieder,

Kanons, ca. 50 Symphonien, 26 Divertimenti, Cassationen, Serenaden Notturni (darunter die „Posthornserenade“ D-Dur, KV 320; die „Serenata notturna“ KV 239, die „Kleine Nachtmusik“, G-Dur, 525 u.a.), 12 Serenaden und Divertimenti für Bläser, 15 Orchestermärsche, zahlreiche Tänze für Orchester; Solokonzerte: 21 für Klavier, 9 (drei davon zweifelhaft) für Violine, 4 für Horn, zwei für Flöte, je eines für Oboe, Klarinette und Fagott; konzertante Werke mit verschiedener Besetzung, Kammermusik (26 Streichquartette, 6 Streichquintette, 8 Klaviertrios, 41 Violinsonaten, Klavierquintett mit Bläsern); 19 Sonaten, 15 Variationenwerke, Rondos und Fantasien für Klavier u.a.

Ignaz Joseph Pleyel

Österreichischer Komponist, Musikverleger und Klavierfabrikant

* 18. Juni 1757 in Ruppertsthal (Niederösterreich)

† 14. November 1831 bei Paris

Er wurde zunächst von Johann Baptist Vanhal in Wien unterrichtet, war 1772/77 Schüler von Joseph Haydn in Eisenstadt und später zu Studien in Italien. Ab 1777 wirkte er als Kapellmeister der Privatkapelle des Grafen Ladislaus Erdödy, wurde 1783 Adjunkt des Kapellmeisters am Straßburger Münster und 1789 hier Kapellmeister. 1792 dirigierte er bei den Professional Concerts in London, wurde nach seiner Rückkehr verhaftet, aber bald freigelassen und übersiedelte 1795 nach Paris. Hier gründete er 1797 einen Musikverlag und 1807 eine Klavierfabrik, die unter seinem Sohn Weltruhm erlangte.

Carl Friedrich Zelter

Deutscher Komponist und Musikpädagoge

* 11. Dezember 1756 in Berlin

† 15. Mai 1832 in Berlin

Schüler von C.F. Fasch. Ab 1800 als dessen Nachfolger Leiter der Singakademie. Von 1803 bis 1812 verfasste Zelter seine „Sieben Denkschriften“, in denen er eine Neuordnung des Musikwesens entwirft. 1809 Gründung der „Liedertafel“, der Keimzelle der späteren deutschen Männergesangvereine. 1822 Gründung des Königlichen Instituts für Kirchenmusik. Lehrer von F. Mendelssohn Bartholdy, G. Meyerbeer und O. Nicolai. Von großer Bedeutung ist auch der Briefwechsel zwischen Zelter und Johann Wolfgang von Goethe.

Luigi Cherubini

Italienischer Komponist

* 14. September 1760 in Florenz

† 15. März 1842 in Paris

Cherubini wurde 1778 vom späteren Kaiser Österreichs Leopold II. für vier Jahre nach Venedig zu Sarti geschickt, bei dem er den Kontrapunkt erlernte. Neben Kirchenmusik komponierte Cherubini ab 1779 auch zahlreiche Opern. 1784 ging er nach London, wo er Königlicher Hofkomponist wurde. Vier Jahre darauf ließ er sich in Paris nieder und wurde 1795 zum Inspektor des Konservatoriums ernannt. Ab 1808 wandte er sich wieder der Kirchenmusik zu und verfasste unter anderem die dreistimmige Messe in F-Dur, die Messe in C-Dur und das Requiem in c-moll. Von 1821-1842 war Cherubini Direktor des Pariser Konservatoriums. Er komponierte auch zahlreiche Chorwerke und Kantaten. Unter den vielen Opern, die er schrieb, zählen „Medea“ (1797) und „Der Wasserträger“ (1800) zu den bekanntesten.

Jan Ladislav Dussek

böhmischer Pianist und Komponist

* 12. Februar 1760 in Časlav

† 20. März 1812 in St-Germain-en-Laye

Dussek war der Sohn eines Organisten, studierte Philosophie und Theologie, verließ in gräflichen Diensten seine Heimat und wurde in Belgien und Holland Organist. Nach einem Besuch bei Carl Philipp Emanuel Bach in Hamburg verlegte er seine Konzerttätigkeit nach Deutschland, später nach Russland, Italien und Frankreich. 1790/1800 lebte er als angesehener Virtuose in London, wo er sich auch als Verleger versuchte. Misserfolge in diesem Unternehmen zwangen ihn zum Verlassen des Landes. Dussek ging wieder nach Deutschland, besuchte als gefeierter Virtuose seine Heimat und beendete schließlich seine Laufbahn als Lehrer und Konzertorganisator in Talleyrands Diensten in Paris. Dussek war hauptsächlich als geschätzter Klaviervirtuose tätig. Seine Kompositionen, die vor allem dem Klavier gewidmet sind, enthalten Elemente der sich anbahnenden Entwicklung (von der Klassik) zur Romantik, deren Vorliebe für programmatische Sujets bei Dussek festzustellen ist. Dussek ist nicht mit seinem Bruder F.J. Dussek (1765 bis etwa 1816) zu verwechseln.

Claude Joseph Rouget de Lisle

Französischer Schriftsteller und Komponist

* 10. Mai 1760 in Lons-le-Saumier

† 16. Juni 1836 in Choisy-le-Roi

alias: *Auguste Hix*; Rouget de Lisle diente als Offizier in der französischen

Armee. 1792 verfasste er in Straßburg für die Rheinarmee Text und Melodie des „Chant de guerre pour l'armée du Rhin“, das später unter der Bezeichnung Marseillaise zur französischen Nationalhymne wurde.

Jean François Lesueur

Französischer Komponist und Kapellmeister

* 15. Februar 1760 in Drucat-Plessiel (Abbeville)
† 6. Oktober 1837 in Paris

An der Sängerschule zu Abbeville ausgebildet, wurde er 1779 Kirchenkapellmeister in Séez, später in Paris, vorübergehend an den Kathedralen Dijon, Le Mans und Tours und ab 1784 wieder in Paris. Seine Kompositionen (Messen, Motetten) erregten durch ihren unkonventionellen Aufbau Aufsehen und Kritik. Nach einem Streit über seine künstlerischen Prinzipien und Forderungen an die ihm unterstellten Klangkörper trat er von der Stellung eines Kapellmeisters an Notre-Dame zurück. Im selben Jahr wurde seine Oper *Telémaque* von der großen Oper in Paris abgelehnt. 1793 begannen mit *La caverne* seine Erfolge auf diesem Gebiet. 1795 wurde Lesueur an das neugegründete Konservatorium berufen, nach einem Konflikt 1802 entlassen, 1818 aber wieder als Kompositionslehrer an dieses Institut berufen (seine berühmtesten Schüler waren Hector Berlioz, Ambroise Thomas und Charles Gounod.) 1804 wurde er von Napoleon, der Lesueurs Musik sehr schätzte, zum Hofkapellmeister ernannt. 1813 wurde er Mitglied der Académie des Beaux Arts und nach 1814 königlicher Opernkapellmeister und Hofkomponist. In der Wahl seiner Stoffe und Gattungen folgte er dem sich wandelnden Kunstziel im damaligen Frankreich (Chant, Hymne, Revolutionsoper; geistliche Werke zu Ehren des Imperators und mystifizierende Märchen- und Sagenopern).

Johann Rudolph Zumsteeg

Deutscher Komponist

* 10. Januar 1760 in Sachsenflur
† 27. Januar 1802 in Stuttgart

Johann Rudolph Zumsteg gilt als der Vorläufer C. Loewes in der Balladenkomposition. Diese Kunstform, aus dem Melodram hervorgegangen, verwendet eine den szenischen Gehalt begleitende und untermalende Musik nunmehr zur Vertonung balladenartiger Gedichte. In der Illustrierung des Schauerlichen zeigt Zumsteeg sich als ein Vorläufer der Romantik. Er war ein Schüler des Hofkapellmeisters Agostino Poli in Stuttgart, dessen Nachfolger er 1793 wurde. Werke (Auswahl): Opern („Armida“, „Tamira“, „Das Pfauenfest“, „Geisterinsel“), Musik zu den „Räubern“, „Hamlet“, „Macbeth“, ferner Kantaten, Cellokonzerte, Celloduette, Balladen („Des Pfarrers Tochter von Taubenheim“, „Entführung“, „Lenore“, „Ritter Toggenburg“).

Jan Ladislav Dussek.

Friedrich Ludwig Aemilius Kunzen

Deutscher Komponist und Dirigent

* 24. September 1761 in Lübeck
† 28. Januar 1817 in Kopenhagen

Er erhielt seine Musikausbildung bei seinem Vater 1768 erregte er mit seiner 3 Jahre jüngeren Schwester als musikalisches Wunderkind Aufsehen in London. 1787 ging Kunzen nach Kopenhagen und komponierte 1789 die erste dänische Oper, *Holger Danske*, die sich jedoch nicht durchsetzen konnte. Kunzen ging daraufhin nach Berlin und gab dort zusammen mit Johann Friedrich Reichardt 1791 die Musikzeitschrift *Musikalische Monatsschrift* heraus. 1792 wurde Kunzen als Kapellmeister nach Frankfurt (Main) berufen, erhielt 1796 eine Anstellung als Kapellmeister in Prag und wurde im selben Jahr, auf Empfehlung von J.A.P. Schulz als dessen Nachfolger im Amte des königlichen dänischen Kapellmeisters, nach Kopenhagen berufen, wo er bis zu seinem Tode eine führende Stellung im dänischen Musikleben einnahm. Kunzens Musiksprache nahm Einflüsse von Wolfgang Amadeus Mozart und Christoph Willibald Gluck auf.

Adalbert Gyrowetz

böhmischer Komponist

* 19. Februar 1763 in Budweis
† 19. März 1850 in Wien

Gyrowetz war jahrelang als Sekretär eines österreichischen Grafen und als kaiserlicher Legationssekretär in Mailand, Paris, London und an deutschen Höfen tätig, ehe er 1804/31 als Dirigent an der Wiener Hofoper wirkte. Gyrowetz's Werke, die sich stark an Joseph Haydn anlehnen, waren bis etwa 1820 weit verbreitet und überaus geschätzt.

Étienne Nicolas Méhul

Französischer Komponist

* 22. Juni 1769 in Givet (Ardennes)
† 18. Oktober 1817 in Paris

Schon im Kindesalter erhielt er Orgelunterricht, den er mit 10 Jahren bei Wilhelm Hauser im Kloster Lavaldieu fortsetzte. 1778 übersiedelte er nach Paris, wo er bei Johann F. Edelmann Komposition studierte und als Musiklehrer wirkte. Hier wurde er auch mit Christoph Willibald Gluck bekannt, unter dessen Einfluss er sich der Oper zuwandte. 1795 wurde er einer der Inspektoren des Konservatoriums und Mitglied der Académie des Beaux-Arts. Mit François Adrien Boieldieu, Luigi Cherubini und anderen Komponisten übernahm Méhul 1802 das Magasin de Musique (den 1793 gegründeten ersten Staatsmusikverlag in der Geschichte des Musikverlagswesens). Méhul gilt als Haupt der französischen Musik zur Zeit der Revolution. Fortführung der französischen Tradition auf dem Gebiet der Programmmusik und der Sinfonik, volkstümlich lapidarer Stil, Erschließung neuer Möglichkeiten in Melodik, Harmonik und Orchestrierung zeichnen sein Schaffen aus. Sein *Chant du Départ* war neben der „Marseillaise" der beliebteste Massengesang. Im Gegensatz zu anderen Komponisten sah Méhul die Sinfonie als für das neue Publikum höchst geeignet an. Stolz, Glanz, Kraft und dramatisches Feuer sprechen aus seinen Werken, die darin und in Inhalt und Aufbau sowie der Anwendung sinfonischer Gestaltungsprinzipien eine Nähe zu Ludwig van Beethoven und Joseph Haydn sichtbar werden lassen.

Rodolphe Kreutzer

Französischer Komponist und Violinist

* 16. November 1766 in Versailles
† 6. Januar 1831 in Genf

ab 1801 Konzertmeiser an der Pariser Oper; 1802 Mitglied der Chapelle du Premier Consul und von 1815 bis 1827 Kapellmeister der Chapelle Royal; 1795 bis 1825 Professor für Violine am Pariser Konservatorium. Auf einer Konzertreise traf Kreutzer 1798 in Wien L. van Beethoven, der ihm die Violinsonate op. 47 (1805) widmete, die als „Kreutzersonate" bekannt wurde; Kreutzer hat sie jedoch wahrscheinlich nie selbst gespielt. Heute hauptsächlich als Komponist von Violinetüden bekannt.

Ludwig van Beethoven

Deutscher Komponist

* 17. Dezember 1770 in Bonn
† 26. März 1827 in Wien

Ludwig van Beethoven stammte aus einer im Dienst des Kölner Kurfürsten stehenden Musikerfamilie; sein Großvater war Kapellmeister, sein Vater Sänger am Bonner Hof. Bereits 1774 begann die musikalische Ausbildung durch den Vater. Sein erstes öffentliches Konzert gab Beethoven 1778 in Köln, die ersten Kompositionen wurden 1782/83 gedruckt. 1784 erhielt er bei Hof eine Anstellung als Organist, seit 1789 wirkte er als Bratschist am Theater. 1787 reiste Beethoven zum ersten Mal nach Wien und 1792

Erste Seite von Beethovens Klaviersonate „Appassionata".

übersiedelte er endgültig dorthin und setzte seine Kompositionsstudien bei J. Haydn fort.
Erst 1795 trat er als Pianist und Komponist vor die Öffentlichkeit. Bis 1796 reichen erste Anzeichen eines Gehörleidens zurück, das Beethoven neben anderen Krankheiten zunehmend belastete und 1819 zu fast völliger Taubheit führte. Seine Konzerttätigkeit als Pianist endete 1814, er widmete sich ausschließlich dem Komponieren. 1805 fand die erste Aufführung der Dritten Symphonie, der „Eroica" (Es-Dur) statt, im selben Jahr die Uraufführung der Erstfassung des „Fidelio", 1806 die der zweiten, 1814 die der dritten Fassung. 1808 wurden die Fünfte (c-moll) und Sechste Symphonie (die „Pastorale", F-Dur), 1813 die Siebte Symphonie (A-Dur) uraufgeführt. 1808 lehnte er eine Berufung durch den König von Westfalen nach Kassel ab. Ein äußerer Höhepunkt in Beethovens Laufbahn als Künstler war das Konzert vom 29. November 1814 während des Wiener Kongresses vor einem Parkett europäischer Herrscher und Diplomaten. Am 7. Mai 1824 fand die erste Aufführung der Neunten Symphonie (d-moll) und von Teilen der „Missa solemnis" (D-Dur) statt.
Die letzten Jahre seines Lebens verbrachte Beethoven sehr zurückgezogen. Er komponierte seine späten Streichquartette und Klaviersonaten, bis er nach schwerer Krankheit (Leberzirrhose) starb.
Als Komponist überwand Beethoven als Erster den Übergang eines von Adel und Kirche getragenen Musikbetriebes mit angestellten Komponisten, hin zu einer Existenz als freischaffender Künstler, der vorwiegend für ein bürgerliches Publikum arbeitet. Dabei erfährt der Werkbegriff eine völlig neue Prägung. Beethovens „Fidelio" wurde – anders als etwa die Opern von G.F. Händel – nicht immer wieder bearbeitet, um ihn neuen Aufführungsbedingungen anzupassen, sondern um eine endgültige Fassung zu erstellen, die dann als allein gültige bestehen sollte.
Werke: 9 Symphonien, Ouvertüren, Ballette, Schauspielmusiken, Tänze, Märsche, 5 Klavierkonzerte, Violinkonzert, 2 Romanzen für Violine und Orchester, Tripelkonzert für Violine, Violoncello und Orchester, Streichquintett, 16 Streichquartette, 4 Streichtrios, 6 Klaviertrios, 10 Violinsonaten, 32 Klaviersonaten, Diabelli-Variationen für Klavier, 2 Messen (Missa solemnis, Messe C-Dur), „Christus am Oelberge" (Oratorium), „Fidelio" (Oper), Fantasie für Klavier und Orchester mit Chor, 91 Klavierlieder u.a.

Ludwig van Beethoven. Gemälde von Joseph Stieler.

Birgit Nilsson als Turandot in Puccinis gleichnamiger Oper.

Romantik

Kaum eine musikgeschichtliche Epoche ist zeitlich, stilistisch und in ihrem Selbstverständnis schwieriger abzugrenzen als die Romantik. Im Allgemeinen versteht man darunter die Zeit von etwa 1820 bis 1900, jedoch schon die Namen Franz Schubert und Richard Strauss zeigen, dass es auch außerhalb dieses Zeitabschnittes romantische Musik gibt. Am Anfang der Epoche steht eine neue Haltung des Komponisten, des Interpreten und des Publikums, die zu einer Abgrenzung gegenüber dem Hergebrachten drängen. Der Komponist will jetzt in ganz anderem Maße als bisher sein subjektives Empfinden gestalten; in der Darstellung phantastischer, märchenhafter, abenteuerlicher und mythologischer Inhalte findet seine unverwechselbare Individualität ihren Ausdruck. So muss ihm die Musik der klassischen Periode, die sich um die Synthese von persönlichem Erlebnis müht, als überlebt erscheinen. Die Romantik schafft aber auch – das erklärt sich aus der Sehnsucht nach dem verlorenen „Goldenen Zeitalter" – ein zur damaligen Zeit ganz neues Geschichtsbewusstsein, das zur Erforschung der Musik früherer Zeiten, zur Sammlung alter Volkslieder und zur Edition von Gesamtausgaben führt.

Gaspare Spontini

Italienischer Komponist

* 14. November 1774 in Maiolati
† 24. Januar 1851 in Maiolati

1810 Leiter der italienischen Oper in Paris; von 1820 bis 1841 auf Veranlassung von Friedrich Willhelm III. zum „ersten Capellmeister und Generalmusicdirektor" ernannt. Spontini war v.a. mit „La Vestale" (1807) einer der Wegbereiter und Begründer der französischen Grand Opéra. Siehe auch Oper. Werke: vor allem Opern, darunter „Fernand Cortez", „Olympie".

E(rnst) T(heodor) A(madeus) Hoffmann

Deutscher Schriftsteller, Zeichner und Komponist

* 24. Januar 1776 in Königsberg
† 25. Juni 1822 in Berlin

Der bedeutende Vertreter der deutschen Romantik stammte aus einer bürgerlichen Familie, der Vater war Advokat. Nach Abschluss des Gymnasiums studierte Hoffmann 1792-95 Jura. Anschließend arbeitete er als Referendar in Glogau (1796) und Berlin (1798).
Ab 1800 war er Assessor in Posen, wurde aber nach Plozk in Polen strafversetzt. Zwischen 1808 und 1813 wirkte er in Bamberg am Theater als Kapellmeister. 1814 nahm er eine Stelle am Kammergericht in Berlin an.
Hoffmann hatte einen Hang zum Fantastischen und Gespensterhaften. Er schuf Erzählungen, Märchen und eine Oper („Undine"), die neben L. Spohrs Oper „Faust" als erste romantische Oper gilt. Hoffmann verfasste zahlreiche fantastische Novellen. Erfolgreich waren seine „Fantasiestücke in Callots Manier" (1813-1815), die den Ruhm des Schriftstellers begründeten. 1815/16 entstand die Novelle „Die Elixiere des Teufels", die sich stark am Vorbild englischer Schauerromane orientiert.
Spätere Novellen sammelte Hoffmann und publizierte sie zwischen 1819 und 1821 in vier Bänden unter dem Titel „Die Serapionsbrüder". 1822 entstand „Der Sandmann", eine unheimliche Erzählung, die teilweise in Briefform abgefasst ist. Auf Grund seiner Erfahrungen mit seinen Vorgesetzten bei den Berliner Behörden verfasste Hoffmann die bissige Satire „Meister Floh".
Weitere Werke „Lebensansichten des Kater Murr", „Klein Zaches genannt Zinnober", „Undine".

François-Adrien Boieldieu

Französischer Komponist

* 16. Dezember 1775 in Rouen
† 8. Oktober 1834 in Jarcy bei Paris

Komponist der berühmten Oper „Die weiße Dame"; einer der einfallsreichsten Romanzen- und Melodienerfinder seiner Zeit; Boieldieu erlebte mit der Oper „Der Kalif von Bagdad" (1800) den ersten großen Erfolg an der Opéra comique in Paris. Luigi Cherubini und Etienne Mehul gehörten zu seinen Gönnern.
Von 1803 bis 1810 wirkte Boieldieu zeitweise als Hofkomponist in Petersburg und wurde 1817 Mehuls Nachfolger als Kompositionsprofessor am Pariser Konservatorium. 1829 ließ er sich pensionieren. Im Revolutionsjahr wurde seine Pension gekürzt, schließ-

lich ganz gestrichen. Deshalb musste er 1833 wieder als Lehrer ins Konservatorium eintreten.

Obgleich heute in erster Linie seine Opern „Jean de Paris“ (1812), und „Le petit chaperon rouge“ (Rotkäppchen) bekannt sind, war Boieldieu auch ein hervorragender Klavierkomponist.

Unter Kennern gilt er als originellster Vertreter jener ersten französischen Pianistenschule, die nach 1770 die Weichen für das 19. Jahrhundert stellte.

Außerdem ist Boieldieu einer der wichtigsten Vertreter der frühen Opéra comique.

Conradin Kreutzer

Deutscher Komponist

* 22. November 1780 in Meßkirch (Baden)
† 2. Dezember 1849 in Riga

Er wechselte vom Jurastudium zur Musik über, wurde 1804 in Wien Schüler von Johann Georg Albrechtsberger und trat früh mit Singspielen und Opern hervor. 1812/16 war er Stuttgarter Hofkapellmeister, 1817 Fürstenbergischer Kapellmeister in Donaueschingen. 1822 ging er wieder nach Wien und war hier mit mehrjährigen Unterbrechungen bis 1840 Kapellmeister am Kärtnertor- und Josefstädtischen Theater; danach wirkte er bis 1846 als städtischer Musikdirektor in Köln, dann wieder in Wien als Nachfolger von Otto Nicolai am Kärntnertortheater.

Als seine Tochter Marie als Opernsängerin nach Riga verpflichtet wurde, übersiedelte er dorthin. Kreutzers Opern sind in der Mehrzahl dramaturgisch schwach, doch ist sein vokalstil melodisch und gefällig.

Daniel François Esprit Auber

Französischer Komponist

* 29. Januar 1782 in Caën
† 2. oder 3. Mai 1871 in Paris

Auber war Enkel eines Hofmalers und Sohn eines Offiziers, der am Hof bei den musikalischen Liebhaber-Soireen Ludwigs XVI. sang und Violine spielte.

Der Elfjährige komponierte bereits Romanzen, die sich in den Salons großer Beliebtheit erfreuten. Nach einem kurzen Aufenthalt in England, wo Auber auf Wunsch des Vaters Kaufmann werden sollte, kehrte er nach Paris zurück und begann mit ernsthaften Kompositionsstudien bei Cherubini. Nach einer Reihe kleinerer Opern gelang dem 28-Jährigen der erste große Erfolg mit „La muette de Portici“ (1828).

Er begründete mit diesem Werk die Epoche der Grand opéra. Ihre zeitnahe Beziehung zur revolutionären Stimmung jener Tage machten die Oper zu einer geschichtlichen Berühmtheit; sie gab 1830 in Brüssel das Signal für den Aufstand, der mit der Trennung Belgiens von dem auf dem Wiener Kongress geschaffenen Königreich der Niederlande endete.

1842 wurde Auber als Nachfolger von Cherubini zum Direktor des Conservatoire in Paris ernannt. Napoleon III. übertrug ihm 1852 die Leitung der kaiserlichen Hofkapelle.

Weitere Werke: insgesamt 47 Bühnenwerke, darunter hauptsächlich Opéras comiques (unter anderem „Fra Diavolo“, 1830), Kirchenmusik, weltliche Kantaten, Chansonnetten, symphonische Werke, vier Cellokonzerte, Kammermusik, theoretische Schriften.

John Field

irischer Pianist und Komponist

* 26. Juli 1782 in Dublin
† 11. Januar 1837 in Moskau

Nachdem er schon als Knabe pianistisch hervorgetreten war, wurde er Schüler von Muzio Clementi, mit dem er 1802 nach Paris und anschließend nach Petersburg ging. Er blieb bis 1832 in Russland und erwarb sich hier einen Ruf als Klavierlehrer.

Anschließend wandte er sich nach London, konzertierte hier, ebenso in Frankreich, Belgien, der Schweiz und Italien. Schwer erkrankt, reiste er mit einer russischen Familie von Neapel nach Moskau, wo er verstarb. Er schuf 7 Klavierkonzerte, 4 Sonaten, ein Quintett und zahlreiche Stücke für Klavier, unter anderem 20 Nocturnes (12 davon von ihm selbst so benannt), die von großem Einfluss auf Fryderyk Chopin waren.

Nicolò Paganini

Italienischer Violinist und Komponist

* 27. Oktober 1782 in Genua
† 27. Mai 1840 in Nizza

Er studierte nach anfänglichem Mandolinenunterricht kurze Zeit Violine bei Giacomo Costa in Genua und später bei Alessandro Rolla in Parma, blieb aber in der Hauptsache Autodidakt. Ab 1793 war er an verschiedenen Orten tätig, trat zum Teil schon solistisch auf und kehrte 1804 nach Genua zurück. 1805/08 wirkte Paganini als Soloviolinist und Kapellmeister bei der Fürstin Bacchiochi in Lucca, danach lebte er ohne feste Anstellung. Er reiste, bewundert und gefeiert, von Land zu Land, spielte 1828 in Wien und in Deutschland, dann in England und Frankreich. Zuletzt war er in Nizza ansässig, wo er an einem Kehlkopfleiden starb. Paganini gilt als der genialste und technisch versierteste Geiger der bisherigen Musikgeschichte. Obwohl manche Unklarheiten über sein Leben, um das viele Legenden entstanden sind, bestehen, ist erwiesen, dass er sein Instrument mit einer Virtuosität beherrschte, die an die Grenze des Möglichen reichte und in starkem Maße den Stil der Violinmusik des 19. Jahrhunderts beeinflusste.

Paganini verblüffte vor allem durch sein Doppelgriff-, Staccato- und Flageolettspiel sowie das Pizzicato mit der linken Hand. Er erreichte durch Verwendung der ehemals beliebten Scordatura und Entwicklung des virtuosen Spiels auf der G-Saite besondere Effekte. Paganini war außerdem ein hervorragender Gitarrist. Franz Liszt, Robert Schumann, Johannes Brahms, Sergej W. Rachmaninow, Alfredo Casella, Luigi Dallapiccola, Darius Milhaud, Boris Blacher und Witold Lutoslawski bearbeiteten Themen und Sätze von Paganini.

Louis Spohr

Deutscher Komponist

* 5. April 1784 in Braunschweig
† 22. Oktober 1859 in Kassel

Als Sohn eines Arztes in Braunschweig geboren, erhielt Spohr 1791 von einem französischen Violinisten Unterricht, der die Begabung des Schülers entdeckte und darauf drängte, ihn Musiker werden zu lassen. Herzog Ferdinand von Braunschweig, selbst ein guter Geiger, ernannte Spohr nach Anhörung seines Spiels zum Kammermusikus und sorgte dafür, dass er Schüler eines berühmten Geigers wurde. So begleitete Spohr den Geigenvirtuosen Franz Eck auf einer Konzertreise nach Russland und erhielt auch von ihm Unterricht. 1805 wurde er Konzertmeister in Gotha, 1813 Kapellmeister des Theaters an der Wien. Er begab sich auf Konzertreisen nach Italien, war zwei Jahre Musikdirektor in Frankfurt und reiste dann nach England. Auf C.M. v. Webers Empfehlung wurde er 1822 als Hofkapellmeister nach Kassel berufen,

Nicolò Paganini. Portrait von P. de Pommayrac.

wo er 37 Jahre lang lebte und wirkte. 1847 wurde er zum Generalmusikdirektor ernannt, doch verschlechterten sich die Beziehungen zu dem etwas eigensinnigen Landesherrn derart, dass er 1857 in Pension gehen musste. Von seinen Werken sind vor allem die Opern „Faust“ und „Jessonda“, weiter seine Violinkonzerte und Oratorien zu nennen. Spohrs „Faust“ gilt zusammen mit E.T.A. Hoffmanns „Undine“ als erste romantische Oper.

Carl Maria von Weber

Deutscher Komponist

* 19. November 1786 in Eutin
† 5. Juni 1826 in London

Begründer der deutschen romantischen Oper; zu seinen Lehrern gehörten M. Haydn und G.J. Vogler. Ab 1813 war er Operndirektor in Prag, ab 1817 in Dresden. „Der Freischütz“ (1821) wurde zum Inbegriff der romantischen deutschen Oper; Webers andere Opern (unter anderem „Abu Hassan“, 1811; „Preziosa“, 1821; „Euryanthe“, 1823; „Oberon“, 1826) setzten sich zunächst kaum durch. In Thematik, Inszenierung und Klangfülle seines Werkes (unter anderem Konzertstück f-Moll; Klaviermusik, unter anderem „Aufforderung zum Tanz“, 1819; auch Vokalmusik) wurde er wegweisend für R. Wagner. Weber war schon zur damaligen Zeit so etwas wie ein „Musikmanager“: Er wirkte als Konzertpianist und Kapellmeister am Prager Nationaltheater und baute in Dresden (1816) die Deutsche Oper auf. Das Komponieren betrieb er mehr nebenher, aber mit großem Fleiß. Erst fünf Jahre vor seinem Tod schrieb er den „Freischütz“, der ihm sogleich Weltruhm eintrug. Aufträge aus dem Ausland stellten sich ein: Aus Wien bestellte man die Oper „Euryanthe“, aus London die auch heute noch oft gespielte Märchenoper „Oberon“ nach einem Text von Wieland. Er starb in London an einer Kehlkopftuberkulose. Webers Errungenschaften in der Opernkomposition beziehen sich v.a. auf die Instrumentation. Die unkonventionelle Benutzung von Klarinetten, Hörnern und Bratschen, etwa in der „Wolfsschluchtszene“ im „Freischütz“, fand in Komponisten wie H. Berlioz,

F. Liszt oder R. Wagner Nachahmer und wurde von ihnen weiterentwickelt. Mit seinem bisweilen volksliedhaften Ton schlägt Weber in Deutschland die Brücke vom Singspiel des 18. Jh.s zur deutschen Oper des 19. Jh.s und baut deren Dramaturgie weiter aus.

Carl Maria von Weber. Portrait von Caroline Bardura.

Friedrich Silcher

Deutscher Komponist

* 27. Juni 1789 in Schnait, Württemberg
† 26. August 1860 in Tübingen

Silcher war seit 1817 Universitätsmusikdirektor in Tübingen und komponierte zahlreiche populäre Volkslieder. In den von ihm herausgegebenen Volksliederheften versammelte er Volksgut und eigene Kompositionen. Unter anderem vertonte Silcher Heinrich Heines Gedicht „Die Loreley" (1823). Lieder: „Alle Jahre wieder", „Zu Straßburg auf der Schanz", „Ännchen von Tharau".

Carl Czerny

Österreichischer Pianist und Komponist

* 20. Februar 1791 in Wien
† 15. Juli 1857 in Wien

Czerny war von 1800 bis 1803 Schüler L. van Beethovens. Er war seinerseits ein gefragter Klavierpädagoge und bildete viele Pianisten aus, unter ihnen auch F. Liszt. Cerny komponierte über 1 000 Werke; besonders bekannt sind seine Etüden, die zu Studienzwecken geschrieben wurden, aber auch die klanglichen Möglichkeiten des Klaviers ausleuchten.

Giacomo Meyerbeer

Deutscher Komponist

* 5. September 1791 in Tasdorf bei Berlin
† 2. Mai 1864 in Paris

eigentlich: *Jakob Liebmann Beer*; Meyerbeer war, gleichzeitig mit C.M. v. Weber, Schüler Abt Voglers in Darmstadt und von C.F. Zelter in Berlin. Da er mit seinen kompositorischen Erstlingen keinen nennenswerten Erfolg hatte, ging er auf Anraten A. Salieris nach Italien und schrieb einige Opern im italienischen Stil. 1826 brachte er seinen „Crociato in Egitto" in Paris zur Aufführung, akklimatisierte sich dort rasch und schuf mit „Robert le Diable" (1831) und „Les Huguenots" (1836)

„Die Wolfsschlucht" in Carl Maria von Webers Freischütz. Carl Wilhelm Holdermann, 1822.

zwei französische Opern, die seinen Ruhm begründeten und zu den ersten Vertretern der Grand Opéra zählen. Ab 1842 wurde er Generalmusikdirektor in Berlin. Es folgten das „Feldlager in Schlesien" (1844), das er für Berlin schrieb, und „Der Prophet" (1849). Meyerbeer starb während eines Aufenthalts in Paris, wo er zur Vorbereitung von „Die Afrikanerin" 1864 weilte.

Gioacchino Rossini

Italienischer Komponist

* 29. Februar 1792 in Pesaro
† 13. November 1868 in Paris

Rossini erhielt seine musikalische Ausbildung in Bologna unter anderem am Liceo musicale, legte schon bald zwei wenig beachtete Opern vor und konnte mit „La Cambiale di matrimonio" (1810) seinen Namen in Venedig bekannt machen. Dem ersten bahnbrechenden Erfolg mit der Oper „Tancredi" (1813) folgten in kurzen Abständen weitere umjubelte Bühnenpremieren, so unter anderem „L'italiana in Algeri" (1813), „Il barbiere di Siviglia" (1816) und „La cenerentola" (1817). 1823 ging Rossini nach London und im Jahr darauf wurde er in Paris Leiter des Pariser Théâtre Italien sowie „Premier compositeur du roi" und „Inspectreur-général du chant en France".
Nachdem er 1829 den „Guillaume Tell" auf die Bühne brachte, zog er sich als Opernkomponist zurück, war von 1836 bis 1848 in Bologna unter anderem als Direktor des Liceo tätig und nach einigen Jahren in Florenz die Zeit von 1855 bis zu seinem Tod in Paris. Dort veranstaltete er unter anderem zur Demonstration seiner Kochkünste von gesellschaftlichen Kreisen viel gerühmte Soiréen. Rossini führte die italienische Opera buffa im 19. Jh. weiter und brachte in ganz Europa (besonders in Wien) eine Fülle erfolgreicher Werke heraus. Dabei steht Rossini noch ganz im Bann der Mozartschen Opern wie „Le nozze di Figaro", deren Handlungs-Vorgeschichte der „Barbier von Sevilla" zeigt. Besonders prägnant für Rossinis Stil sind eine eingängige Melodik sowie sein Gespür für bühnenwirksame Stoffe und deren dramatische Aufbereitung. Rossinis Gespür für die Bühne zeigte sich früh und ist zum Teil sicher schon in der Familie begründet, aus der er stammte, und die komplett im Umfeld des Theaters und der Oper beschäftigt war. Sein Studium ließ Rossini unvollendet, wohl auch deswegen, weil bei einem Opernkomponisten solche Referenzen nicht gefragt waren. Die Erfolge, die Rossinis Opern zunächst an den italienischen Bühnen hatten, führten ihn bald nach

Giacomo Meyerbeer.

Gioacchino Rossini. Portrait von Vincenzo Camuccini.

Wien, London und Paris. Besonders das Wiener Publikum geriet in einen regelrechten Rossini-Rausch. Rossini galt außerdem als hervorragender Koch, dem die Nachwelt neben seinen Opern auch einige Rezepte verdankt. Werke: über 40 Opern, 3 Messen, weitere geistliche Chorwerke, darunter das „Stabat mater (1841/42) und die „Petite messe solennelle" (1863/67), über 25 weltliche Kantaten, Lieder, Kanzonetten, Streichquartette, Orchestermusik sowie die „Péchés de vieillesse" für verschiedene Kammerbesetzungen, teilweise mit Singstimme (1857-68) u.a.

Ignaz Moscheles

Deutscher Pianist, Komponist und Dirigent

* 23. Mai 1794 in Prag
† 10. März 1870 in Leipzig

Er studierte in Prag und später in Wien bei Antonio Salieri. Moscheles trat bereits mit 14 Jahren als Pianist mit eigenen Kompositionen auf, gab Klavierunterricht in Wien und ging 1816 auf Konzertreisen nach München, Leipzig, Dresden, Paris und London, wo er 1821/46 als Professor an der Royal Academy of Music und als Dirigent der Philharmonic Society wirkte und 1832 die erste englische Aufführung von Ludwig van Beethovens „Missa solemnis" dirigierte (Beethoven hatte sich in Wien für Moscheles eingesetzt und ihm die Anfertigung des Klavierauszuges zu „Fidelio" aufgetragen). 1846 ging Moscheles, berufen von seinem ehemaligen Schüler Felix Mendelssohn Bartholdy, an das neugegründete Leipziger Konservatorium, wo er bis 1870 die Klavierklasse leitete. Er komponierte: 8 Klavierkonzerte; Kammermusik; Klaviermusik; *Hommage à Haendel* (2 Klaviere); *Sonate caractéristique; Sonate mélancolique;* Etüden; Studien; Salonmusik.

Heinrich Marschner

Deutscher Komponist

* 16. August 1795 in Zittau
† 14. Dezember 1861 in Hannover

Marschner schrieb Kammermusik, Chorwerke und vor allem Opern. Unter dem starken Einfluss der Opern C.M. v. Webers schuf er große romantische Opern, die in mancher Beziehung ein Bindeglied zwischen Weber und R. Wagner darstellen, der Marschners Opern aus dessen Dresdner Zeit gut gekannt haben dürfte.
Hauptwerke: „Der Vampyr", „Der Templer und die Jüdin", „Hans Heiling".

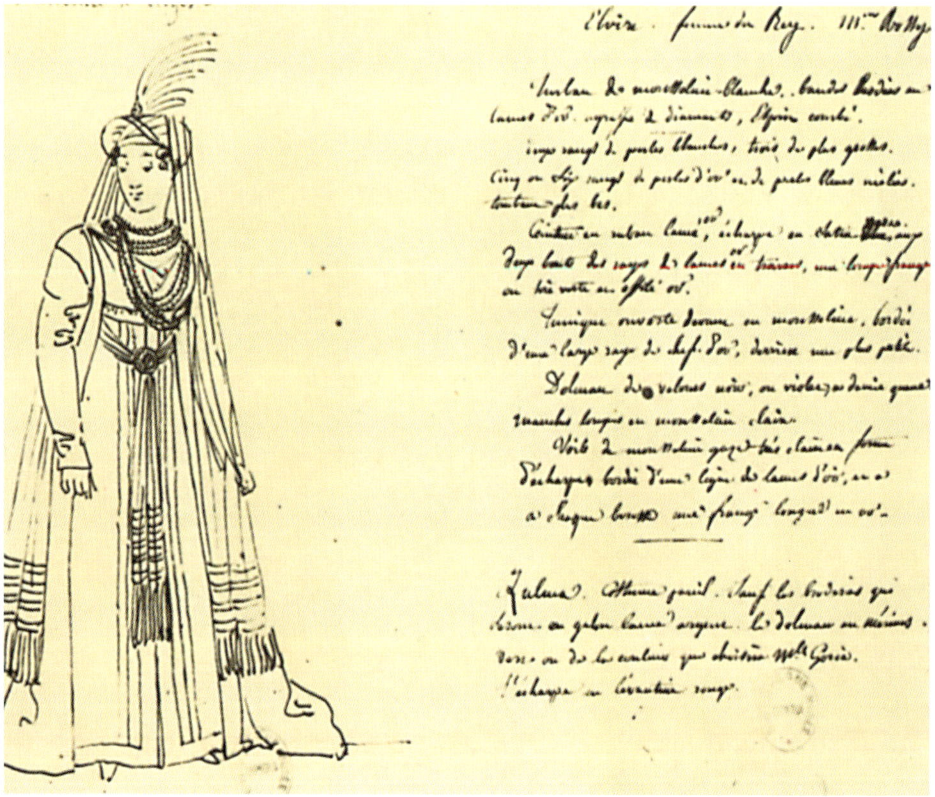

Mit Anmerkungen von Rossini versehener Entwurf für Elviras Kostüm in der ersten Pariser Aufführung von „L'Italiana in Algeri".

Carl Loewe

Deutscher Komponist

* 30. November 1796 in Löbejün bei Halle
† 20. April 1869 in Kiel

ab 1821 Kantor und Gymnasialmusikdirektor in Stettin. Hier wirkte er 46 Jahre, bis ein Schlaganfall ihn arbeitsunfähig machte. Sein Leben beschloss er in Kiel.
Loewe gilt als Meister der Ballade. Mit großer Treffsicherheit weiß er die Situation im musikalischen Bilde festzuhalten und ein Gemälde voll dramatischer Bewegung und echten Lebens vorzuführen. Dabei dient eine charakteristische und wirksame Begleitung zur Verbindung der durch die dramatische Entwicklung oft bedingten, im Ausdruck wechselnden Stimmungsreihen. Bemerkenswert ist auch die Verwendung leitmotivischer Figuren, die Loewe in gewissem Sinne zum Vorläufer von R. Wagner und dessen Kunstprinzipien erheben. Loewe schrieb Balladen, Opern und Oratorien. Zu seinen bekanntesten Werken zählen die Balladen „Heinrich der Vogler", „Die Uhr", „Der Zauberlehrling" und „Der Erlkönig".

Gaetano Donizetti

Italienischer Komponist

* 29. November 1797 in Bergamo
† 8. April 1848 in Bergamo

Donizetti zählt zu den populärsten Opernkomponisten des 19. Jahrhunderts. Seine musikalische Ausbildung erhielt er in Bergamo und Bologna. Später ging er als Theaterdirektor, Repetitor und Gesangmeister nach Neapel. Dort schloss er einen Vertrag ab, in dem er zusicherte, in drei Jahren zwölf Opern zu schreiben. Sein Ruhm brachte ihm bald Engagements nach Paris und Wien, wo ihn der Kaiser zum Hofkomponisten ernannte. 1844 endete seine Karriere wegen eines Nervenleidens, aufgrund dessen er sich – zunächst in Paris, in seinem letzten Lebensjahr in Bergamo – bis zu seinem Tod vollkommen der Öffentlichkeit entzog.

Gaetano Donizetti.

Von den 74 Opern des durch Rossini und Bellini zunächst stark beeinflussten, überaus schnell und leicht schreibenden Komponisten haben sich nur wenige auf der Bühne gehalten. Bis heute beliebt geblieben sind die Meisterwerke „Lucia di Lammermoor" (1835), „L'elisir d'amore" („Der Liebestrank", 1832) und „Don Pasquale" (1843). Sie zeugen von Donizettis untrüglichem Theaterinstinkt, seinem Melodie- und Empfindungsreichtum und wechseln zwischen den Grenzen der „opera seria" und der „opera buffa". Vor allem von Tenören und Sopranistinnen (E. Gruberova, V. Kasarova usw.) werden die hoch virtuosen Koloraturarien gerne als Konzertstücke vorgetragen. Seit den 1990er Jahren werden wieder verstärkt Donizetti-Opern in die Spielpläne der Opernhäuser aufgenommen.
Weitere Werke: Kantaten, Kanzonetten, Motetten, Messensätze, Requiem, Klavierlieder u.a.

Franz Schubert

Österreichischer Komponist

* 31. Januar 1797 in Lichtenthal bei Wien
† 19. November 1828 in Wien

Der Sohn eines Schullehrers erlernte bereits zu Hause das Geigen- und Klavierspiel und kam 1808 als Sopranist in die Hofkapelle und in die Konviktschule in Wien, wo er Unterricht bei A. Salieri und Wenzel Ruzicka hatte. Zeitweise arbeitete Schubert als Schulgehilfe bei seinem Vater. 1817 quittierte er den Schuldienst und versuchte, als freier Komponist zu leben. Bemühungen um eine Anstellung als Vizehofkapellmeister und Kapellmeister am Wiener Kärntnertor-Theater scheiterten. 1818 und 1824 begleitete er die Familie des Grafen Esterházy als Musiklehrer in ihre Sommerresidenz in Ungarn. Schubert pflegte häufigen Umgang mit Mitgliedern aus Künstler- und Literatenkreisen, zu denen Johann Mayrhofer, Eduard von Bauernfeld, Franz Grillparzer, der Komponist Anselm Hüttenbrenner und die Maler Leopold Kupelwieser und Moritz von Schwind gehörten sowie der Sänger J.M. Vogl, der viele der Lieder Schu-

berts bekannt machte. Bis zu seinem Lebensende war es Schubert verwehrt, ein musikalisches Amt zu bekleiden; nur einmal, 1828, veranstaltete er selbst ein öffentliches Konzert mit eigenen Werken. Nur ein äußerst geringer Teil seiner Werke war den Zeitgenossen durch Veröffentlichung zugänglich.
Im Mittelpunkt von Schuberts Schaffen steht das Lied, ungefähr 600 Werke sind dieser Gattung zuzurechnen. Zu einem der schöpferischsten Abschnitte in seinem Leben gehören die Jahre 1815/16, in denen vier Symphonien und an die 250 Lieder, darunter die Meisterwerke „Gretchen am Spinnrade", „Erlkönig" und „Heidenröslein" entstanden. Ferner schuf er in reichem Umfang Kammermusik, von seiner Kirchenmusik gingen Impulse für spätere Komponisten aus. Die Symphonien entstanden im Wesentlichen in zwei Phasen: Den Jahren 1813 bis 1818, in denen Schubert seine „Jugendsymphonien" komponierte, folgte eine Phase der schöpferischen Krise und der Suche nach neuartigen, noch spezifischeren Lösungen in der Gattung. Etliche abgebrochene Versuche gehen so der Symphonie Nr. 7 aus dem Jahr 1822 voran, die zusammen mit der „Großen C-Dur-Symphonie" (Nr. 8) aus den Jahren 1825-27 für Schubert erklärtermaßen das Erreichen einer neuen Stufe bedeutet. Es erscheint als eigenartiges Paradoxon, dass gerade die Symphonie Nr. 7 h-Moll mit dem Beinamen „Unvollendete" von Schubert selbst wie auch von der fachkundigen Nachwelt als künstlerisch überaus vollendet angesehen wurde und wird. Viele von Schuberts Symphonien wurden vermutlich erst weit nach seinem Tod uraufgeführt. Aus seinem letzten Lebensjahr stammt der Liederzyklus „Winterreise", D 911. Als Opernkomponist konnte er nicht den erwarteten Erfolg für sich verbuchen. Nur wenige Bühnenwerke, darunter das Melodram „Die Zauberharfe", das Singspiel „Die Zwillingsbrüder" sowie die Schauspielmusik zu „Rosamunde" wurden zu Schuberts Lebzeiten aufgeführt.
Werke (Auswahl): 600 Lieder, darunter die Liederzyklen „Die schöne Müllerin", D 795, „Winterreise", D 911, „Der Tod und das Mädchen" nach Matthias Claudius und andere zahlreiche deutsche und lateinische Kirchenwerke sowie 6 Messen (Nr. 1 F-Dur, D 105; Nr. 2 G-Dur, D 167; Nr. 3 B-Dur, D 324; Nr. 4 C-Dur, D 452; Nr. 5 As-Dur, D 678; Nr. 6 Es-Dur, D 950), Chorlieder, Männerchöre, Bühnenwerke („Fernando", Singspiel, D 220; „Fierabras", Oper, D 796).
Symphonien: 1. D-Dur, D 82 (komponiert 1813, UA: 1813/1881); 2. B-Dur, D 125 (komponiert 1814/15, UA: 1815/1877); 3. D-Dur, D 200 (komponiert 1815, UA: 1815/1860: nur vierter Satz/1881); 4. c-Moll, D 417 „Tragische Symphonie" (komponiert 1816, UA: 1816/1849); 5. B-Dur, D 485 (komponiert 1816, UA: 1816/1841); 6. C-Dur, D 589 (komponiert 1817/18, UA: 1818/1828); 7. h-Moll, D 759 „Unvollendete" (komponiert 1822, UA: 1865); 8. C-Dur, D 944 (komponiert 1825/1827, UA: 1839).
Kammermusik: Oktett, F-Dur, D 803; Streichquintett C-Dur, D 956; 21 Streichquartette (unter anderem das Streichquartett d-Moll, D 810 „Der Tod und das Mädchen" mit Variationssatz nach dem gleichnamigen Lied Schuberts, „Quartettsatz" c-Moll, D 703; andere Quartette teilweise verloren oder unvollständig), zahlreiche Tänze für Quartettbesetzung, 2 Streichtrios, 3 Sonatinen für Klavier und Violine.
Klavierwerke: Albumblätter, Fantasien („Wandererphantasie" C-Dur, D 760),

Franz Schubert und seine Freunde Baptist Jenger (links) und Anselm Hüttenbrenner (rechts). Kreidezeichnung, 1827.

Impromptus, Scherzi, Rondos, Variationen, Tänze, Märsche, 6 Moments musicaux, D 780, sowie 22 Klaviersonaten.

Ludovic Halévy

Französischer Schriftsteller

* 31. Dezember 1833 in Paris
† 7. Mai 1908 ebenda

Neffe von Fromental Halévy. Er schuf zumeist gemeinsam mit Henri Meilhac, zum Teil auch mit Hector Crémieux, die Librettos zu etwa 20 Bühnenwerken Jacques Offenbachs, darunter zu „Die schöne Helena", „Ritter Blaubart", „Pariser Leben", „Die Großherzogin von Gerolstein". Sein Vaudeville *Réveillon* (mit Meilhac) bildete die Textgrundlage für „Die Fledermaus" von Johann Strauß. Mit Meilhac schrieb Halévy auch den Text zu Georges Bizets *Carmen*. Er war für zahlreiche französische Komponisten tätig und spielt so eine bedeutende Rolle in der Geschichte der Librettistik; auch übersetzte er (mit Battu) Mozarts „Der Schauspieldirektor" ins Französische.

Vincenzo Bellini.

Vincenzo Bellini

Italienischer Komponist

* 3. November 1801 in Catania (Sizilien)
† 23. September 1835 in Puteaux bei Paris

Bellini erhielt seine musikalische Ausbildung am königlichen Konservatorium San Sebastian in Neapel. 1929 komponierte er „La straniera" für die Scala in Mailand. Am 11. März 1830 wurde im Teatro La Fenice zu Venedig „I Capuleti e i Montecchi" aufgeführt. Bei einem Aufenthalt am Comer See entstand sein reifstes und bekanntestes Bühnenwerk „Norma", das am zweiten Weihnachtstag 1831 in der Scala uraufgeführt wurde. In Paris entstand auf Anregung G.A. Rossinis für die italienische Oper „I puritani", sein letztes Werk.

Bellinis Opern galten zu ihrer Zeit als Inbegriff des Neuen, gerade auf dem Gebiet der Oper, und beeinflussten Komponisten in ganz Europa, besonders G. Verdi und R. Wagner.

Werke: elf Opern, Kirchenmusik, Arietten für Singstimme und Klavier, wenige Werke für Orchester sowie für Klavier.

Joseph Lanner

Österreichischer Komponist

* 12. April 1801 in Wien
† 14. April 1843 in Oberdöbling, Wien

Lammer schuf sich ein zu außerordentlicher Popularität gelangendes Orchester, für das er seine Arrangements, Walzer und Ländler schrieb. Joseph

Lanner ist der eigentliche Begründer des Wiener Walzers. Aus Lanners Tanzkapelle erwuchs diejenige von J. Strauß (Vater).
Werke: 208 Walzer, Ländler, Galopps und andere Tanzstücke.

Albert Lortzing

Deutscher Komponist

* 23. Oktober 1801 in Berlin
† 21. Januar 1851 in Berlin

Schöpfer der deutschen Spieloper.
Er führte als Kind zusammen mit der Schauspieltruppe seines Vaters ein Wanderleben, stand als Kinderschauspieler schon früh auf der Bühne und erhielt Musik- und Schauspielunterricht. Erste Erfolge feierte er am Detmolder Hoftheater, wo er ab 1826 engagiert war. 1833-44 wirkte er als Schauspieler und Tenorbuffo am Stadttheater in Leipzig. Der Erfolg seines „Waffenschmieds" verschaffte ihm ein zweijähriges Engagement als Kapellmeister am Wiener Theater an der Wien (1846-48). Von 1850 bis zu seinem Tod als Kapellmeister im neuen Friedrich-Wilhelmstädtischen Theater in Berlin.Lortzing schuf bekannte Komische Opern, die jedoch zu seinen Lebzeiten nur zögerlich Aufnahme in die Spielpläne fanden. Der Vater von elf Kindern starb am Abend der Uraufführung seiner Oper „Die Opernprobe", die sein erster wirklicher Erfolg wurde. Lortzing führte die deutsche romantische Oper und die volkstümliche Komische Oper zu einer ernstzunehmenden heiteren Spielart der damaligen deutschsprachigen Bühnenproduktion zusammen.
Hauptwerke: „Zar und Zimmermann" (1837), „Der Wildschütz" (1842), „Undine" (1845), „Der Waffenschmied" (1846).

Adolphe Charles Adam

Französischer Opernkomponist

* 24. Juli 1803 in Paris
† 3. Mai 1856 in Paris

Der Sohn des dem Elsass entstammenden Professors für Klavierspiel am Pariser Konservatorium, Louis Adam (1758-1848), empfing im Vaterhaus eine sorgfältige musikalische Erziehung, die ihn bereits 1817 zum Eintritt ins Konservatorium befähigte. 1829 gewann er den Rompreis. Seinen ersten Opernerfolg errang er mit „Pierre et Catherine".
Zu Weltruhm gelangte sein Name durch den „Postillon von Lonjumeau" (1836) und das Ballett „Giselle" (1841). Zeitweise war Adam selbst Operndirektor, nach dem Tod seines Vaters Professor am Pariser Konservatorium. Weitere Werke sind unter anderem „Wenn ich ein König wär" (1852) und der Einakter „Die Nürnberger Puppe" (1852).

Hector Berlioz. Portrait von Honoré Daumier.

Hector Berlioz

Französischer Komponist

* 11. Dezember 1803 in La Côte-Saint-André (Isère)
† 8. März 1869 in Paris

Berlioz studierte zunächst Medizin, dann wendete er sich der Musik zu und wurde Schüler von Jean-F. Le Sueur und A. Reicha. Stark beeinflusst von Beethoven, Gluck und der französischen romantischen Literatur erregte er erste Aufmerksamkeit mit seiner „Symphonie fantastique" und gewann im selben Jahr (1830) den Rompreis, der ihm einen Studienaufenthalt in Italien ermöglichte. In Frankreich fand seine Musik keine entsprechende Beachtung, jedoch konnte Berlioz auf Konzertreisen durch Deutschland, Österreich und Russland einige Erfolge für sich verbuchen. Förderung erfuhren seine Werke durch F. Liszt, der 1852 und 1855 Berlioz-Wochen in Weimar veranstaltete.
Berlioz gilt als Vertreter eines teilweise die Programmmusik berührenden Kompositionsstils. Seine neuen Klangfarben durch gesteigerte Chromatik, Ausbeutung der Dissonanzwirkungen und vor allem einer avantgardistischen Instrumentation eröffneten die moderne Orchestrierungskunst, die er auch theoretisch in seiner Instrumentationslehre („Traité d´instrumentation et d´orchestration modernes", Paris 1844) beschreibt. Berlioz schuf vor allem Orchestermusik und Opern, die zum Teil

eine große Nähe zur französischen Grand opera aufweisen.

Bekannte Werke sind die „Symphonie fantastique", „Harold en Italie" für Bratsche und Orchester, „Le carnaval romain" (Konzertouvertüre), „Grand messe des morts" (Requiem), „L'enfance du Christ" (Oratorium), „La damnation de Faust" (Oratorium), „Roméo et Juliette" oder der Opern-Zweiteiler „Les Troyens", bestehend aus „La prise de Troie" und „Les Troyens à Carthage" (1855-58). Mit seinen neuartigen Orchesterfarben beeinflusste er Komponisten wie R. Wagner und F. Liszt.

Michail Iwanowitsch Glinka

Russischer Komponist

* 1. Juni 1804 in Nowospasskoje bei Smolensk
† 15. Februar 1857 in Berlin

Nach vierjährigem Studium in Italien kam Michael Glinka nach Berlin und begann dort auf Anraten russische Musik zu komponieren. So entstand die Oper „Ein Leben für den Zaren", die einen immensen Beifall erhielt, gefolgt von „Ruslan und Ludmilla". Aus Gesundheitsgründen lebte Glinka längere Zeit in Spanien, schrieb 1854/55 in der Nähe von Petersburg seine Autobiografie und hielt sich ab 1856 wieder bei seinem früheren Lehrer Dehn in Berlin auf, wo er ein Jahr später, am 15. Februar 1857 starb.

Glinka schrieb neben seinen Opern auch Orchesterwerke und Kammermusik. Er gilt als Begründer der russischen Musik, ein Ruf, der ihm vor allem seit der Uraufführung der Oper „Ein Leben für den Zaren" am 9. Dezember 1836 in St. Petersburg zuteil geworden war.

Felix Mendelssohn Bartholdy. Aquarell von James Warren.

Felix Mendelssohn Bartholdy

Deutscher Komponist

* 3. Februar 1809 in Hamburg
† 4. November 1847 in Leipzig

Enkel des Berliner Aufklärungs-Philosophen Moses Mendelssohn und Musikschüler von Ludwig Berger und C.F. Zelter. Er trat bereits neunjährig (u.a. im Salon J.W. von Goethes) als Pianist auf, komponierte seit seinem elften Lebensjahr und dirigierte als Zwanzigjähriger (1829) die lange Zeit vergessene „Matthäuspassion" von J.S. Bach.

Als Komponist trat er erstmals 1827 mit der Ouvertüre zu Shakespeares „Ein Sommernachtstraum" erfolgreich an die Öffentlichkeit. Nach zahlreichen Reisen durch Deutschland, England, Italien und Frankreich wurde Mendelssohn Bartholdy 1833 Musikdirektor in Düsseldorf und 1835 Kapellmeister des Gewandhauses in Leipzig. 1842 erfolgte die Berufung zum Preußischen Generalmusikdirektor in Berlin, und 1843 gehörte er zu den Mitbegründern des Leipziger Konservatoriums, dem ersten Musikbildungsinstitut dieser Art in Deutschland. R. Schumann wurde zu einem wichtigen Weggefährten Mendelssohns.

In seinen Kompositionen stand er der Klassik (v.a. W.A. Mozart) nahe, verfügte aber über ein unverkennbares romantisches Kolorit. Vor allem in England und Deutschland konnte er durch vielfache künstlerische Impulse als Dirigent, Pianist, Komponist und Organisator die Musikszene nachhaltig bereichern. Die Oratorien „Paulus" (1836) und „Elias" (1846), beide bei Musikfesten in Düsseldorf uraufgeführt, setzten Maßstäbe für die Entwicklung des deutschen Oratoriums. Lieder, Klavierkompositionen, Kammermusik und Männerchöre waren wichtiger Grundstock des damals blühenden bürgerlichen Musiklebens.

Werke: 12 Streichersymphonien (1821-23), Symphonie Nr. 1 c-Moll, op. 11 (1824); Symphonie Nr. 2 B-Dur, op. 52 („Lobgesang", 1839/40); Symphonie Nr. 3 a-Moll, op. 56 („Schottische", 1829-1831); Symphonie Nr. 4 A-Dur, op. 90 („Italienische", 1830-1833); Symphonie Nr. 5 d-Moll, op. 107 („Reformations-Symphonie", 1829/30); Schauspielmusik zu „Ein Sommernachtstraum", op. 21/61 (1826, 1843); Konzertouvertüren („Die Hebriden", op. 26; „Meeresstille und glückliche Fahrt", op. 27; „Das Märchen von der schönen Melusine", op. 32; „Ruy Blas", op. 95); Klavierkonzert Nr. 1 g-Moll, op. 25 (1830/31); Klavierkonzert Nr. 2 d-Moll, op. 40 (1837); Violinkonzert e-Moll, op. 64 (1838-1844); „Die Hochzeit des Camacho" (Oper, 1825); weitere komische Opern, Singspiele und Bühnenmusiken; Oktett, op. 20 (1830); 6 Streichquartette (Es-Dur, op. 12; A-Dur, op. 13; D-Dur, e-Moll, Es-Dur, op. 44; f-Moll, op. 80); Klavierquartette, Trios, Sonaten, Klaviermusik (u.a. „Lieder ohne Worte"), Kirchenmusik, über 100 Lieder u.a.

Frédéric Chopin. Portrait von Stanislaw Sattler.

Frédéric Chopin

polnisch-Französischer Komponist und Pianist

* 1. März 1810 in Zelazowa-Wola bei Warschau
† 17. Oktober 1849 in Paris

Chopin erhielt sehr früh Klavier- und Kompositionsunterricht, unter anderem von Adalbert Zwyny und Józef Elsner. Bereits seine ersten Kompositionen, obwohl noch von Vorbildern beeinflusst, verrieten die Eigenart seines schon bald zum Durchbruch kommenden persönlichen Klavierstils. Reisen nach Berlin, Wien, Prag, Dresden und Paris machten ihn als Konzertpianisten und Interpreten eigener Werke bekannt. Ab 1831 lebte er (mit Unterbrechungen) in Paris.

Er schrieb unter Einfluss der polnischen Volksmusik Polonaisen, Mazurkas, Walzer, Etüden, Préludes, Sonaten und Klavierkonzerte. 1835 begegnete er in Dresden Marie Wodzinska, mit der er sich ein Jahr später verlobte. 1836 lernte er George Sand kennen, im Jahr darauf löste er seine Verlobung.

Nach einem kurzen Aufenthalt in London verbrachte er die Zeit zwischen November 1838 und Februar 1839 gemeinsam mit George Sand auf Mallorca.

In den Jahren von 1840 bis 1846 lebte er abwechselnd in Paris und auf Schloss Nohant, dem Besitz von George Sand. 1847 endete seine Verbindung mit ihr. Konzertreisen nach England und Schottland schwächten seine ohnehin äußerst angegriffene Gesundheit. Er starb in Paris an der Schwindsucht und wurde auf dem Friedhof Père-Lachaise beigesetzt, sein Herz wurde nach Warschau in die Heilig-Kreuz-Kirche überführt. Aufbauend auf der Formenwelt der musikalischen Klassik und Romantik fand Chopin in seinen Kompositionen zu einem ausgeprägten Personalstil, in den zusätzlich Elemente der polnischen Musik und seine Begeisterung für die Klavierwerke J.S. Bachs und L. van Beethovens mit eingeflossen waren.

Werke: Neben der Literatur für Klavier zweihändig, die 90 Prozent seines Schaffens ausmachen, entstanden zwei Klavierkonzerte (Nr. 1 e-Moll, op. 11 und Nr. 2 f-Moll, op. 21) sowie weitere einsätzige Werke für Klavier und Orchester, 15 Lieder mit Klavierbegleitung und wenige Kammermusikwerke.

Ferdinand David

Deutscher Violinist und Komponist

* 20. Januar 1810 in Hamburg
† 19. Juli 1873 in Klosters (Schweiz)

Er war kurze Zeit Schüler von Louis Spohr und Moritz Hauptmann und kam 1826 als Geiger an das Königstädtische Theater in Berlin. Hier wurde er mit Felix Mendelssohn Bartholdy bekannt. Einige Jahre später ging er über Dorpat, wo er als Kammermusiker tätig war, nach Petersburg und Moskau und gelangte hier bald zu hohem Ruf. 1835 holte ihn Mendelssohn als Konzertmeister an das Leipziger Gewandhaus; mit Gründung des Konservatoriums übernahm er in Leipzig auch eine Lehrposition (1843).
David war der Solist der Uraufführung von Mendelssohns Violinkonzert, auf dessen Faktur er seit Beginn der Komposition Einfluss genommen hatte. Zu Davids Schülern zählen August Wilhelmj, Wilhelm Joseph von Wasielewski, Engelbert Röntgen und Joseph Joachim.

Ferenc Erkel

Ungarischer Komponist und Dirigent

* 7. November 1810 in Gyula
† 15. Juni 1893 in Budapest

Er war zunächst Kapellmeister in Klausenburg, ab 1838 Kapellmeister des Budapester Nationaltheaters, später dessen Musikdirektor; 1875/86 Direktor der Landes-Musikakademie, dort auch Leiter einer Klavierklasse. Erkel gilt mit seinen Opern, besonders *Bánk Bán,* die von der zeitgenössischen europäischen Oper verhältnismäßig unbeeinflusst waren, als Begründer der ungarischen Nationaloper und als eine der bedeutendsten Persönlichkeiten der älteren ungarischen Kunstmusik überhaupt.

Joseph Gungl

Ungarischer Komponist

* 1. Dezember 1810 in Zsámbék (Ungarn)
† 31. Januar 1889 in Weimar

Er war zunächst Lehrer, wurde dann Oboist und schließlich Militärkapellmeister. Mit seiner Kapelle unternahm er Konzertreisen, auf denen er selbstkomponierte Walzer und Märsche aufführte. 1843 gründete der Musikverleger Bock in Berlin für ihn ein Orchester, mit dem Gungl wiederholt Petersburg und 1849 auch Amerika besuchte. 1864/70 leitete er in München ein eigenes Orchester. Seine letzten Jahre verlebte er in verschiedenen deutschen Städten. Gungls Tanzmusik und Unterhaltungsmusik stand zu seiner Zeit an Beliebtheit derjenigen der Strauß-Familie wenig nach. Franz Liszt transkribierte den *Ungarischen Marsch,* Opus 1 des Komponisten Gungl.

Robert Schumann. Miniatur, 1840.

Robert Schumann

Deutscher Komponist

* 8. Juni 1810 in Zwickau
† 29. Juli 1856 in Endenich bei Bonn

Schumann kam als Sohn eines Buchhändlers schon in jungen Jahren mit bedeutender Literatur in Kontakt. Besonders die Werke Joseph von Eichendorffs und Heinrich Heines prägten sein späteres Schaffen nachhaltig. Nachdem er zunächst Jura studiert hatte, beschloss er bald, sich ganz dem Komponieren zu widmen und ein berühmter Klaviervirtuose zu werden. Schumann wurde in Leipzig Schüler von Friedrich Wieck, seinem späteren Schwiegervater. Seine Pianistenlaufbahn scheiterte an einer von ihm selbst entwickelten Apparatur, die den Ringfinger der rechten Hand gelenkiger machen sollte. Doch das Gegenteil war der Fall und der Finger blieb lebenslang gelähmt. 1834 gründete er die „Neue Zeitschrift für Musik", worin er unter verschiedenen Pseudonymen schrieb (Eusebius, Florestan, Meister Raro). 1840 heiratete er nach gerichtlichen Streitigkeiten die Tochter seines fruheren Lehrers, die zehn Jahre jüngere Clara Wieck, die er mit 19 Jahren zum erstenmal gesehen hatte. 1844 übersiedelten sie nach Dresden und 1850 nach Düsseldorf, wo Schumann musikalischer Direktor der Stadt wurde. Eine fortschreitende geistige Erkrankung bedingte nach 1853 das Ende von Schumanns kompositorischer Tätigkeit. Er starb 46-jährig in der Heilanstalt Endenich bei Bonn, in die er nach einem Versuch, sich in den Rhein zu stürzen, auf eigenen Wunsch gebracht wurde. Als Komponist und Musikschriftsteller gilt Schumann als Hauptvertreter der deutschen Romantik in der Musik; seine Werke scheinen weniger durch musikalische Formstrukturen als durch Gefühle geprägt, jedoch setzte er sich in seinem Werk spürbar mit J.S. Bach auseinander. Gerade in seinem Klaviersatz stellt Schumann ein großes Maß an Formenreichtum und Strukturideen unter Beweis. In der Symphonik zeigt sich Schumann immer wieder als gewandter Kontrapunktiker.

Mit F. Mendelssohn Bartholdy verband ihn eine enge Freundschaft. R. Wagner sandte ihm die Partitur seines „Fliegenden Holländer“, den Schumann als „zu mayerbeersch“ zurückwies, was Wagner lebenslang verstimmte. Um so mehr setzte sich Schumann in seiner Musikzeitung für J. Brahms und F. Chopin ein. Auch Werke des bereits verstorbenen F. Schubert erfuhren durch Schumann ihre posthume Uraufführung.

Schumann schuf zahlreiche Klavierwerke („Symphonische Etüden“, op. 13; „Kinderszenen“, op. 15; „Kreisleriana“, op. 16; „Album für die Jugend“, op. 68, Sonaten, lyrische Charakterstücke). Während seiner glücklichen Ehe mit Clara Schumann schrieb Robert über 300 Lieder, deren Begleitung der Singstimme gleichberechtigt ist, und die (anders als bei Schubert) immer mit einem obligatorischen Nachspiel versehen sind.

Werke: „Der Corsar“ (unvollendete Oper), „Genoveva“ (Oper), Bühnenmusik zu Byrons „Manfred“; „Das Paradies und die Peri“, Oratorium, op. 50; „Der Rose Pilgerfahrt“, Oratorium, op. 112; 4 Symphonien (Nr. 1 B-Dur, op. 38, „Frühlingssymphonie“; Nr. 2 C-Dur, op. 61; Nr. 3 Es-Dur, op. 97, „Rheinische“; Nr. 4 d-Moll, op. 120), Konzerte (Klavierkonzert a-Moll, op. 54; Violinkonzert d-Moll; Cellokonzert a-Moll, op. 129; Konzertstück für 4 Hörner und Orchester F-Dur, op. 86), Kammermusik (3 Streichquartette, ein Klavierquartett, ein Klavierquintett) u.a.

Franz Liszt. Gemälde von H. Lehmann

Franz Liszt

ungarisch-Deutscher Komponist und Pianist

* 22. Oktober 1811 in Raiding, Burgenland
† 31. Juli 1886 in Bayreuth

Liszt war Schüler C. Czernys in Wien und studierte Komposition bei A. Salieri. In Paris scheiterte seine Aufnahme ans Conservatoire am Veto L. Cherubinis. Daraufhin nahm er Studien bei A. Reicha und Ferdinand Paër auf und pflegte freundschaftliche Kontakte mit F. Chopin und H. Berlioz.

In den Jahren 1839 bis 1847 feierte er überall in Europa als reisender Virtuose auf dem Klavier Triumphe. Der neue Klavierstil, den er prägte und der als Vorbild für Generationen von Pianisten galt, orientierte sich in seiner Virtuosität an N. Paganini und in der Eleganz an F. Chopin. Ausgangspunkt war dabei der brillante Stil C. Czernys und Kalkbrenners. Schon 1833 begegnete Franz Liszt Marie Cathérine Sophie d'Agoult, die seine Frau wurde und mit der er später drei Kinder hatte. Unter seinen Kindern war auch Cosima, die spätere Gattin H. v. Bülows und R. Wagners, der damit Liszts Schwiegersohn wurde und den Liszt lange Zeit großzügig förderte. Von 1848 bis 1861 wirkte Liszt als Kapellmeister in Weimar. Es entstanden zwei Klavierkonzerte sowie seine großen Symphonischen Dichtungen, die ihn zum wichtigsten Vertreter der Neudeutschen Schule werden ließen. In Weimar dirigierte er unter anderem die Uraufführung von Wagners „Lohengrin“ (1850). 1861 gründete er den Allgemeinen deutschen Musikverein und hielt sich von diesem Jahr an längere Zeit in Rom auf, wo er die niederen geistlichen Weihen empfing und von wo er immer wieder auch auf Reisen ging. Seine letzte Reise führte ihn über Budapest, Lüttich, Antwerpen, Paris, London und Weimar nach Bayreuth, wo er 1886 während der Festspiele verstarb. Vor allem geistliche Werke waren während dieser letzten Lebensjahre entstanden. Besonders in seinen Symphonischen Dichtungen galt Liszt als radikaler Neuerer, der den Grundstein für die weitere Entwicklung dieses Genres, v.a. durch R. Strauss, legte.

Werke: Oratorien („Christus“ u.a.), Messen („Graner Festmesse“, „Krönungsmesse“, u.a.), Psalmvertonungen,

Motetten, Symphonische Dichtungen („Malédiction“, „Tasso, lamento e trionfo“, „Prometheus“, „Ungarische Phantasie“, „Mazeppa“, „Les préludes“, „Festklänge“, „Orpheus“, „Hungaria“, „Dante-Symphonie“, „Eine Faust-Symphonie“, „Hunnenschlacht“, „Totentanz“, „Zwei Episoden aus Lenaus ‚Faust‘„ „Heldenklage“, „Hamlet“, „Von der Wiege bis zum Grabe“ u.a.), 2 Klavierkonzerte (Es-Dur, A-Dur), Lieder, Kammermusik, Klaviermusik („Années de pèlerinage“, h-Moll-Sonate, Tänze für Klavier), Bearbeitungen von Werken Bachs, Beethovens u.a.

Ambroise Thomas

Französischer Komponist

* 5. August 1811 in Metz
† 12. Februar 1896 in Paris

Als Träger des Rompreises hielt Ambroise Thomas sich studienhalber in Italien auf und kehrte 1836 nach Paris zurück, um sich der dramatischen Komposition zu widmen. 1871 wurde er D.F.E. Aubers Nachfolger als Direktor des Konservatoriums. Von seinen Opern fand „Mignon“ auch in Deutschland ungewöhnlichen Beifall. Werke: Opern („Mignon“, 1866; „Hamlet“, 1868), Kirchenwerke, Kammermusik, Klavierwerke u.a.

Friedrich von Flotow

Deutscher Komponist

* 27. April 1812 in Teutendorf, Mecklenburg
† 24. Januar 1883 in Darmstadt

Flotow erlangte als deutscher Opern- und Ballettkomponist vor allem mit seiner Oper „Martha“ 1847 weit reichende Popularität. Vorfahren des mecklenburgischen Offizierssohns zählten zu einem der ältesten Adelsgeschlechter des Landes. Ersten Musikunterricht erhielt Friedrich von Flotow auf dem Rittergut Teutendorf und bei einem Organisten in Güstrow. Obwohl für die Diplomatenlaufbahn vorgesehen, begann er 1828 in Paris bei A. Reicha, dem Beethoven-Freund und Lehrer F. Liszts, C. Gou-

Friedrich von Flotow.

nods, L.H. Berlioz‘ und C. Francks, Musik zu studieren. Nach ersten Privataufführungen durfte er in Paris erleben, wie in der Grand Opera und in der Opera Comique seine Werke aufgeführt wurden. Die Oper „Alessandro Stradella“ begründete 1844 von Hamburg aus seinen Ruhm in Deutschland. Drei Jahre später brachte die Oper „Martha“ von Wien aus den internationalen Durchbruch. Von 1855 bis 1863 wirkte der Komponist als Intendant in Schwerin, danach in Österreich und zuletzt in Heiligenkreuzberg/Kranichstein bei Darmstadt, wo er seinen Lebensabend verbrachte. Eine kleine Renaissance erlebte „Martha“ in jüngerer Vergangenheit durch die Inszenierung von Loriot.

Alexander Sergejewitsch Dargomyshski

Russischer Komponist

* 14. Februar 1813 in Tula
† 17. Januar 1869 in Petersburg

Dargomyshski lebte seit 1817 in Petersburg, wo er im Winter 1833/34 Michail I. Glinka kennen lernte. Die Freundschaft mit diesem gab den Anstoß, dass er 1835 seine Stellung als Beamter am Hofministerium quittierte und sich fortan der Musik widmete. Zwei Reisen nach Westeuropa (1845, 1864/65) machten ihn mit der zeitgenössischen westeuropäischen Musik bekannt. Nach Glinkas Tod wurde er Direktor der Russischen Musikgesellschaft (1867). Dargomyshskis große Bedeutung für die russische Musikgeschichte beruht auf seinen nach 1848 entstandenen Opern und Liedern, die bewusst nationalen Charakter tragen. Sein bedeutendstes Werk ist die Oper *Russalka*. In seiner letzten Oper, „Der steinerne Gast“, hat er eine Art russischen Sprechgesang entwickelt, der das Opernschaffen des jungen Modest P. Mussorgski stark beeinflusste. Das Werk Dargomyshskis bildet musikhistorisch das Bindeglied zwischen Glinka und Mussorgski.

Giuseppe Verdi

Italienischer Komponist

* 10. Oktober 1813 in Le Roncole bei Busseto, Parma
† 27. Januar 1901 in Mailand

Der Sohn eines Gastwirts erhielt erste musikalische Grundlagen vom Schulmeister und Organisten seines Heimatdorfs vermittelt. Als Gymnasiast in Busseto konnte er sie erweitern. Der Versuch, am Mailänder Konservatorium aufgenommen zu werden, scheiterte, Verdi bestand die Aufnahmeprüfung nicht. Er studierte stattdessen drei Jahre bei Vincenzo Lavigna, nahm danach im März 1836 die Stelle eines Musikdirektors in Busseto an und heiratete am 4. Mai desselben Jahres Margherita Barezzi, die bereits vier Jahre später starb.

1839 wurde Verdis erste Oper, „Oberto", an der Mailänder Scala uraufgeführt, sie erzielte lediglich einen Achtungserfolg, sein nächstes Werk, die komische Oper „Un giorno di regno", fiel 1840 durch. Erst mit den folgenden drei Opern, „Nabucco" (1842), „I Lombardi alla prima crociata" (1843) und „Ernani" (1844), begründete er seinen Ruhm als Opernkomponist. Zwar noch von V. Bellini und G. Donizetti beeinflusst, überragt er jedoch beide bald an Universalität. Nachdem er 1849 in der Sängerin Giuseppina Strepponi eine zweite Lebensgefährtin gefunden hatte, erwarb Verdi das große Landgut Sant'Agata, wo er zurückgezogen den größten Teil seines Lebens verbrachte. Hier entstanden „Rigoletto" (1815), „Il Trovatore" (1853) und „La Traviata" (1853), die ihn endgültig über Italien hinaus bekannt machten. Vorangegangen war eine Reihe von Meisterwerken, denen erst nach dem Tod des Komponisten der Durchbruch gelang. Sein erstes Originalwerk für die Pariser Oper war 1855 „Les vêpres siciliennes". Es folgten „Un ballo in maschera" (Rom, 1859), „La forza del destino" (St. Petersburg, 1861), die Pariser Zweitfassung von „Macbeth" (1865) und „Don Carlos" (Paris, 1867).

Hexenszene in der Uraufführung von Macbeth. Florenz 1847.

Giuseppe Verdi.

In Deutschland wurde und wird Verdi gerne als Gegenspieler R. Wagners auf dem Gebiet der italienischen Oper gesehen. Obwohl Verdi mehrmals Interesse bekundet hat, kam es nie zu einem Treffen der beiden im selben Jahr geborenen Komponisten. Mit Wagner gemeinsam ist Verdi das Bestreben, die Opern mehr und mehr durchzukomponieren, und von der Nummernoper wegzukommen.

1871 wurde die Eröffnung des Suez-Kanals in Kairo mit der Uraufführung der „Aida" gekrönt. Nach einer längeren Schaffenspause – nur unterbrochen durch die Komposition der „Messa da Requiem" – trat Verdi noch einmal mit zwei Meisterwerken an die Öffentlichkeit: dem „Otello" (1887) und dem „Falstaff" (1893). Verdi wurde in der Kapelle der von ihm gestifteten Casa di Riposo – einem Heim für verarmte alte Künstler – beigesetzt.

Werke: „Te deum" für Chor und Orchester, „Stabat mater" für Chor und Orchester, „Inno delle nazioni", „Quattro pezzi sacri", Lieder, Streichquartett e-Moll u.a.

Richard Wagner

Deutscher Komponist

* 22. Mai 1813 in Leipzig
† 13. Februar 1883 in Venedig

eigentlich: *Wilhelm Richard Wagner*; Sohn des Juristen und Polizeiaktuars Friedrich Wagner; nahm nach dem Besuch des Gymnasiums 1827 bis 1831 musiktheoretischen Unterricht. In dieser Zeit entstanden die ersten Kompositionen. 1833 erhielt Wagner seine erste Stelle als Kapellmeister in Würzburg, nach Zwischenstationen in Magdeburg und Königsberg wurde er 1837 Musikdirektor in Riga. Bereits 1836 heiratete er Minna Planer. 1842 – Wagner hatte bereits die Opern „Die Feen", „Das Liebesverbot" und „Der fliegende Holländer" komponiert – wurde der „Rienzi" in Dresden uraufgeführt; der Erfolg brachte ihm die Kapellmeisterposition ein.

Seine Teilnahme an der Mairevolte von 1849 kostete ihn diese Stellung, und er floh in die Schweiz. Neben einer größeren Anzahl von theoretischen und kulturpolitischen Schriften, in denen er seine musikalischen Vorstellungen und die Reorganisation des deutschen Theaterwesens engagiert darstellte, entstanden die dichterische Konzeption zum „Ring des Nibelungen", die „Wesendonk-Lieder" und erste Skizzen zu „Tristan und Isolde", der Partitur, mit der Wagner eine bis dahin beispiellose Ausweitung der traditionellen Tonalität (Tristram-Akkord) vollzog.

1864 übernahm König Ludwig II. von Bayern die finanzielle Unterstützung des Komponisten. 1866 starb Minna Planer, 1869 heiratete Wagner Cosima von Bülow. 1872 übersiedelte er nach Bayreuth, wo der Grundstein für das von ihm entworfene, mithilfe von öffentlichen Spenden und der Unterstützung Ludwigs II. entstehende Festspielhaus gelegt wurde; die Eröffnung fand 1876 mit der ersten Aufführung des „Rings des Nibelungen" statt. 1882 wurde dort der „Parsifal" uraufgeführt. Wagner starb an einem Herzanfall in Venedig; am 16. Februar 1883 wurde er im Garten von Haus Wahnfried in Bayreuth beigesetzt.

Wagners frühe Bühnenwerke standen noch deutlich in der Tradition der deutschen romantischen Oper. Sein Weg zum als Gesamtkonzept aufgefassten Musikdrama, das Dichtung, Schauspiel, Bühnenbild und Musik als Einheit sieht, führte in einer ersten Schaffensperiode bis 1849 über die Frühwerke „Die Feen", „Liebesverbot" und „Rienzi" zu den drei Meisterwerken „Der fliegende Holländer", „Tannhäu-

Richard Wagner.

Brünnhilde. Kostümskizze von Karl Emil Doepler für die erste Gesamtaufführung des „Ring der Nibelungen" 1876 in Bayreuth.

ser" und „Lohengrin". In der Folgezeit waren es v.a. kunsttheoretische Schriften, mit denen sich Wagner beschäftigte („Das Kunstwerk der Zukunft", „Oper und Drama" u.a.) und in denen er seine Kunstauffassung und die Leitlinien für das folgende Opernschaffen formulierte. Außerdem beschäftigte er sich mit der Nibelungensage und arbeitete an der Textkonzeption seines „Ring des Nibelungen", den er in den darauf folgenden Jahren (1853-57) bis zum Ende des zweiten Aktes von „Siegfried" kompositorisch vorangetrieben hatte. Nach einer größeren Unterbrechung, in der er für Ludwig II. in München „Tristan und Isolde" (1865) und „Die Meistersinger von Nürnberg" (1868) schuf, vollendete er bis 1874 den „Siegfried" sowie die „Götterdämmerung". Die Entstehungsgeschichte des „Parsifal" geht bis auf das Jahr 1865 zurück, die Dichtung stellte Wagner 1877 zusammen und die Musik komponierte er in den darauf folgenden Jahren bis zur Bayreuther Uraufführung 1882.

In seinen Schriften setzte sich Wagner nicht nur mit der Oper auseinander, er verfasste auch Essays zur Aufführungspraxis und Musikgeschichte, über das Dirigieren, über „Deutsche Kunst und deutsche Politik", „Religion und Kunst" „Heldentum und Christentum" sowie seine Autobiografie „Mein Leben".

Neben seinen Bühnenwerken komponierte Wagner eine Symphonie in C-Dur, das „Siegfried-Idyll" für Orchester E-Dur, Märsche, Ouvertüren (unter anderem die „Faust"-Ouvertüre), Gelegenheitswerke für Chor und Orchester, Lieder, Klavierstücke, Albumblätter sowie Arrangements und Klavierauszüge von Opern und Symphonien anderer Meister (G.P. da Palestrina, Ch.W. Gluck, J. Haydn, L. van Beethoven, G. Donizetti u.a.).

Adolphe Sax

Französischer Musikinstrumentenbauer

* 6. November 1814 in Dinant
† 4. Februar 1894 in Paris

Er studierte Flöte und Klarinette am Brüsseler Konservatorium, widmete sich jedoch bald dem Musikinstrumentenbau. 1840 nahm er Verbesserungen an der Klarinette und Bassklarinette vor; auch in späteren Jahren beschäftigte er sich vor allem mit der Verbesserung von Blasinstrumenten. 1842 ging er nach Paris und baute hier das Saxophon, seine bedeutendste Erfindung, für das er besonders bei Hector Berlioz viel Aufmerksamkeit und Unterstützung fand. Er baute sein neues Instrument in 8 Größen. 1857 wurde Sax als Lehrer für Saxophonspiel an das Pariser Konservatorium berufen. Er veröffentlichte eine Saxophonschule.

Robert Franz

Deutscher Komponist

* 28. Juli 1815 in Halle (Saale)
† 24. Oktober 1892 in Halle

Als Schüler von Friedrich Schneider erhielt Franz 1841 einen Organistenposten sowie die Leitung der Singakademie in Halle übertragen und wurde 1859 zum Universitätsmusikdirektor ernannt. Ab 1868 war er infolge von Schwerhörigkeit dazu gezwungen, seine Ämter niederzulegen. Er beschäftigte sich eingehend mit den Schöpfungen Bachs und Händels, um deren Bearbeitung er sich hohe Verdienste erwarb. Er schrieb zirka 350 Lieder, den 117. Psalm für Doppelchor, Chorlieder; ferner Bearbeitungen von Werken Astorgas, F. Durantes, J.S. Bachs und G.F. Händels.

Niels Wilhelm Gade

dänischer Komponist

* 22. Februar 1817 in Kopenhagen
† 21. Dezember 1890 in Kopenhagen

orientierte sich an F. Mendelssohn Bartholdy und R. Schumann; führender Vertreter der nordischen Musik; Kammermusik, Orchesterwerke, Symphonien; „Holbergiana", „Erlkönigs Tochter", „Psyche".

Charles Gounod

Französischer Komponist

* 17. Juni 1818 in St. Cloud
† 18. Oktober 1893 in Paris

Gounod studierte Musik am Pariser Konservatorium und reiste anschließend nach Rom, um sich dort fast ausschließlich der Kirchenmusik zu widmen. 1843 kehrte er nach Paris zurück und war sechs Jahre lang Kirchenmusikdirektor. Die Bekanntschaft mit H. Berlioz und R. Schumann führte ihn zur weltlichen Musik, besonders zur Oper. Unter dem Einfluss der deutschen Romantik vertonte er den Stoff der Faustdichtung („Faust", 1859,). Allerdings lässt der oberflächliche Text seiner Oper nur wenig vom Geist Goethes spüren. Trotzdem errang das Werk Welterfolg und erfreute sich auch in Deutschland dankbarer Aufnahme (hier unter dem Titel „Margarethe"). Gounod errang mit „Roméo et Juliette" (1867) seinen wohl größten Bühnenerfolg.

Charles Gounod. Portrait von Carolus Durand.

Im Alter wandte sich Charles Gounod wieder der Kirchenmusik zu und komponierte Messen, Kantaten und Oratorien. Bekannt ist hier vor allem seine „Cäcilienmesse" von 1855.
Weitere Werke: „Romeo und Julia"; mehrere Symphonien, Kammermusik.

Jacques Offenbach

deutsch-Französischer Komponist und Cellist

* 20. Juni 1819 in Köln
† 5. Oktober 1880 in Paris

eigentlich: *Jacob Offenbach*;
zunächst Schüler von L. Cherubini am Pariser Konservatorium. 1839 im Theater des Palais-Royal Uraufführung des Vaudeville „Pascal et Chambord", 1840 Übersiedelung nach Paris.
Nachdem er zum Katholizismus übergetreten war, heiratete er am 14. August 1844 Herminie d'Alcain, eine gebürtige Spanierin. Als Cellovirtuose gab Offenbach im März 1849 ein Konzert vor dem neuen Präsidenten der französischen Republik, Napoleon III. Am 28. Mai 1853 kam seine Operette „Le trésor à Mathurin" zur konzertanten Aufführung.
In einem Holzbau an den Champs-Elysees unweit des Weltausstellungsgeländes eröffnete Offenbach kurz später sein eigenes kleines Theater, das er „Bouffes-Parisiens" nannte. Dort kam am 5. Juli 1855 der Einakter „Les deux avengles" („Die beiden Blinden") zum ersten Mal mit großem Erfolg auf die Bühne; durch ihn galt Offenbach wenig später als Mitbegründer der Pariser Operette; es folgten „Orphée aux enfers" („Orpheus in der Unterwelt", 1858), „La belle Hélène" („Die schöne Helena", 1864), „Barbebleu" („Blaubart", 1866), „La vie parisienne" (Pariser Leben", 1866) und „La Périchole" (1868); ab 1860 erhielt der Komponist die französische Staatsbürgerschaft.
Der Krieg von 1870/71 und der Sturz des napoleonischen Regimes bedeuteten in seinem Leben einen großen Einschnitt. Anfangs wur-

de er in Paris als angeblicher Preuße und später in Berlin und Wien als Franzose boykottiert. Zwar dauerte dieser Zustand nicht lange an, doch führte er sein Theaterunternehmen in den Ruin. Erst sein Amerikaaufenthalt 1876 bescherte ihm noch einmal Triumphe, die jedoch nicht von Dauer waren.
Sein letztes Meisterwerk, die fantastische Oper „Les contes d'Hoffmann" („Hoffmanns Erzählungen"), komponierte er 1880; die Uraufführung ein Jahr später konnte er nicht mehr miterleben.

Franz von Suppé

Österreichischer Komponist

* 18. April 1819 in Spalato (heute: Split)
† 21. Mai 1895 in Wien

italienisch-belgischer Abstammung; studierte bei dem Komponisten Ignaz Ritter von Seyfried, machte 1841 die Bekanntschaft des Komponisten G. Donizetti, der ihn einige Zeit unterrichtete. Ab 1840 war Suppé Theaterkapellmeister in Preßburg und Wien (Theater in der Josefstadt), wo er durch die Aufführungen von J. Offenbachs Operetten Anregungen empfing.
Er schrieb neben Kammer- und Kirchenmusik v.a. Operetten sowie zahlreiche Bühnenmusiken zu Possen, Singspielen und Balletten.
Franz von Suppé gilt mit der Operette „Das Pensionat" (1860) als Begründer der „Wiener Operette".
Weitere bekannte Werke sind die Operetten „Die schöne Galathea", „Leichte Kavallerie", „Fatinitza" und „Boccaccio". Viel gespielt wird heute noch seine Ouvertüre zu dem Volksstück „Dichter und Bauer".

Helge, Rosvaenge

dänischer Sänger, Tenor

* 29. August 1897 in Kopenhagen
† 19. Juni 1972 in München

Er bildete sich autodidaktisch aus, debütierte 1921 am Landestheater Neustrelitz und kam über Altenburg, Basel und Köln 1929 an die Staatsoper Berlin, deren Mitglied er bis 1945 blieb. Gleichzeitig sang er an den Staatsopern in Wien, München, Dresden und Hamburg. Ab 1948 war er Mitglied der Wiener Staatsoper (bis 1957), daneben aber häufiger Gast an der Deutschen Staatsoper Berlin. Er trat in allen Tenorpartien der Repertoireopern auf und hatte vor allem in den italienischen Heldenpartien großen Erfolg. Autobiographien: *Lache, Bajazzo,* 1953; *Mach es besser, mein Sohn,* 1962.

Jenny Lind

schwedische Sopranistin

* 6. Oktober 1820 in Stockholm
† 2. November 1887 in Malvern Hills bei Worcester

Die Sängerin wurde an der Stockholmer Opernschule musikalisch ausgebildet. In Frankreich nahm sie Gesangsunterricht bei dem spanischen Opernsänger Garcia. Der schnelle Aufstieg der Schwedin begann, als sie 1838 in ihrer Geburtsstadt Stockholm die Agathe in C.M. v.Webers „Freischütz" sang.
Jenny Lind feierte als Sopranistin auf zahlreichen internationalen Bühnen große Erfolge und erhielt schließlich den Beinamen „Schwedische Nachtigall". 1849 beendete sie ihre Bühnenauftritte und trat nur noch in Konzerten auf. 1850 heiratete sie den deutschen Komponisten Otto Goldschmidt, der den Londoner Bach-Chor leitete. Sie nahm 1859 die britische Staatsbürgerschaft an. Jenny Lind trat 1870 in Düsseldorf zum letzten Mal öffentlich auf.

Amilcare Ponchielli

Italienischer Komponist

* 31. August 1834 in Paderno Fasolaro (Cremona)
† 16. Januar 1886 in Mailand

Er studierte 1843 bis 1854 am Mailänder Konservatorium bei Antonio Angeleri (Klavier) und Alberto Mazzucato (Komposition). Anschließend war er Organist in Cremona und Kapellmeister der Nationalgarde in Piacenza. 1856 wurde seine erste Oper aufgeführt. 1861/86 hatte er die Stelle des Kapellmeisters an der Kathedrale in Bergamo inne und wurde 1883 Professor für Komposition am Mailänder Konservatorium. Ponchiellis an Giacomo Meyerbeer und Charles Gounod orientierte Kompositionsweise ist nicht frei von eklektischen Zügen, überraschte aber seine Zeitgenossen durch ihre Ausgewogenheit. Der Sensationsstoff seiner erfolgreichsten Oper *La Gioconda* und deren große Popularität begünstigte seine Neigung zur Übersteigerung, die von Einfluss auf die Komponisten des Verismo war.

Henri Vieuxtemps

Französischer Violinist, Komponist und Pädagoge

* 17. Februar 1820 in Verviers
† 6. Juni 1881 in Mustapha (Algier)

Den ersten Unterricht erhielt er von seinem Vater und von M. Lecloux. Ab

1829 wurde er von Charles-Auguste de Bériot ausgebildet, der ihn in Paris als Konzertviolinisten vorstellte.
Ab 1833 lebte Vieuxtemps in Wien, wo er bei Simon Sechter, und ab 1835 in Paris, wo er bei Antonín Rejcha studierte. Anschließend trat er als Virtuose hervor. 1846/52 wirkte Vieuxtemps in Petersburg, war dann auf Konzertreisen und wurde 1871 Lehrer am Konservatorium in Brüssel. Eine linksseitige Lähmung zwang ihn 1873 zur Aufgabe seiner Virtuosen- und Lehrtätigkeit.

César (Auguste Jean Guillaume Hubert) Franck

belgischer Komponist

* 10. Dezember 1822 in Lüttich
† 8. November 1890 in Paris

Neuromantiker, Schüler an der Königlichen Musikschule in Lüttich, setzte sein Studium in Paris fort, wurde 1843 Organist, 1872 Professor am Pariser Konservatorium. Hauptwerke: Oratorium „Die Seligpreisungen" (1880), Violinsonate A-Dur (1886), „Symphonische Variationen für Klavier und Orchester" (1885) und die Symphonie in d-moll.

Jenny Lind.

Edouard Lalo

Französischer Komponist

* 27. Januar 1823 in Lille
† 22. April 1892 in Paris

Nach ersten Violin-, Violoncello-, Harmonielehre- und Kompositionsstudien in Lille wurde Lalo 1839 Schüler von François Antoine Habeneck am Pariser Conservatoire. Er verfolgte seine Ausbildung bis 1847. Er wirkte als Lehrer und als Kammermusiker. So gehörte er dem Armingaud-Quartett als Bratschist an. Lalo, dem der große Durchbruch als Komponist zu Lebzeiten verwehrt blieb, trat mit den Bühnenwerken „Namouna" (Ballett, 1882) und „Le Roi d'Ys" (Oper, 1888) in Erscheinung. Die unvollendete Oper „La Jacquerie" wurde nach seinem Tod von fremder Hand vollendet und 1895 herausgegeben. Bekannt sind einige seiner reinen Instrumentalkompositionen: Violinkonzert Nr. 1 F-Dur, op. 20; Violinkonzert Nr. 2 d-Moll, op. 21 („Symphonie espagnole"); Violinkonzert Nr. 3 („Rhapsodie norvegienne"); Violinkonzert Nr. 4, op. 29 („Concerto russe"); Violoncellokonzert d-Moll u.a.

Bedrich Smetana

tschechischer Komponist

* 2. März 1824 in Litomil
† 12. Mai 1884 in Prag

auch: *Friedrich Smetana*; Der Sohn eines Brauers studierte Klavier und Violine am Kollegium von Deutsch-Brod. Er gründete 1848 mit Unterstützung von F. Liszt in Prag eine Musikschule. 1856 ging er als Musikdirektor ins schwedische Göteborg. Nach seiner Rückkehr in die Heimat dirigierte Smetana unter anderem 1866 bis 1874 am Nationaltheater in Prag.

Smetana gilt als Begründer des tschechischen Nationalstils, er komponierte unter anderem Lieder, Opern (insgesamt acht) und symphonische Dichtungen. Seine erste Oper trug den Titel „Die Brandenburger in Böhmen" (1863). 1866 folgte „Die verkaufte Braut"; die Musik ist unter anderem geprägt vom böhmischen Volkstanz. 1874 ertaubte Smetana völlig. Trotzdem komponierte er in den Jahren 1874 bis 1879 einen Zyklus von sechs Symphonischen Tondichtungen, „Ma vlást" („Mein Vaterland"). Am bekanntesten daraus ist das zweite Stück, „Die Moldau" (1874). Das Streichquartett „Aus meinem Leben", e-Moll, in dem Smetana sein Ohrensausen beschrieb, folgte 1876. Ab 1882 wurde sein (geistiger) Gesundheitszustand zusehends schlechter. Weitere Opern: „Die zwei Witwen", „Der Kuß".

Anton Bruckner

Österreichischer Komponist

* 4. September 1824 in Ansfelden bei Linz
† 11. Oktober 1896 in Wien

Anton Bruckner wuchs in bescheidenen Verhältnissen auf. Zunächst provisorischer Organist im Stift St. Florian, war er im Grunde Autodidakt und entwickelte sich erst allmählich zu einem bedeutenden Organisten. 1855 wurde er in einem Wettbewerb um die Domorganistenstelle in Linz allen anderen Konkurrenten vorgezogen. In Linz und Wien konnte er sein Orgelspiel vervollkommnen und wurde langjähriger Kompositionsschüler von Simon Sechter. Schon 1867 erhielt Bruckner das Amt des Hofkapellorganisten in Wien sowie eine Professur für Orgelspiel, Kontrapunkt und Komposition am dortigen Konservatorium (als Nachfolger Sechters). 1875 wurde er Lektor für Musik an der Universität, die ihn 1891 zum Ehrendoktor ernannte. Einhellige Anerkennung als Komponist

Anton Bruckner.

wurde ihm einzig mit der triumphalen Uraufführung seiner Siebten Symphonie in Leipzig (1884) unter Arthur Nikisch zuteil.

Wesen und Werk Bruckners sind von tiefer Religiosität geprägt. Er bezieht sich in seinen Kompositionen auf das katholisch-österreichische Erbe. Viele seiner Orchesterwerke verraten den Organisten mit ihren (gleich dem orgeltypischen Registerwechsel) fast übergangslos aneinandergereihten Abschnitten unterschiedlicher Klangfarben. Bruckner arbeitet in seiner Symphonik mit Naturmotivik sowie Grundintervallen und wechselt zwischen meditativer Klangsinnlichkeit und exzessiven Steigerungspassagen. In seinem Sakralwerk erweist er sich als Meister des klassischen Kontrapunkts, wie er in der Vokalpolyphonie des 16. Jh.s seine Blüte erlebte (siehe auch Cäcilianismus).

Bruckners Werk umfasst 11 Symphonien („Doppelnullte" f-Moll; „Nullte" d-Moll; 1. c-Moll; 2. c-Moll; 3. d-Moll, R. Wagner gewidmet; 4. Es-Dur, „Romantische"; 5. B-Dur, „Katholische"; 6. A-Dur; 7. E-Dur; König Ludwig II. von Bayern gewidmet; 8. c-Moll, Kaiser Franz Josef I. von Österreich gewidmet; 9. d-Moll, unvollendet, Widmung der mündlichen Überlieferung nach „dem lieben Gott"), 4 Messen, Te deum, der 150. Psalm für Soli, Chor und Orchester sowie kleinere kirchliche Werke, ferner Werke für Männerchöre („Helgoland", „Germanenzug", „Das hohe Lied"), gemischte Chöre und ein Streichquintett.

Johann Strauß

Österreichischer Komponist

* 25. Oktober 1825 in Wien
† 3. Juni 1899 in Wien

Eine musikalische Laufbahn wurde Strauß von seinem Vater J. Strauß, der als Musiker bereits einen Namen hatte und sich im Geburtsjahr des Sohnes von der Kapelle Joseph Lanners trennte, um ein eigenes Orchester zusammenzustellen, zunächst verwehrt, obwohl sich die Begabung des Jungen sehr bald zeigte. Die Mutter ließ dem Kind Violinunterricht geben, später erhielt er bei Josef Drechsler Kompositionsunterricht. 1844 gründete er seinerseits eine eigene Kapelle; im selben Jahr brachte er auch seinen ersten Wal-

„Johann Strauß' Kapelle beim Hofball". Zeichnung von Theodor Zasche.

zer, „Sinngedichte", heraus. Auf zahlreichen Tourneen bis in die Vereinigten Staaten wurde Strauß als „Walzerkönig" mit seinem Orchester zum führenden kulturellen Repräsentanten Österreichs. Eine Freundschaft verband ihn unter anderem mit J. Brahms, der einer Dame auf ihren Fächer, auf dem eine Straußsche Melodie zu sehen war, „leider nicht von mir" geschrieben haben soll.

Erst 1864 wurde er zum Hofballmusikdirektor ernannt, obschon er mit der Musik zum Hofball schon seit 1853 betraut war. 1854 bis 1868 gab Strauß jeden Sommer Gastspiele in Russland. 1862 heiratete er Henriette Chalupetzky.

Das Jahr 1870 wurde für Johann Strauß sehr wechselvoll: Seine Mutter und sein Bruder Josef starben. Seiner Frau gelang es trotzdem, ihn davon zu überzeugen, Operetten zu komponieren. Sein erstes Werk „Die lustigen Frauen von Wien" wurde nie aufgeführt und ist verschollen. Mit „Indigo" errang er 1871 seinen ersten Bühnenerfolg. 1872 führte er eine USA-Tournee durch, die ihm dort weiterreichende Popularität einbrachte.

Im Winter 1877/78 mit der Leitung der Pariser Opernbälle beauftragt, wurde ihm das Ritterkreuz der französischen Ehrenlegion verliehen. 1878 starb seine Frau, und Strauß heiratete im Herbst des Jahres die Sängerin Angelika Diettrich (gestorben 1919). Die Ehe war nicht glücklich und dauerte nur einige Jahre. Nach der Scheidung heiratete Strauß 1887 nach Annahme der Coburg-Gothaischen Staatsbürgerschaft und Übertritt zum evangelischen Glauben in Coburg die verwitwete Schwiegertochter eines Bankiers, der zufälligerweise auch Strauß hieß, nämlich Adele Deutsch, verwitwete Strauß (gestorben 1930).

Das kompositorische Schaffen von Strauß umfasst etwa 500 Werke, darunter 16 Operetten. 1874 folgte „Die Fledermaus". Die Berliner Uraufführung von „Eine Nacht in Venedig" (1883) verursachte einen Theaterskandal, in Wien fand das Werk jedoch begeisterte Zustimmung. 1885 folgte „Der Zigeunerbaron" sowie weitere Operetten, die unterschiedlich starken Anklang fanden.

Anton Grigorjewitsch Rubinstein

Russischer Komponist

* 28. November 1829 in Wychwatinez, Podolien
† 20. November 1894 in Peterhof bei St. Petersburg

Rubinstein studierte in Frankreich und Deutschland und verarbeitete vielfach westeuropäische Eindrücke. Er schrieb unter anderem „Der Dämon" (nach Fjodor Michailowitsch Dostojewski), „Nero", den „Turm von Babel", „Sulamith", „Die Makkabäer", „Moses" und ein Oratorium „Christus". Die meisten seiner sechs Symphonien, fünf Klavierkonzerte, Kammermusiken, Fantasien und Lieder sind heute so gut wie vergessen, während seine Klavierstücke

Anton Rubinstein.

noch gespielt werden. Als Pianist unternahm er zahlreiche Konzertreisen ins Ausland. Man schätzte vor allem sein expressives Spiel und seine farbenreiche Klangpracht. Hauptwerk: „Der Dämon“.

Hans von Bülow

Deutscher Pianist und Dirigent

* 8. Januar 1830 in Dresden
† 12. Februar 1894 in Kairo

Klavierschüler F. Wiecks und F. Liszts, dessen Tochter Cosima (siehe auch Cosima Wagner) er heiratete. Bis zur Scheidung dieser Ehe und der Heirat Cosima Bülows mit R. Wagner war Hans von Bülow einer der bedeutendsten Förderer von Wagners Musik. Er war des Weiteren Dirigent der Münchner Uraufführungen des „Tristan“ (1865) und der „Meistersinger“ (1868). Nach einem einjährigen Rückzug nach Florenz wirkte Bülow auf Konzertreisen durch England und die USA sowie als Hofmusikdirektor in Hannover (1878-79) und Meiningen, wo er das dortige Hoforchester von 1880 bis 1885 zu einem renommierten Klangkörper formte. Als Dirigent beschritt Bülow neue Wege, da er selbst nicht komponierte, sondern ausschließlich die Werke anderer interpretierte, nachdem er sie in seinen Studien genauen Analysen unterzogen hatte.

Karl Goldmark

Österreichischer Komponist ungarischer Herkunft

* 18. Mai 1830 in Keszthely (Ungarn)
† 2. Januar 1915 in Wien

Er studierte privat bei Leopold Jansa (Violine) in Wien sowie am Wiener Konservatorium und wirkte als Geiger und Klavierlehrer in Ödenburg, Budapest und Wien. Goldmark, der zu seiner Zeit durch seine Oper *Die Königin von Saba* weltbekannt wurde, fasste die verschiedenartigsten Stilrichtungen des 19. Jahrhunderts in seinen Werken zusammen und verband sie mit ungarischen folkloristischen Einflüssen. Die Wirkung seiner dramatischen Tonsprache beruhte auf einer glutvollen Pathetik.

Joseph Joachim

Deutscher Violinist, Komponist und Pädagoge

* 28. Juni 1831 in Kittsee (Pressburg)
† 15. August 1907 in Berlin

Er studierte am Wiener Konservatorium bei Joseph Böhm, in Leipzig bei Moritz Hauptmann und stand hier unter dem künstlerischen Einfluss von Felix Mendelssohn Bartholdy. Joachim wurde in Leipzig bald Mitglied des Gewandhausorchesters und Lehrer am Konservatorium, trat 1849 in engere Verbindung zum Weimarer Liszt-Kreis (Konzertmeister), gab wiederholt Gastspiele in London und war ab 1853 in Hannover tätig. Ab 1868 wirkte er als Direktor der neugegründeten Musikhochschule in Berlin, die er zu Ansehen führte und wo ihm mehrere Ehrenämter und Ehrentitel verliehen wurden. Joachim war auch Ehrendoktor mehrerer englischer Universitäten. Er setzte sich stark für Johannes Brahms ein, mit dem er befreundet war, sowie für Werke Ludwig van Beethovens. Berühmt waren die Aufführungen von Streichquartettkompositionen durch das Joachim-Quartett. Auch bei den Bonner Beethoven-Festen spielte Joachim eine bedeutende Rolle. Für ihn komponierten Robert Schumann, Brahms und Albert Dietrich gemeinsam eine Violinsonate auf das Motiv F-A-E (frei aber einsam). Violinkonzerte für Joachim schufen Brahms, Antonín Dvořak und Max Bruch.

Eugen Jochum

Deutscher Dirigent

* 1. November 1902 in Babenhausen (Bayern)
† 26. März 1987 in München

Bruder von Georg Ludwig Jochum. Er studierte in Augsburg, danach in München bei Siegmund von Hausegger (Dirigieren). Jochum war als Kapellmeister in Mönchengladbach, Lübeck, Mannheim, als Generalmusikdirektor in Duisburg, ab 1932 an der Berliner Städtischen Oper und ab 1934 an Staatsoper und Philharmonie in Hamburg tätig. In München gründete er 1949 das Rundfunk-Sinfonieorchester, war mit Bernhard Haitink 1961 Leiter des Concertgebouw-Orchesters in Amsterdam und wirkte als Gast auf internationalen Festspielen. Jochum machte sich besonders als Brahms- und Bruckner-Interpret einen Namen. Er war seit 1969 Leiter der Bamberger Symphoniker.

Charles Lecocq

Französischer Komponist

* 3. Juni 1832 in Paris
† 24. Oktober 1918 ebenda

Er war in Paris Schüler von Fromental Halévy und François Benoist und danach Musiklehrer. 1857 gewann er gemeinsam mit Georges Bizet einen von Jacques Offenbach ausgeschriebenen Wettbewerb für Operetten-Einakter *(Le docteur Miracle)*. Nach einigen weniger geglückten Anläufen wurde er mit mehr als 40 Bühnenwerken seit *Fleur-de-thé* (1868) zum erfolgreichsten französischen Operettenkomponisten neben Offenbach und Hervé.

Borodin

Russischer Komponist

* 12. November 1833 in Petersburg
† 27. Februar 1887 in Petersburg

Borodin war eigentlich Chemiker und Mediziner. Er gehörte dem Kreis um M.A. Balakirew, Z.A. Cui, M. Mussorgskij und N.A. Rimskij-Korsakow an. Dieser Kreis wurde neurussische Schule oder „Mächtiges Häuflein" genannt. Borodin komponierte Symphonien, Kammermusik und Opern.
Werke: „Fürst Igor" (unvollendet, von Rimskij-Korsakow fertig gestellt), „Polowezer Tänze" u.a.

Johannes Brahms

Deutscher Komponist

* 7. Mai 1833 in Hamburg
† 3. April 1897 in Wien

Brahms erhielt seine musikalische Ausbildung zunächst bei seinem Vater sowie bei E. Marxsen. Ersten Erfolgen als Konzertpianist folgte ab 1860 die verstärkte Hinwendung zur Komposition.
Schon 1857 war Johannes Brahms vorübergehend Hofpianist und Chorleiter in Detmold, übersiedelte 1863 nach Wien und lebte dort als freier Komponist. Die einzigen Stellungen, die er dort bekleidete, waren die des Dirigenten der Singakademie (1863-64) und des Chordirigenten der Gesellschaft der Musikfreunde (1872-75). Der Durchbruch als Komponist gelang ihm 1868 mit dem „Deutschen Requiem". Brahms wurde später selbst Förderer jüngerer Komponisten, wie beispielsweise von A. Dvorák. Auch mit J. Strauß war Brahms befreundet. 1896 starb Clara Schumann, wenige Monate später auch Johannes Brahms am 3. April 1897, knapp 64 Jahre alt.
Johannes Brahms vereinte die Kräfte der Klassik und der Romantik; seine instrumentalen Orchesterwerke,

„Ausgewählte Lieder von Johannes Brahms". Berlin 1889.

seine Kammermusik und seine Lieder machen ihn zum herausragenden Komponisten des späten 19. Jahrhunderts.
Ohne sich im Parteienstreit zu engagieren, galt er als Leitfigur der Konservativen gegen die so genannten Neudeutschen. Während sich Brahms in seinen Kompositionen auf die Musik der Wiener Klassik bezogen hatte und in ihrem Formenkanon neue Wege suchte (vgl. die vier Symphonien, Variationen, Kammermusik), grenzte er sich bewusst gegen die Fortschrittsgläubigkeit und den Einfluss außermusikalischer Thematik in der Formenbildung (Musikdrama/Oper, Symphonische Dichtung) ab, was ihn automatisch in eine Oppositionsstellung zu R. Wagner brachte. Dem entsprechend schuf Brahms auch keine Beiträge zu diesen Gattungen. Brahms Werke suchen die Verbindung von gesteigerter Kunstfertigkeit mit Verinnerlichung und Tiefe der Empfindung. Dramatische Passagen in seinen Werken geraten nie zur inhaltslosen Theatralik.
Im Alter galt er neben R. Wagner als einer der größten Komponisten seiner Zeit. Ein Briefwechsel zwischen den beiden Komponisten zeigt die intensive kritische Auseinandersetzung beider mit dem musikalischen Werk des anderen. Stark beeinflusst wurde Brahms' Leben und Werk von der tiefen Zuneigung zu C. Schumann, der Frau des Komponisten R. Schumann. Schumann war von der Musik des 20-jährigen Brahms tief beeindruckt und empfahl sie überall zur Veröffentlichung. Er schrieb in einer bedeutenden Musikzeitschrift einen Artikel über den jungen Komponisten, der großes öffentliches Interesse erweckte und Brahms in seinem Schaffen bestätigte.
Werke: 4 Symphonien, 2 Orchesterserenaden, „Haydn-Variationen" für Orchester, 2 Konzertouvertüren, 2 Klavierkonzerte, 1 Violinkonzert, Doppelkonzert für Violine und Violoncello, 2 Streichsextette, 2 Streichquintette, 3 Streichquartette, Kammermusik mit Klavier und mit Bläsern, Klavier und Orgelwerke, „Ein deutsches Requiem", Chöre und Lieder u.a.

Johannes Brahms.

César Cui

Russischer Komponist und Musikschriftsteller

* 18. Januar 1835 in Wilna
† 26. März 1918 in Petrograd
(heute: Sankt Petersburg)

Cui gehörte dem Kreis um M. Balakirew, A. Borodin, M. Mussorgskij und N. Rimskij-Korsakow an. Dieser Kreis wurde neurussische Schule, „Gruppe der 5" oder auch „Mächtiges Häuflein" genannt. Er schrieb unter anderem Klaviermusik, Orchesterwerke und Opern. Schriften: „La musique en Russie" (1880) u.a.

Camille Saint-Saëns

Französischer Komponist

* 9. Oktober 1835 in Paris
† 16. Dezember 1921 in Algier

Sohn eines Ministerialbeamten, erregte schon als Klavier spielendes Wunderkind Aufsehen und erwarb seine Kenntnisse weitgehend als Autodidakt. 1853 Orgellehrer und Organist an der Madeleine in Paris, seit 1877 lebte er als freischaffender Künstler, ging häufig als Pianist und Dirigent auf Tourneen und galt als hervorragender Interpret der Werke W.A. Mozarts, L. van Beethovens, F. Liszts und R. Wagners. Durch die Vermittlung Liszts wurden wichtige Werke von Saint-Saëns wie seine bekannteste Oper „Samson et Dalila" und Klavierkonzerte zunächst in Deutschland aufgeführt.

Den französischen Neuklassizisten unter den Komponisten zugehörig, wandte er sich in Schriften gegen den Wagnerismus und den Impressionismus. Während seine ersten Instrumentalwerke noch den Einfluss R. Schumanns erkennen lassen, entwickelte er sich schon bald stilistisch ganz eigenständig und schuf klare Formen und dichte Motivbezüge, was ihm den Vorwurf, allzu akademisch zu komponieren, einbrachte.

Werke: 13 Opern, 3 Symphonien (1. Es-Dur, op. 2, 1853; 2. a-Moll, op. 55, 1859/60; 3. c-Moll, op. 78, „Orgelsymphonie", 1885/86), „Danse macabre", op. 40 für Orchester (1871), „Le carnaval des animaux" für Streichquintett und Instrumente, o.op. (1886), 5 Klavierkonzerte (Nr. 1 D-Dur, op. 17, 1858; 2. g-Moll, op. 22, 1868; 3. Es-Dur, op. 29, 1869; 4. c-Moll, op. 44, 1875; 5. F-Dur, op. 103, 1896), 3 Violinkonzerte (1. A-Dur, op. 20, 1866; 2. C-Dur, op. 58, 1858; 3. h-Moll, op. 61, 1880), Introduktion und Rondo capriccioso für Violine und Orchester, op. 28 (1863, für P. de Sarasate), 2 Violoncellokonzerte (1. a-Moll, op. 33, 1872; 2. d-Moll, op. 119, 1902); Messe solennelle, op. 4 (1856), Requiem, op. 54 (1878), „Oratorio de Noël", op. 12 (1863), weitere geistliche Musik,

Camille Saint-Saëns.

Kammermusik für verschiedenste Besetzungen, Orchesterlieder, Lieder u.a.

Clément Philibert Léo Delibes

Französischer Komponist

* 21. Februar 1836 in Saint-Germain-du-Val
† 16. Januar 1891 in Paris

Delibes studierte Musik am Pariser Konservatorium und war später als Repetitor am Théâtre-Lyrique und als Kirchenorganist tätig. 1865 wurde er Chordirektor an der Großen Oper in Paris, 1881 Lehrer am Konservatorium. Besonders seine Ballettstücke „Coppélia“ (1870) und „Sylvia“ (1876) sind auch in Deutschland sehr geschätzt. Seine Bühnenwerke gehören den Genres Opéra, Opéra comique sowie Opérette bouffe, also mehrheitlich den heiteren Genres an. Opern: „Le roi l'a dit“, „Jean de Nivelles“, „Lakmé“ u.a. Ballettstücke: „Naila“, „Coppélia“, „Sylvia“ u.a. Außerdem Chöre, Lieder, geistliche Werke (u.a. eine Messe).

Mili Alexejewitsch Balakirew

Russischer Komponist

* 2. Januar 1837
† 30. Mai 1910

Balakirew war Begründer der neurussischen Schule, der Z.A. Cui, M.P. Mussorgskij, N.A. Rimskij-Korssakow und A.P. Borodin („Mächtiges Häuflein“ genannt) angehörten. Er gründete in Petersburg eine Musik-Freischule, leitete 1867 bis 1870 die Konzerte der kaiserlichen Musikgesellschaft und war 1893 bis 1895 Direktor der Hofsängerkapelle. Auch machte er sich durch die Herausgabe einer Anzahl russischer Volkslieder verdient.
Werke: Symphonie C-Dur, symphonische Dichtung „Tamara“, Musik zu „König Lear“, Ouvertüren, Klavierwerke, Lieder.

Emil Waldteufel

Französischer Komponist

* 9. Dezember 1837 in Strasbourg
† 12. Februar 1915 in Paris

Er studierte am Pariser Konservatorium bei Antoine François Marmontel, war ab 1865 kaiserlicher Hofballdirektor und Kammerpianist der Kaiserin Eugenie und dirigierte auch bei den Ballveranstaltungen der Pariser Opera. Waldteufel trat als Dirigent von Unterhaltungsmusik und Tanzmusik auch in Wien, London und Berlin hervor.
Kompositionen: 268 Tänze (meist Walzer): *Les Patineurs* („Die Schlittschuhläufer“); *Estudiantina;* „Sirenenzauber“; Immer oder nimmer“; Ganz allerliebst“; Mein Traum“; *Espana;* „Herbstweisen“; „Goldregen“; *Dolores.*

Georges Bizet

Französischer Komponist

* 25. Oktober 1838 in Paris
† 3. Juni 1875 in Bouvigal bei Paris

eigentlich: *Alexandre César Léopold*
Er studierte am Pariser Conservatoire Klavier, Orgel und Komposition. 1857 mit dem Grand Prix de Rome ausgezeichnet. An Werken Bizets sind die Opern „Carmen“ (1875) und „Die Perlenfischer“, die „Arlesienne-Suite“ (1872) und die Symphonie C-Dur (1855) für Orchester zu nennen.

C. Galli-Marie sang die Titelrolle in der Uraufführung von Bizets „Carmen“, Paris 1875. Zeichnung von Lucien Doucet.

Max Bruch

Deutscher Komponist

* 6. Januar 1838 in Köln
† 2. Oktober 1920 in Berlin

Schüler von F. Hiller und K. Reinecke. Nach einer dreijährigen Lehrtätigkeit in Köln unternahm er ausgedehnte Studienreisen, wirkte 1865-1867 als Musikdirektor in Koblenz,1867-1870 als Hofkapellmeister in Sondershausen, dirigierte dann den Sternschen Gesangverein, 1880-1883 die Philharmonic Society in Liverpool, darauf den Orchesterverein in Breslau und war seit 1891 Leiter einer Meisterschule an der Berliner Akademie.
Werke: für Chor (Frithjof, Odysseus, Feuerkreuz); Oratorien; drei Violinkonzerte, Stücke für Violine und Cello, Kammermusik, Lieder.

Hermann Levi

Deutscher Dirigent

* 7. November 1839 in Gießen
† 13. Mai 1900 in München

Er war Schüler Vincenz Lachners und des Leipziger Konservatoriums, wirkte zunächst in Saarbrücken, dann als Kapellmeister an der deutschen Oper in Rotterdam und 1864/72 in Karlsruhe. 1872/96 war Levi Hofkapellmeister in München, seit 1894 Generalmusikdirektor, und setzte sich besonders für das Werk Richard Wagners ein (1882 erster Dirigent des „Parsifal" in Bayreuth). Seine Textrevisionen der Mozart-Opern „Figaros Hochzeit", „Don Giovanni ..." und „Così fan tutte" wenden sich gegen die willkürliche Verfahrensweise einzelner Interpreten und berücksichtigen besonders die Rezitative.

Modest Mussorgski. Portrait von Ilja Rjepin.

Modest Petrowitsch Mussorgskij

Russischer Komponist

* 21. März 1839 in Karewo
† 28. März 1881 in Petersburg

Ursprünglich (1856 bis 1859) Offizier, kam Mussorgskij als solcher in den Musikerkreis von Dargomyschski, M. Balakirew und C. Cui und fasste den Entschluss, sich ganz der Tonkunst zu widmen. Die Not zwang ihn aber, 1863 eine kleine Stellung als Beamter anzunehmen, die er fast bis zu seinem Tode inne hatte. Ohne jemals eine abgeschlossene Ausbildung genossen zu haben, machte er sich an die Komposition einer Oper nach Flauberts „Salammbô" (1867) sowie nach Gogols „Die Heirat" (1868), die allerdings Fragment blieben. Seine persönliche Note fand er zunächst in Liedern und, am ausgeprägtesten, in dem 1868 bis 1871 geschaffenen musikalischen Volksdrama „Boris Godunow", dessen

Genialität und stilbildende Kraft in Russland früh erkannt wurde. Obwohl Mussorgskij noch an weiteren Opern arbeitete, war ihm weder die Vollendung seiner komischen Oper „Der Jahrmarkt von Sorotschintzi“ noch des Volksdramas „Chowanschtschina“ vergönnt. Nicht wenige Werke Mussorgskijs mussten daher von anderen Komponisten (unter anderem von N. Rimskij-Korsakow) fertig gestellt werden. In Westeuropa noch bekannter als „Boris Godunow“ ist Mussorgskijs Klavierzyklus „Bilder einer Ausstellung“, neben der Klavierfassung auch in der Orchesterbearbeitung von M. Ravel.

Peter Iljitsch Tschaikowski

Russischer Komponist

* 25. April (7. Mai) 1840 in Kamsko-Wotkinsk
† 25. Oktober (6. November) 1893 in St. Petersburg

Zunächst war Tschaikowski von 1859 bis 1863 zaristischer Beamter im Finanzministerium in St. Petersburg und widmete sich danach erst als 22-Jähriger der Musik. Bis 1865 war er am St. Petersburger Konservatorium Schüler von A. Rubinstein und arbeitete von 1866 bis 1878 als Lehrer für Musiktheorie am Konservatorium in Moskau. Danach lebte er an verschiedenen Orten in Russland und unternahm als Dirigent und Kritiker viele Reisen ins Ausland, so unter anderem 1876 zu den Bayreuther Festspielen. 1877 heiratete er Antonina Iwanowna Miljubkowa, eine seiner Schülerinnen am Konservatorium. Die Ehe scheiterte nach nur wenigen Wochen und Tschaikowski unternahm einen Selbstmordversuch. Seine nicht gelebte Homosexualität führte beim schüchternen, in sich gekehrten Tschaikowski immer wieder zu starken Depressionen.

Von 1878 bis 1890 wurde er von seiner Gönnerin N.F. von Meck, die er niemals persönlich kennen lernte, in großzügigster Weise finanziell unterstützt. In dieser Phase, in der sich Tschaikowski zumindest materieller Sorgen entledigt sah, entstanden viele seiner großen Meisterwerke wie die Opern „Eugen Onegin“, „Pique Dame“, die Symphonien Nr. 4 und 5, das Violinkonzert, das Ballett „Dornröschen u.v.a.

In den Jahren von 1888 bis zu seinem Tod unternahm er äußerst erfolgreiche Tourneen durch Deutschland, England und die Schweiz (1888 und 1889) sowie durch die USA (1891). Die Uraufführung seine Sechsten Symphonie („Pathétique“) leitete er nur wenige Tage, bevor er aus ungeklärter Ursache umkam.

Tschaikowskis Werk war immer wieder unterschiedlichen Beurteilungen ausgesetzt, so empfanden seine russischen Landsleute seine Musik als zu westlich,

Alicia Markowa in Tschaikowskis Ballett „Schwanensee“, 1910.

während mitteleuropäische Hörer die typisch russische Schwermut in seinen Kompositionen zu erkennen glaubten. Einigkeit herrscht jedoch darüber, dass Tschaikowski als überragender Melodienschöpfer gelten kann.
Werke: „Eugen Onegin“, „Pique Dame“, „Mazeppa“, „Wakula, der Schmied“, „Jolanthe“ (Opern); „Dornröschen“, „Der Nussknacker“ (Ballette); 6 Symphonien (Nr. 1 g-Moll, op. 13, „Winterträume“; Nr. 2 c-Moll, op. 17, „“Kleinrussische“; Nr. 3 D-Dur, op. 29, „“Polnische“; Nr. 4 f-Moll, op. 36; Nr. 5 e-Moll, op. 64; Nr. 6 h-Moll, op. 74, „Pathétique“); „Manfred-Symphonie“, op. 58; „Ouvertüre solenelle (1812)“, op. 49; „Romeo und Julia“; 4 Orcherstersuiten (Nr. 1 d-Moll, op. 43; Nr. 2 C-Dur, op. 53; Nr. 3 G-Dur, op. 55; Nr. 4, op. 61, „Mozartiana“); Streicherserenade C-Dur, op. 48; „Francesca da Rimini“, op. 32; „Capriccio italien“, op. 45; Klavierkonzerte (Nr. 1 b-Moll, op. 23; Nr. 2 G-Dur, op. 44); „Rokoko-Variationen für Violoncello und Orchester, op. 33; Violinkonzert D-Dur, op. 35; Kammermusik, Klavierwerke, Lieder u.a.

Antonin Dvorák

tschechischer Komponist

* 8. September 1841 in Nelahozeves bei Prag
† 1. Mai 1904 in Prag

Neben B. Smetana und Janácek der bedeutendste tschechische Komponist. Zunächst Bratschist und Organist, kam Dvorák seinem Wunsch, Komponist zu werden, durch ein österreichisches Staatsstipendium (1874-78) näher. Auf Empfehlung J. Brahms' konnte Dvorák 1878 seine „Klänge aus Mähren“, op. 32, und die „Slawischen Tänze“, op. 46 drucken lassen, die den Grundstein für ein schnell wachsendes Interesse an seiner Musik auch in ganz Europa und den USA bildeten. Überdies setzten sich so berühmte Dirigenten wie Hans Richter und H. v. Bülow für seine Werke ein. Es folgten Konzertreisen durch Europa und die USA. In Prag bekleidete er die Ämter des Organisten an St. Adalbert (ab 1873), des Professors für Komposition am Konservatorium (ab 1891) sowie des Leiters dieses Instituts (ab 1901). 1892 bis 1895 war Dvorák Direktor des Konservatoriums in New York; dort gab er der nationalamerikanischen Musik wichtige Anregungen, übernahm auch volksliedhafte Passagen in seine Neunte Symphonie e-Moll, op. 95, („Aus der Neuen Welt“, 1893). 1901 wurde er Mitglied des österreichischen Herrenhauses. Dvoráks Werke spiegeln häufig musikalische Elemente aus der Volksmusik wider und wirkten identitätsstiftend auf die damals aufkommende nationale tschechische Schule in der Musik, wie sie im 19 Jh. in vielen europäischen Ländern (Russland, Spanien usw.) anzutreffen war. Doch verbindet Dvorák, ähnlich wie Tschaikowski, heimatliche Volksmusik mit der Musiksprache der deutschen Romantik, weswegen er auch „böhmischer Brahms“ genannt wurde.
Viel Unterstützung fand das Werk Dvoráks in Deutschland und Österreich durch den Komponisten und großen Symphoniker J. Brahms, dem Dvorák trotz seiner programmatisch gebundenen Kompositionen (wie den Ouvertüren und Symphonischen Dichtungen) näher stand, als der Neudeutschen Richtung um R. Wagner und F. Liszt.
Werke: 9 Symphonien (1. c-Moll, o.op.; 2. B-Dur, op. 4; 3. Es-Dur, op. 10; 4. d-Moll, op. 13; 5. F-Dur, op. 76; 6. D-Dur, op.60; 7. d-Moll, op. 70; 8. G-Dur, op. 88; 9. e-Moll, op. 95, „Aus der Neuen Welt“, eine ältere Zählweise berücksichtigt nur die späten Symphonien: op. 60 = Nr. 1; op. 70 = Nr. 2; op. 76 = Nr. 3, op. 88 = Nr. 4; op. 95 = Nr. 5); Serenaden, „Slawische Tänze“, op. 46 und op. 72, Klavierkonzert g-Moll, op. 33; Violinkonzert a-Moll, op. 53; Cellokonzerth-Moll, op. 104; „Husitska“, op. 67; Konzertouvertüren („In der Natur“, „Karneval“, „Othello“), op. 91-93; Symphonische Dichtungen („Heldenlied“ o.op., „Der Wassermann“, op. 107, „Die Mittagshexe“, op. 108, „Das goldene Spinnrad“, op. 109, „Die Waldtaube“, op. 110); 15 Streichquartette, weitere Kammerrmusik für Trio-, Quartett- und Quintettbesetzung, mit und ohne Klavier, zahlreiche Klavierwerke. 10 Opern (darunter „Rusalka“, 1900), „Stabat mater“, op. 58, Requiem, op. 89, Te deum, op. 103, Chöre und Lieder u.a.

Arrigo Boito

Italienischer Komponist und Dichter

* 24. Februar 1842 in Padua
† 10. Juni 1918 in Mailand

Er studierte ab 1856 am Mailänder Konservatorium bei Alberto Mazzucato, reiste zwischen 1862 und 1869 in Frankreich, Deutschland und Polen (seine Mutter war eine Polin) und komponierte zunächst einige Kantaten. Boito erlebte mit seiner Oper *Mefistofele* (1868 Mailand) einen Misserfolg, der aber durch spätere erfolgreiche Aufführungen auch außerhalb Italiens korrigiert wurde. In seiner Heimat ist er als Dichter mehr geschätzt *(Libro die versi; Re Orso; Mendelssohn in Italia);* er übersetzte Richard Wagners „Tristan und Isolde" und schrieb die Librettos zu Giuseppe Verdis Opern *Otello* und *Falstaff,* ferner die zu Amilcare Ponchiellis *La Gioconda,* zu Franco Faccios *Amleto* und andere.

Jules Massenet

Französischer Komponist und Pädagoge

* 12. Mai 1842 in Montaud (St.Etienne)
† 13. August 1912 in Paris

Mit 9 Jahren erhielt er den ersten Klavierunterricht von seiner Mutter. 1853/59 studierte er am Pariser Konservatorium bei Savard (Gesang) und Augustin Laurent (Klavier), 1860 bei Napoleon H. Reber (Harmonie) und Ambroise Thomas (Komposition). Anschließend verdiente er sich seinen Unterhalt als Pauker im Orchester des Théâtre Lyrique und sammelte erste Theatererfahrungen. 1863 erhielt er den Rom-Preis und nutzte den Aufenthalt in Italien, wo er Franz Liszt kennen lernte, zu Studien, Entwürfen und Kompositionen auf den Gebieten Orchestermusik und Oratorium. Nach seiner Rückkehr wurde er durch Aufführungen seiner Orchesterwerke, Lieder und der ersten Opern in Paris schnell bekannt und so geschätzt, dass er 1878 zum Professor am Konservatorium und Mitglied der Académie des Beaux-Arts ernannt wurde.

Sir Arthur Seymour Sullivan

Englischer Komponist

* 13. Juni 1842 in London
† 22. November 1900 in London

Seinen ersten Erfolg feierte Sullivan mit der Bühnenmusik zu William Shakespeares „Sturm". Weltweit bekannt wurde er jedoch durch seine Opern und Operetten nach den Libretti des Dramatikers S. Gilbert. Sullivan komponierte auch Musik für Orchester und Chor sowie Kammermusik. Hauptwerke: „Mikado" (Operette, 1885), „Ivanhoe" (Oper, 1891).

Jules Massenet.

Edvard Grieg

norwegischer Komponist

* 15. Juni 1843 in Bergen
† 4. September 1907 in Bergen

Edvard Grieg war der bedeutendste Komponist Norwegens. Seine Mutter lehrte ihn das Klavierspiel, und bereits im Alter von fünfzehn Jahren besuchte er das Leipziger Konservatorium, wo er eine weitere pianistische Ausbildung erhielt. 1862 kehrte er nach Bergen zurück, wo er seine pianistischen Fähigkeiten selbst weiterentwickelte. Während eines dreijährigen Aufenthalts in Kopenhagen (1863-65) hatte er Gelegenheit, mit Hans Christian Andersen bekannt zu werden. Er hatte bereits Instrumental- und Vokalmusik geschrieben und geriet nun unter den Einfluss jener, die nach der Gründung einer rein norwegischen Kompositionsschule trachteten. Grieg kehrte 1866 nach Norwegen zurück und ließ sich in Christiania (heute Oslo) nieder, wo er die Norwegische Musikakademie organisieren half, die im darauf folgenden Jahr eröffnet wurde. Damals arbeitete er auch an der ersten Folge seiner beliebten „Lyrischen Stücke für Klavier". Im nächsten Sommer ging er wieder nach Dänemark und schrieb dort das „a-Moll-Klavierkonzert", op. 16, das 1869 von ihm uraufgeführt wurde. Er konzentrierte seine Studien hinfort auf norwegische Volksmusik, die sein weiteres Schaffen deutlich beeinflussen sollte. 1874 bat ihn Henrik Ibsen, die Schauspielmusik für seinen „Peer Gynt" zu schreiben. Grieg nahm diese Arbeit sehr ernst und vertiefte sich fast zwei Jahre in diese Komposition. In den nun folgenden Jahrzehnten schrieb Grieg viele Klavierstücke, Lieder und Kammermusikwerke. Seine Gabe, sangbare Melodien zu schreiben, und die Fähigkeit, ihnen spezifische nationale Charakterzüge zu verleihen, brachte dem Komponisten große Erfolge in Europa ein.

Hans Richter

Deutscher Dirigent

* 4. April 1843 in Raab (Ungarn)
† 5. Dezember 1916 in Bayreuth

Er studierte 1860/65 am Wiener Konservatorium Komposition (Si-

Edvard Grieg. Gemälde von E. T. Werrenskiold.

mon Sechter), Klavier und Horn und war 1862/66 im Orchester des Kärtnertor-Theaters Hornist. 1867 wurde er auf Richard Wagners Empfehlung Chordirektor an der Münchner Oper, 1868/69 auch Kapellmeister unter Hans von Bülow. Richter war Kapellmeister 1871/75 am Nationaltheater in Pest und ab 1875 an der Wiener Hofoper, nachdem er mit viel Erfolg in Wien gastiert hatte. Hier war er zugleich Dirigent der philharmonischen Konzerte (bis 1898) und 1880/90 Dirigent der Gesellschaft der Musikfreunde. Ab 1876 wirkte er als ständiger Dirigent bei den Bayreuther Festspielen und leitete auch in London ab 1877 (abwechselnd mit Wagner) die Wagner-Konzerte und andere Konzertreihen. 1912 begab er sich, in Bayreuth lebend, in den Ruhestand. Richter zählt zu den bedeutendsten Dirigenten seiner Zeit und hat sich vor allem für das Schaffen von Wagner und Johannes Brahms eingesetzt.

Pablo de Sarasate

Italienischer Violinist und Komponist

* 10. März 1844 in Pamplona
† 20. September 1908 in Biarritz

Er studierte 1856/59 am Pariser Konservatorium unter anderem bei Jean Delphin Alard, nachdem er bereits mit 12 Jahren vor der Königin Isabella gespielt hatte. Konzertreisen führten ihn bald über ganz Europa bis zum Orient und nach Amerika. Viele Komponisten schrieben für ihn Violinwerke, so Max Bruch sein 2. Violinkonzert und die „Schottische Fantasie", Edouard Lalo seine „Sinfonie espagñole" sowie Camille Saint-Saëns sein „Rondo Capriccioso" und 3 Violinkonzerte.

Nikolai Rimskij-Korsakow

Russischer Komponist

* 18. März 1844 in Tychwin
† 21. Juni 1908 in Ljubensk

Rimskij-Korsakow stand in Diensten der Marine, war Inspektor der Flottenmusik, von 1871 an Lehrer für Komposition am St. Petersburger Konservatorium und 1886 bis 1890 Dirigent der dortigen Symphoniekonzerte. Er schrieb als Erster eine russische Symphonie und Symphonische Dichtungen („Scheherezade"), in denen er sich dem Stil H. Berlioz' und F. Liszts näherte. Außerdem schuf Rimskij-Korsakow Chorwerke, Kammermusik,

Opern („Fürst Igor“) und Orchesterwerke („Der goldene Hahn“).
Er verband das russische Volkslied mit seiner Instrumentationskunst. Rimskij-Korsakow beeinflusste O.R. Respighi und besonders M. Ravel, der von der Farbigkeit seiner Orchesterwerke angetan war; von großer Bedeutung ist Rimski-Korsakow auch für russische Komponisten, wie M. Mussorgskij.

Gabriel Fauré

Französischer Komponist

* 12. Mai 1845 in Pamiers
† 4. November 1924 in Paris

Er war 1854/64 Schüler der École de musique religieuse et classique (Unterricht unter anderem bei Camille Saint-Saëns). 1866/70 war er Organist in Rennes, danach in Paris. 1871 wurde er Lehrer an seiner ehemaligen Schule, zugleich war er weiterhin Organist und ab 1877 Kapellmeister an der Madeleine. Auf Deutschlandreisen wurde Fauré mit dem Werk Richard Wagners näher bekannt. 1896 wurde ihm eine Kompositionsklasse am Konservatorium übertragen (Schüler unter anderem Nadia Boulanger, Florent Schmitt, Émile Vuillermoz); 1905/20 war er Direktor des Konservatoriums. Er unternahm zahlreiche Konzertreisen, bei denen er seine Werke aufführte. Fauré ist stilistisch etwa der Richtung César Francks zuzuordnen, obwohl keine persönlichen Bindungen zwischen beiden bestanden haben. Vordergründige harmonische Wirkungen werden bevorzugt, erst im Spätwerk wird ein Ausgleich zwischen Harmonik und Formgebung erreicht. Dem französischen Impressionismus hat sich Fauré nicht angeschlossen; vielmehr macht sich, hauptsächlich in seiner Kammermusik, eine gewisse Bindung an die klassische Tradition bemerkbar, wie sie etwa durch Robert Schumann weitergeführt worden war.

Lilli Lehmann

deutsche Sopranistin

* 24. November 1848 in Würzburg
† 16. Mai 1929 in Berlin

eigentlich: *Elisabeth Maria Kalisch, geborene Lehmann*;
Mozart- und Wagner-Interpretin. Lilli Lehmann wirkte vor allem in Berlin, arbeitete aber ab 1886 auch fünf Jahre an der Metropolitan-Oper in New York. 1888 heiratete sie den Tenor Paul Kalisch. Seit Beginn des 20. Jh.s engagierte sie sich verstärkt in Salzburg für das Werk Mozarts.

Vincent d'Indy

Französischer Komponist

* 27. März 1851 in Paris
† 2. Dezember 1931 ebenda

1862/65 war er Klavierschüler von Louis Diémer, studierte später bei Antoine François Marmontel und Albert Lavignac und vertiefte sich mit seinem Freund Henri Duparc in die Werke von Johann Sebastian Bach, Hector Berlioz und Richard Wagner. 1870 ging er zum Militär; nach dem Friedensschluss von 1871 wurde er Schüler von César Franck. Danach wirkte Indy als Organist, Orchestermusiker und als Chordirektor und hielt sich 1873 einige Zeit in Weimar bei Franz Liszt auf. 1887 wurde er Chordirektor der Concerts Lamoureux. 1896 gründete er mit Charles Bordes und Alexandre Guilmant die Schola Cantorum, die unter seiner Leitung rasch bekannt wurde. Indys an die „Programm-Musik“ des 19. Jahrhunderts anknüpfendes sinfonisches und kammermusikalisches Werk war für die Entwicklung der französischen Sinfonik von Bedeutung. Er war außerdem ein hervorragender und einflussreicher Lehrer.

Engelbert Humperdinck

Deutscher Komponist

* 1. September 1854 in Siegburg
† 27. September 1921 in Neustrelitz

Humperdinck war Schüler des Kölner Konservatoriums und der Münchener Musikschule. Er wirkte 1885 bis 1887 als Lehrer in Barcelona, wurde 1890 am Hochschen Konservatorium in Frankfurt angestellt und leitete eine Meisterklasse für Komponisten an der Hochschule für Musik in Berlin. Er komponierte Opern, zahlreiche Bühnenmusiken (vornehmlich für M. Reinhardt) sowie Kammer- und Vokalmusik.
Werke: „Die Königskinder“, „Dornröschen“, „Hänsel und Gretel“, „Die sieben Geißlein“ u.a.

Leoš Janácek

tschechischer Komponist

* 3. Juli 1854 in Hochwald (Hukvaldy) bei Pribor
† 12. August 1928 in Mährisch-Ostrau (Moravska Ostrava)

Mit elf Jahren wurde Janácek Sängerknabe am Augustinerkloster von Brünn. Nach Studien an der Orgelschule in Prag und an den Konservatorien von St. Petersburg und Wien arbeitete Janácek erst als Lehrer, Organisator, Chorleiter und Dirigent, bevor er sich relativ spät dem Komponieren

zuwandte. 1881 gründete er eine Orgelschule in Brno/Brünn (das spätere Konservatorium) und war ab 1919 als Lehrer für Komposition in Prag tätig. Weitreichende Anerkennung brachte ihm die Prager Aufführung seiner Oper „Jenufa“ (1916) ein. Unter dem Einfluss von B. Smetana schrieb er Kammermusik, Opern und Orchesterwerke, von denen viele wichtige Werke erst nach seinem 60. Geburtstag entstanden waren.
Werke: „Jenufa“ (Oper, 1916), „Die Ausflüge des Herrn Broucek“ (Oper, 1920), „Katja Kabanova“, (Oper, 1921), „Das schlaue Füchslein“ (Oper, 1924), „Die Sache Makropoulos“ (Oper, 1926), „Aus einem Totenhaus“ (Oper, 1928), „Glagolitische Messe“ (1926), geistliche Werke, Männerchöre auf mährische Texte, „Taras Bulba“ (Rhapsodie für Orchester), Sinfonietta (1926), Concertino (1924), Violinkonzert (1926, unvollendet), zwei Streichquartette („Kreuzer-Sonate“, „Intime Briefe“), weitere Kammermusik, Klaviermusik, Arrangements von Volksmusik u.a.

John Philipp Sousa

amerikanischer Komponist, Dirigent und Instrumentalist

* 6. November 1854 in Washington (D.C.)
† 6. März 1932 in Reading

Er studierte bei John Esputa (Violine und Solfège), begann Posaune zu lernen und kam 1867 als Lehrling zur Marinekapelle. Weitere Studien betrieb er bei George F. Benkert (Violine, Harmonielehre). Sousa begann 1872 als Violinist in einem Theaterorchester und wirkte ab 1875 in einem Reiseorchester. Daneben trat er als Dirigent hervor. 1880/92 war er Leiter der Marinekapelle. Ab 1892 leitete er eine eigene Kapelle, mit der er in den USA sowie 1900, 1901 und 1905 in Europa Gastspiele gab. 1910/11 unternahm er mit seiner berühmt gewordenen Kapelle eine Weltreise.

Arthur Nikisch

Deutscher Dirigent

* 12. Oktober 1855 in Lébénye (Ungarn)
† 23. Januar 1922 in Leipzig

Nikisch gilt als einer der bedeutendsten Dirigenten zu Anfang des 20. Jh.s. Als Zweiter Kapellmeister des Leipziger Stadttheaters hatte Nikisch seinen ersten Erfolg bei der Erstaufführung von A. Bruckners 7. Symphonie, die unter seiner Leitung stattfand. 1889 wurde er Dirigent des Boston Philharmonic Orchestra, ging jedoch ab 1893 für zwei Jahre nach Budapest, wo er als Operndirektor arbeitete. Ab 1895 war er Kapellmeister des Leipziger Gewandhausorchesters und Dirigent der Berliner Philharmoniker, mit denen er zahlreiche Konzertreisen unternahm. Von 1904 an war er Gastdirigent an vielen Konzert- und Opernhäusern der ganzen Welt, darunter in London und Buenos Aires.

Felix Mottl

Österreichischer Dirigent und Komponist

* 24. August 1856 in Unter-Sankt Veit (Wien)
† 2. Juli 1911 in München

Er studierte am Wiener Konservatorium bei Otto Dessoff, Anton Bruckner und Joseph Hellmesberger, wurde 1881 Hofkapellmeister in Karlsruhe (1893 Generalmusikdirektor) und Dirigent des Philharmonischen Chores; leitete 1886 mit großem Erfolg die Bayreuther Aufführung von Richard Wagners „Tristan und Isolde“, dirigierte auch später Wagner-Opern und wurde 1907 zum Direktor der Münchner Hofoper ernannt. Mottl zählte zu den bedeutendsten deutschen Dirigenten seiner Zeit.

Sergej Iwanowitsch Tanejew

Russischer Pianist und Komponist

* 13.(25.) November 1856 bei Wladimir
† 6.(19.) Juni 1915 in Moskau

Er war Schüler von Nikolai G. Rubinstein, Nikolai Hubert und Peter I. Tschaikowski und bereiste bis 1878 Europa als Pianist. Danach wirkte er als Professor für Musiktheorie am Moskauer Konservatorium, 1882/89 ebenda als Kompositionsprofessor, ab 1885 auch als Direktor.
Zu seinen Schülern zählen unter anderem Alexander N. Skrjabin, Sergej W. Rachmaninow, Alexander N. Alexandrow, Reinhold M. Glier, Nikolai Ja. Mjaskowski, Nikolai K. Medtner und Alexander T. Gretchaninow.

Christian Sinding

norwegischer Komponist

* 11. Januar 1856 in Kongsberg
† 3. Dezember 1941 in Oslo

Der von R. Wagner beeinflusste Komponist schrieb Lieder, eine Oper und Orchesterwerke. Als sein Hauptwerk gilt die Oper „Der heilige Berg“. Verbreitet waren auch die Violinkonzerte (A-Dur, D-Dur, a-Moll) sowie Sonaten für Klavier und Violine und Serenaden für zwei Violinen und Klavier.

Sir Edward William Elgar

britischer Komponist

* 2. Juni 1857 in Broadheath, Worcester
† 23. Februar 1934 in Worcester

Nach einer Stellung als Violinist im Orchester von Birmingham, als Konzertmeister in Worcester und als Organist an der dortigen Kirche St. George lebte Elgar ab 1889 als freischaffender Komponist. Seit der Uraufführung des Oratoriums „The Dream of Gerontius" (1900) war er in England und außerhalb als bedeutendster britischer Komponist der Jahrhundertwende anerkannt. Elgar, der stilistisch von R. Wagner und R. Schumann beeinflusst war, galt als Begründer des modernen britischen Stils. Zu seinen bekanntesten Werken zählen sein Konzert für Violoncello und Orchester in e-moll, op. 85, die „Enigma-Variationen" für Orchester, zwei Symphonien (As-Dur, op. 55 und Es-Dur, op. 63), das Violinkonzert h-Moll, op. 61 und die fünf Märsche „Pomp and Circumstance" mit dem berühmten Trio „Land of Hope and Glory, Mother of the Free". 1904 wurde er in den Adelsstand erhoben.

Giacomo Puccini

Italienischer Komponist

* 22. Dezember 1858 in Lucca
† 29. November 1924 in Brüssel

Puccini gilt heute neben G. Verdi als einer der bedeutendsten Vertreter der italienischen Oper des 19. Jh.s. Er war Schüler von Amilcare Ponchielli und Antonio Bazzini am Mailänder Konservatorium (1880-83). Seine erste Oper „Le Villi", für einem Kompositionswettbewerb des Verlagshauses Sonzogno komponiert, errang keinen Preis, wurde aber in Mailand 1884 uraufgeführt. Es folgten (um nur die erfolgreichsten Opern zu nennen) „Manon Lescaut" (1893), „La Bohème" (1896), „Tosca" (1900); „Madama Butterfly" (1904); „La fanciulla del West" („Das Mädchen aus dem Goldenen Westen", 1910); „Il trittico" (1918) u.a. Die Oper „Turandot", die in eine Schaffenskrise an seinem Lebensende fiel, blieb unvollendet. Zahlreiche seiner Werke entstanden (ab 1893) in seinem Landhaus Torre del Lago (Provinz Pisa). Mit seinen Opern und ihren typischen Studien zum Lokalkolorit der Schauplätze und Imitationen von Geräuschen der Szenerie (Kirchenglocken, Leierkasten) berührt Puccini oft die Schwelle zum Verismus. Durch seine außerordentlichen Orchesterfarben, teils mit Mitteln eines unorthodoxen Satzes (Quintparallelen) erzielt, wurde Puccini auch einer der Vorläufer des Impressionismus. Opern: „Capriccio sinfonico" für Orchester; „Crisantemi" für Streichquartett; Requiem; weitere Kirchenmusik; frühe Instrumentalwerke.

Plakat für die Premiere von Puccinis „Tosca". Rom, 1900.

Michail Michailowitsch Ippolitow-Iwanow

Russischer Komponist und Dirigent

* 7. November 1859 in Gatschina (Petersburg)
† 28. Januar 1935 in Moskau

Er studierte bis 1882 am Petersburger Konservatorium bei Nikolai A. Rimski-Korsakow (Komposition) und wurde mit Alexander P. Borodin und mit Peter I. Tschaikowski bekannt. 1882/93 wirkte er in Tbilissi an der Musikhochschule sowie als Dirigent des Sinfonieorchesters und am Opernhaus und sammelte georgische Volkslieder. 1893 wurde er als Professor für Harmonielehre und Instrumentation an das Moskauer Konservatorium berufen, wo unter anderem Sergej W. Wassilenko, Reinhold M. Glier und Alexander B. Goldenweiser seine Schüler waren. Bis 1901 leitete er die russische Chorvereinigung und das Studentenorchester der Moskauer Universität, war 1906/22 Direktor des Konservatoriums und danach Professor für Oper und Dirigieren. 1899 begann er mit Operndirigaten, war ab 1925 am Bolschoi Theater tätig und übernahm 1928 auch das Orchester von Radio Moskau. Von 1929 an erwarb er sich große Verdienste beim Aufbau des georgischen Konservatoriums. Seine Kompositionen zeigen Einflüsse Tschaikowskis, Rimski-Korsakows und der kaukasischen Folklore.

Isaac Albéniz

Spanischer Komponist und Pianist

* 29. Mai 1860 in Camprodón
† 18. Mai 1909 in Cambô-les-Bains

Schon als Vierjähriger trat Isaac Albéniz in Barcelona erstmals öffentlich auf

und nahm 1869 nach einer Konzerttournee durch Katalonien seine Studien am Madrider Konservatorium auf. Nach knapp einem Jahr riss er aus und ging zunächst in Kastilien auf Konzertreise.
Er gelangte zwölfjährig als blinder Passagier nach Südamerika und später in die USA. Bis 1883 waren weitere Stationen England, Kuba, Brüssel, zahlreiche deutsche Städte, darunter Leipzig, wo er bei Salomon Jadassohn und Carl Reinecke in die Lehre ging.
1879 verbrachte Albéniz einige Zeit als Schüler von F. Liszt, bevor er sich 1883 nach einer weiteren Südamerika-Tournee in Barcelona niederließ. Später lebte er in Madrid, London und mit Unterbrechungen in Paris, wo er weitere Studien bei P. Dukas und V. d'Indy betrieb. Bereits 1890 zog er sich vom Konzertpodium zurück. In Paris knüpfte er freundschaftliche Kontakte zu G. Fauré und C. Debussy, die ihn kompositorisch beeinflussten.
In seinen letzten Lebensjahren von 1903 an, die er in der Nähe von Nizza verbrachte, komponierte er sein bedeutendstes Werk, die „Iberia"-Suite für Klavier.
Albéniz schuf hauptsächlich Klavierwerke, darüber hinaus einige Lieder, Zarzuelas sowie Opern, die wenig Anklang gefunden haben, was auch an den wenig inspirierten Libretti eines Londoner Bankiers gelegen haben dürfte.
Seine Jugendkompositionen waren dem virtuosen Stil verschrieben, wie ihn F. Liszt prägte. Felipe Pedrell, dessen Schüler er ab 1883 war, weckte in ihm die Begeisterung für spanische Folklore, die vermehrt Eingang in sein kompositorisches Schaffen fand. Weitere wichtige Einflüsse gingen von französischen Komponisten aus, vor allem aber vom musikalischen Impressionismus, wie ihn C. Debussy vertrat. Wichtige Werke: „Suite española" für Klavier, op. 47 (1903, für Orchester bearbeitet von Rafael Frühbeck de Burgos); „Iberia"-Suite für Klavier (1905-09, für Orchester bearbeitet von Enrique F. Arbós); Klavierkonzert Nr. 1 („Concierto fantastico").

Gustav Mahler.

Gustave Charpentier

Französischer Komponist

* 25. Juni 1860 in Dieuze (Lorraine)
† 18. Februar 1956 in Paris

Er studierte am Pariser Konservatorium unter anderem bei Jules Massenet, erhielt 1887 für seine Kantate *Didon* den Rom-Preis und gründete 1900 ein Arbeiterkonservatorium, als dessen Direktor er wirkte. Hatte sich Charpentier zunächst mit der Orchestersuite *Impressions d'Italie* und dem sinfonischen Drama *La vie du poète* eingeführt, so gewinnt er seine eigentliche Bedeutung erst als Komponist volkstümlich-realistischer Opern, deren Stoffe er dem Alltag einfacher Menschen entnimmt. Neben den Opern *Louise* (1900 Paris) und *Julien ou La vie du poète* (1913 Paris) schuf er Orchesterwerke und Vokalmusik.

Gustav Mahler

Österreichischer Komponist und Dirigent

* 7. Juli 1860 in Kalischt, Böhmen
† 18. Mai 1911 in Wien

Gustav Mahler wurde 1860 in Kalischt (Böhmen) als Sohn eines jüdischen Fuhrmanns geboren. Von 1875 an studierte Mahler am Konservatorium in Wien sowie bei A. Bruckner. Er war Kapellmeister (Kassel, Prag), 1888 Direktor der ungarischen Oper Budapest, 1891 Leiter des Hamburger Stadttheaters, 1897 bis 1907 Direktor der Wiener Hofoper. 1902 lernte Mahler Alma Maria Schindler (A. Mahler-Werfel), Tochter des Landschaftsmalers Schindler, kennen und heiratete sie. Die Ehe war konfliktreich, Mahler konsultierte sogar den Psychoanalytiker Sigmund Freud. 1908 ging Mahler in die Vereinigten Staaten, wo er als Gastdirigent unter anderem an der „Met" sowie bei den New Yorker Philharmoniern auftrat und bis kurz vor seinem Tod lebte. Als Dirigent zeichnet er sich durch absolute Treue zum Geist des Werkes aus („Tradition ist Schlamperei"). Seine Kompositionen, in denen er volkstümliche Themen mit den Mitteln der Montage, der Verfremdung und Ironisierung verarbeitet, nehmen musikalische Gestaltungsweisen moderner Musik vorweg. Er begann mit Liedern und Chorwerken (z.B. „Das Klagende Lied", 1880). In den Jahren 1888 bis zu seinem Tod entstanden zehn Symphonien, die als Hauptwerk Mahlers gelten. Sie sind drei Schaffensperioden zuzuordnen. Der ersten Periode gehören die so genannten „Lieder-Symphonien" Eins bis Vier an, die in enger Beziehung zu den „Liedern eines fahrenden Gesellen" und den Liedern aus „Des Knaben Wunderhorn" stehen. Es folgen ab 1900 drei große Instrumentalsymphonien (Nummern Fünf bis Sieben) sowie die monumentale Achte Symphonie „der Tausend" für Soli, zwei Chöre, Kinderchor und Orchester. In der dritten Periode waren das „Das Lied von der Erde" (1908) nach alten chinesischen Gedichten sowie die Neunte und das zweisätzige Fragment der Zehnten Symphonie entstanden. Anknüpfend an Beethovens Neunte Symphonie sind Mahlers Symphonie immer wieder von vokalen Teilen durchzogen. Besonders in den Schlusssätzen gelingen ihm durch den Einsatz von Solisten und Chören oratorienhafte Wirkungen. Die „Kindertotenlieder" (1901-1904) basieren auf Texten F. Rückerts.

Mahlers Werk hat viele Künstler beeinflusst. Das ist schon daraus zu ersehen, dass der Uraufführung seiner Achten Symphonie in München (12. September 1910) zahlreiche Persönlichkeiten des kulturellen Lebens wie S. Wagner, A. Schönberg, O. Klemperer, A. Berg, L. Stokowski, M. Reinhardt und Th. Mann beiwohnten. Wichtige Dirigenten der Mahler-Renaissance in den 1960er Jahren waren L. Bernstein und R. Kubelik. Symphonien (mit Uraufführungsjahren): Erste Symphonie D-Dur („Titan", 1889), Zweite Symphonie c-Moll („Auferstehungssymphonie", 1895), Dritte Symphonie d-Moll (1902), Vierte Symphonie G-Dur (1901), Fünfte Symphonie (1904), Sechste Symphonie a-Moll („Tragische", 1906), Siebte Symphonie e-Moll (1908), Achte Symphonie Es-Dur („der Tausend", 1910), Neunte Symphonie (1912), Zehnte Symphonie Fis-Dur (unvollendet, 1924).

Ignacy Paderewski

polnischer Pianist, Komponist und Politiker

* 18. November 1860 in Kurylówka
† 29. Juni 1941 in New York

ab 1872 Musikstudium an den Hochschulen von Warschau, Berlin und Wien. War vor allem für seine Interpretationen der Werke F. Chopins bekannt. Neben der Komposition und dem Klavierspiel war Paderewski auch politisch engagiert. Von 1909 bis 1913 war er Direktor des Warschauer Konservatoriums, verließ dann aber Polen und lebte für längere Zeit in der Schweiz und den USA, wo er unter anderem Vertreter des polnischen Nationalkomitees war. 1919 wurde er Ministerpräsident und Außenminister Polens, als Vertreter Polens nahm er in den Jahren 1920/21 an der Pariser Konferenz und an den Verhandlungen des Völkerbundes teil. 1940/41 war er Präsident des polnischen Nationalrats im Exil.

Ignacy Paderewski.

Emil Nikolaus Freiherr von Reznicek

Österreichischer Komponist

* 4. Mai 1860 in Wien
† 2. August 1945 in Berlin

Nach seiner Ausbildung am Leipziger Konservatorium bekleidete Reznicek Kapellmeisterstellen in mehreren Städten (z.B. Graz, Stettin, Mainz und Prag). Von 1920 bis 1926 lehrte er an der Berliner Musikhochschule. Reznicek komponierte hauptsächlich Opern und Symphonien. Werke: „Donna Diana", „Spiel oder Ernst", „Holofernes" u.a.

Hugo Wolf

Österreichischer Komponist

* 13. März 1860 in Windischgräz (Slowenien)
† 22. Februar 1903 in Wien

Mit einem Oeuvre von etwa 300 Liedern ist Wolf vor allem als Meister der kleinen Form berühmt geworden. Nachdem er als junger Mann R. Wagner getroffen hatte und diesem einige Kompositionen vorlegen konnte, wolle er dessen Konzeption von melodischer Textdeklamation in der Singstimme und Textausdeutung im Orchester auf das Klavierlied übertragen; unter anderem entstanden dabei ganze Zyklen auf Gedichte von Eduard Mörike (1888), Joseph von Eichendorff (1889) und Johann Wolfgang von Goethe (1890). Wolf lebte vorwiegend in Wien, schrieb Artikel für Zeitschriften und polemisierte darin gegen E. Hanslick, einen Verfechter der Musik Brahms', sowie auch gegen J. Brahms selbst.

Titelblatt eines Klavierauszugs der Oper „Salome“ von Richard Strauss.

Moderne Musik

Hat sich die Gliederung der Geschichte der abendländischen Musik bis zur Romantik allgemein etabliert, so spricht man mit der Zäsur zu Beginn des 20. Jahrhunderts von der „Neuen bzw. Modernen Musik". Dabei zeigt sich zunehmend eine radikale Abwendung von der Tradition, wobei die stilistische Palette von äußerster Breite ist. Dieser Prozess kündigte sich bereits seit der Mitte des 19. Jahrhunderts an. In der ersten Hälfte des 20. Jahrhunderts bestanden noch drei Stilrichtungen nebeneinander: eine spätromantische (z.B. Strauss und Pfitzner), eine zweite, Traditionelles mit neuen musikalischen Mitteln verschmelzende, und eine dritte, die nach radikalem Bruch mit der Tradition bereits 1910 neue Tonordnungen und Formen entwickelte und für die Musik nach 1945 zum maßgeblichen Ansatzpunkt wurde.
Gleichartige Entwicklungen in den übrigen Bereichen der Künste (Expressionismus, Futurismus, Kubismus, Dadaismus, Surrealismus) verstärkten die radikalen Kräfte ebenso wie auch die technischen und gesellschaftlichen Umwälzungen. Dabei lässt eine Rückschau 3 Phasen musikalischer Entwicklung erkennen, die kontinuierlich zur heutigen Situation führen: 1. bis etwa 1920 die erste Stilrevolution, a) in der 2. Wiener Schule Arnold Schönbergs und seiner Schüler Berg und von Webern, b) in der von osteuropäischer Folklore bestimmten Musik von Stravinsky und Bartock; 2. bis etwa 1945 die Phase der Evolution und Stabilisierung, a) in Form der verschiedenen Varianten des Neoklassizismus und Folklorismus regionaler Prägung und in Amerika, b) in der Entwicklung der Wiener Schule zur Dodekaphonie (Zwölftontechnik) als einer neuen Materialordnung mit allen Konsequenzen; 3. die Phase der 2. Stilrevolution nach 1945, in der mit immer schnellerer Progression das gesamte akustische Neuland abgetastet wurde und sich unter Einschluss neuer technischer Möglichkeiten neue Musik- und Musizierformen entwickelten. Im Zusammenhang damit zeichnet sich eine zunehmend an der modernen Musik orientierte Entwicklung des Jazz- und Rock-Bereichs bis hin zur Pop-Musik ab.

Nellie Melba

australische Sängerin, Sopran

* 19. Mai 1861 in Burnley (Melbourne)
† 23. Februar 1932 in Sidney

Sie studierte in Paris bei Mathilde Marchesi und debütierte als Opernsängerin 1887 in Brüssel *(Gilda)*. Hauptstationen ihrer grandiosen Karriere waren in den nächsten Jahren London, Paris, Petersburg und Mailand. 1889/1914 trat sie regelmäßig an der Londoner Covent Garden Opera auf; ebenso an der MET (Metropolitan Opera) in New York (1893/1910). Ihre virtuos geführte Stimme hatte den außergewöhnlichen Umfang von b bis f'''. Sie war eine hervorragende *Rosina, Lucia, Violetta,* später auch *Marguerite, Desdemona, Mimi, Aida, Elsa und Nedda.* Autobiografie *Melodies and Memories,* 1925.

Claude Achille Debussy

Französischer Komponist

* 22. August 1862 in St.-Germain-en-Laye
† 25. März 1918 in Paris

alias: *Monsieur Croche*;
Debussy trat im Alter von zehn Jahren in das Pariser Konservatorium ein, und studierte unter anderem bei C. Franck. 1880-82 sammelte er als Hauspianist von Nadeshda von Meck (der langjährigen Gönnerin P.I. Tschaikowskis) v.a. in Russland zahlreiche Erfahrungen und lernte die Werke Tschaikowskis, A. Borodins und M. Mussorgskys kennen. Zurück in Paris nahm er weitere Studien auf und gewann 1884 mit der Kantate „L'enfant prodigue" den begehrten Rompreis, der ihm einen dreijährigen Rom-Aufenthalt (1885-1887) ermöglichte. Dort traf er u.a. auf G. Verdi und F. Liszt.
Die Bekanntschaft R. Wagners anlässlich eines Festspielbesuchs in Bayreuth hinterließ nur eine zeitlich begrenzte Begeisterung für dessen Werk (zwar lehnte er Wagners Tonsprache später im Wesentlichen ab, ließ sich aber andererseits von Wagners Klangmalerei wie z.B. in der „Walküre" beeinflussen). Viel stärker geriet er in den Bann der exotischen Darbietungen anlässlich der Pariser Weltausstellung von 1889 und pflegte in der Folge Kontakte zu symbolistischen Dichtern und impressionistischen Künstlerkreisen.
Unter dem Einfluss Mussorgskys entstanden erste Lieder und mit dem Orchesterstück „Prélude à l'après-midi d'un faune" nach Stéphane Mallarmé

gelang Debussy 1892 der Durchbruch als Komponist. Zahlreiche Reisen als Dirigent führen ihn durch ganz Europa, so trat er u.a. in London, Wien und Budapest auf. In seiner bekannten Oper „Pelléas und Melisande“ (Text: M. Maeterlinck, 1902) beschreitet Debussy dramaturgisch neue Wege, indem er sich bewusst vom Bühnendrama des 19. Jahrhunderts, und damit auch vom Werk Wagners, absetzt.
Debussy verfasste unter dem Pseudonym Monsieur Croche Musikkritiken. In seiner impressionistischen Musik arbeitete Debussy mit Pentatonik, Ganztonleitern, übermäßigen Dreiklängen und Quinten- und Quartparallelen. Er gilt als wichtigster Vertreter des musikalischen Impressionismus und lenkte die französische Musik aus dem Schatten der Vorherrschaft der deutschen musikalischen Spätromantik.
Werke: Orchesterwerke: „Nocturnes“ (1897/99), „La mer“ (1903-05), „Images“ (1905-12), „Jeux“ (Ballett, 1912), „La boîte a joujoux“ (Kinderballet, 1913); Sonaten für verschiedene Besetzungen; über 70 Lieder (mit Klavierbegleitung); zahlreiche Klavierwerke, darunter „Children's Corner“ (1906-08), „Preludes“ (2 Bde., 1910/13). Berühmt sind seine Orchesterwerke, v.a. „La Mer“ und „Jeux“ u.a.

Claude Achille Debussy. Pastellportrait von Marcel Baschet.

Frederick Delius

Englischer Komponist Deutscher Abstammung

* 29. Januar 1862 in Bradford
† 10. Juni 1934 in Grez-sur-Loing

Er bildete sich in Florida (USA), wo er als Farmer und Kaufmann tätig war, autodidaktisch aus und begann 1885 in Virginia als Musiklehrer zu arbeiten. 1886/88 studierte er am Leipziger Konservatorium bei Salomon Jadassohn und Carl Reinecke und wurde mit Edvard Grieg bekannt. Ab 1888 lebte Delius in Frankreich. 1929 ernannte ihn die Universität Oxford zum Doctor of Music honoris causa. Viele seiner Werke wurden zuerst in Deutschland, besonders in rheinischen Musikstädten, aufgeführt. Delius pflegte einen aristokratisch, stimmungshaft und nicht selten psychologisch tiefdringenden musikalischen Stil, der sich von der gleichzeitigen nachwagnerschen Kunst abhebt.

Alphons Diepenbrock

niederländischer Komponist

* 2. September 1862 in Amsterdam
† 5. April 1921 ebenda

Er studierte zunächst klassische Philologie, war dann Gymnasiallehrer und ab 1894 Privatlehrer, Schriftsteller und Komponist. Autodidaktisch schulte er sich an Werken niederländischer und italienischer Komponisten des 16. Jahrhunderts sowie denen Ludwig van Beethovens, Hector Berlioz, Richard Wagners, Claude Debussys und Gustav Mahlers, mit dem er befreundet war. Diepenbrock komponierte hauptsächlich Vokalwerke, vor allem auf niederländische, französische und deutsche Dichtungen.

Pietro Mascagni

Italienischer Komponist

* 7. Dezember 1863 in Livorno
† 2. August 1945 in Rom

Er studierte zunächst an der Schola Cantorum in Livorno, dann am Institut Luigi Cherubini, wo er von Alfredo Soffredini unterrichtet wurde, und setzte 1881/84 seine Ausbildung am Konservatorium in Mailand bei Amilcare Ponchielli und Michele Saladino fort, ging aber noch vor dem Abschluss mit einer Operngesellschaft auf Reisen. Im selben Jahr wurde er Mitglied eines Theaterorchesters in Mailand, dirigierte ein Jahr darauf in Parma und danach in Cerignola. Mascagni beteiligte sich 1889 an einem von dem Musikverlag Sonzogno (Mailand) ausgeschriebenen Wettbewerb für Operneinakter und erhielt für seine *Cavalleria rusticana* den 1. Preis. Von der Uraufführung am 17.5.1890 in Rom an verbreitete sich das Werk schnell über die ganze Welt und begründete den Ruf des Komponisten als eines Hauptmeisters des „Verismo". 1929 wurde Mascagni Nachfolger von Arturo Toscanini als Direktor der Mailänder Scala. Neben der Betreuung eigener Werke setzte er sich besonders für Antonín Dvořak und Peter I. Tschaikowski ein. Als Komponist besaß Mascagni eine starke Gabe für dramatische Wirkung und pflegte die traditionelle sanglich-expressive Opernmelodik. Dies sicherte seiner *Cavalleria rusticana* den Erfolg als einer der meistaufgeführten Opern des internationalen Repertoires bis in die Gegenwart.

Felix von Weingartner

Österreichischer Dirigent und Komponist

* 2. Juni 1863 in Zadar, Dalmatien
† 7. Mai 1942 in Wintherthur (Schweiz)

Weingartner wurde 1908 Nachfolger von G. Mahler an der Wiener Hofoper (bis 1911). Danach bekleidete er mehrere bedeutende Positionen, unter anderem war er von 1924 bis 1927 Leiter der Wiener Philharmoniker. Weingartner galt als einer der herausragenden Dirigenten seiner Zeit. Er komponierte auch selbst, unter anderem Opern, Orchester- und Kammermusikwerke.

Eugen d' Albert

Deutscher Pianist und Komponist

* 10. April 1864 in Glasgow
† 3. März 1932 in Riga

Der Sohn eines Tanzmusikers und Schüler F. Liszts wurde vor allem für seine Bach-Interpretationen bekannt. Ab 1890 begann d'Albert selbst zu komponieren und zeigte sich in seinem Schaffen vor allem von R. Wagner beeinflusst.
Werke: „Tiefland" (Oper, Uraufführung: 1903), „Die toten Augen" (Oper, Uraufführung: 1916) u.a.

Richard Strauss

Deutscher Komponist

* 11. Juni 1864 in München
† 8. September 1949 in Garmisch-Partenkirchen

Strauss ist der Sohn des Waldhornvirtuosen und Mitglieds der Münchner Hofkapelle, Franz Strauss. Er erhielt schon früh in den Fächern Violine, Klavier und Musiktheorie Unterricht und unternahm im Alter von sechs Jahren seine ersten Kompositionsversuche. Der „Festmarsch", 1881 als op. 1 veröffentlicht, entstand bereits 1876. Durch Vermittlung von Hans von Bülow, der bei Strauss' Dirigentendebüt 1884 in München anwesend war, kam er 1885 als Zweiter Kapellmeister an die Meininger Hofkapelle. 1886 wechselte er in die Position des Dritten Kapellmeisters an der Münchner Hofoper. Einer Assistenz bei den Bayreuther Festspielen folgte 1889 die Berufung zum Kapellmeister am Weimarer Hoftheater. Seine erste Oper „Guntram" vollendete er 1894 und brachte sie in Weimar zur Uraufführung. Bis zu diesem Zeitpunkt waren bereits die Tondichtungen „Aus Italien", „Don Juan", „Macbeth" und „Tod und Verklärung" mit Erfolg öffentlich dargeboten worden. Ebenfalls 1894 heiratete er die Sängerin Pauline de Ahna. Zahlreiche Konzertreisen mehrten seinen weltweiten Ruhm als Dirigent eigener und fremder Werke, so bereiste er Moskau, Barcelona, Amsterdam und Paris. Die Position des Ersten Königlichen Hofkapellmeisters in Berlin hatte er ab 1898 inne. 1909 wurde er zum Generalmusikdirektor der dortigen Hofoper ernannt.
1900 machte er Bekanntschaft mit H. v. Hofmannsthal, ihre gemeinsame künstlerische Arbeit begann 1906, als Strauss seine Oper „Elektra" (1909) mit Hofmannsthal als Librettisten vertonte. Von 1919 bis 1924 beteiligte sich Strauss neben einer Tätigkeit in Berlin zugleich an der Leitung der Wiener Staatsoper. 1933 bis 1936 war Strauss Präsident der Reichsmusikkammer, er

Richard Strauss. Gemälde von Wilhelm Viktor Kraus.

komponierte die „Olympische Hymne“ für die Sommerspiele 1936 in Berlin und ging in der Folgezeit vermehrt auf Gastspielreisen, wo er unter anderem das Royal Philharmonic Orchestra in London sowie in Tokio dirigierte. Im Angesicht des zerstörten München komponierte er 1945 seine „Metamorphosen“ für 23 Solostreicher. Als letztes Werk entstanden 1948 die „Vier letzten Lieder“ für Singstimme und Orchester nach Texten von Joseph von Eichendorff und Hermann Hesse.

Das musikalische Schaffen Strauss‘ ist gekennzeichnet von der Entwicklung, beginnend mit spätromantischen Werken wie den Symphonischen Dichtungen (z.B. „Don Quichote“, 1898) bis hin zu Opern wie „Salome“ (1905) und „Elektra“, mit denen Strauss an der Spitze der damaligen Avantgarde stand – ein Weg den er aber nicht weiter beschritt und sich in Wort und Schrift gegen die vollständige Aufgabe tonaler Bezüge in der Musik wandte. Dem entsprechend vollzog Strauss eine Kehrtwende und schuf mit dem teilweise klassizistisch anmutenden „Rosenkavalier“ (1911) eine der erfolgreichsten Opern des 20. Jh.s. Als Komponist setzte er sich mit so unterschiedlichen Themen wie dem Wien Maria Theresias, Naturschilderungen („Eine Alpensinfonie“) und mit dem Werk Friedrich Nietzsches auseinander. Anlässlich einer Aufführung der „Alpensinfonie“ (1914) äußerte Strauss, sie solle eigentlich besser „Der Antichrist“ heißen. Vor diesem Hintergrund wird Strauss zu einer der widersprüchlichsten Figuren der Musik des 20. Jh.s., umso mehr, als seine herausragende Position in der nationalsozialistischen Kulturpolitik nach wie vor kontroverse Sichtweisen auf die Integrität seiner Person zulassen.

Symphonische Dichtungen: „Aus Italien“, op. 16 (1887); „Don Juan“, op. 20 (1889); „Macbeth“, op. 23 (1890); „Tod und Verklärung“, op. 24 (1890); „Till Eulenspiegels lustige Streiche“, op. 28 (18959; „Also sprach Zarathustra“, op. 30 (1896); „Don Quichote“, op. 35 (1898); „Ein Heldenleben“, op. 40 (1899); „Sinfonia domestica“, op. 53 (1904); „Eine Alpensinfonie“, op. 64 (1915).

Orchesterkompositionen: Burleske für Klavier und Orchester, d-Moll, 1890, 2 Hornkonzerte, ein Oboenkonzert, Festmusiken, Gelegenheitskompositionen, Fanfaren, Suiten/ instrumentale Auskopplungen aus Bühnenwerken.

Opern: „Guntram“, op. 25 (1894); „Feuersnot“, op. 50 (1901); „Salome“, op. 54 (1905); „Elektra“, op. 58 (1909); „Der Rosenkavalier“, op. 59 (1911); „Ariadne auf Naxos“, op 60 (1912/16), „Die Frau ohne Schatten“, op. 65 (1919); „Intermezzo“, op. 72 (1924); „Die ägyptische Helena“, op. 75 (1933); „Arabella“, op. 79 (1933); „Die schweigsame Frau“, op. 80 (1935); „Friedenstag“, op. 81 (1938); „Daphne“, op. 82 (1938); „Die Liebe der Danae“, op. 83 (1952); „Capriccio“, op. 85 (1942); „Der Bürger als Edelmann“, op. 60 (1912/18, Bühnenmusik). Weitere Werke (Auswahl): A-cappella-Chöre („An den Baum Daphne“, „Die Göttin im Putzzimmer“, Männerchöre u.a., Klavier- und Orchesterlieder, Kammermusik, Klaviermusik.

Paul Dukas

Französischer Komponist

* 1. Oktober 1865 in Paris
† 17. Mai 1935 ebenda

Er war am Pariser Konservatorium Schüler von Théodore Dubois, George Mathias und Ernest Guiraud. Für seine Kantate *Velléda* erhielt er 1888 den

Rom-Preis. In der Zeit erster Erfolge, die durch die Uraufführung des sinfonischen Scherzos „Der Zauberlehrling" gekrönt wurde, aber auch Misserfolge (1. Sinfonie) brachte, betätigte sich Dukas in Paris auch als Kritiker. Stets trat er mit einer nur geringen Zahl sorgsam ausgearbeiteter Werke an die Öffentlichkeit. 1912 aber verstummte er völlig; mehrere der in den folgenden Jahren geschaffenen Kompositionen vernichtete er, darunter eine 2. Sinfonie. Ab 1928 wirkte Dukas dann als Kompositionslehrer am Pariser Konservatorium und übte hier auf die junge Generation einen starken Einfluss aus. Dukas war ein glühender Verehrer Richard Wagners, aber auch Claude Debussys. Doch beiden gegenüber nahm er keinerlei Epigonenstellung ein; eher schloss er sich César Franck an. Seine Melodik ist ausdrucksvoll und weit geschwungen, die Orchesterbehandlung geistvoll und sorgfältig, dabei reich an Wirkung.

Jean Sibelius

finnischer Komponist

* 8. Dezember 1865 in Hämeenlinna, Tavastehus

† 20. September 1957 in Järvenpää bei Helsinki

Sibelius studierte in Helsinki, Berlin und Wien Violine und Komposition. Er gilt als Begründer eines finnischen Nationalstils, ähnlich der Stellung E. Griegs in der Musik Norwegens. Seine Symphonischen Dichtungen sind inhaltlich v.a. der nordischen Mythologie verbunden. Weltweite Anerkennung als Symphoniker. 1926 beendete er ohne ersichtlichen Grund seine Komponistenlaufbahn und schuf für den Rest seines Lebens keine Musik mehr.

Werke: Chorwerke („Kullervo", Chorsymphonie, op. 7 u.a.), über 100 Lieder, Schauspielmusiken; Symphonische Dichtungen („Karelia-Suite, op. 11; „Lemminkäinen", op. 22; „Finlandia", op. 26, 1899/1900; „Die Okeaniden", op 73; „Tapiola", op. 112), Violinkonzert d-Moll, op. 47 (1903-1905); „Valse triste", op. 44; 7 Symphonien (Nr. 1 e-Moll, op. 39; Nr. 2 D-Dur, op. 43; Nr. 3 C-Dur, op. 52; Nr. 4 a-Moll, op. 63; Nr. 5 Es-Dur, op. 82; Nr. 6 d-Moll, op. 104; Nr. 7 C-Dur, op. 105), über 100 einsätzige Klavierstücke, Kammermusik u.a.

„Der Kleine Moor der Fürstin". Figurine von Alfred Roller zu Richard Strauss' „Der Rosenkavalier", 1911.

Alexander Konstantinowitsch Glasunow

Russischer Komponist

* 10. August 1865 in St. Petersburg

† 21. März 1936 in Neuilly-sur-Seine bei Paris

Glasunow war Schüler N. Rimskij-Korsakows. Nach nur zwei Jahren Unterricht entstand seine Erste Symphonie und sein Erstes Streichquartett, mit dem er bereits Anerkennung fand. Als Dirigent debütierte Glasunow 1887 und unternahm in der Folgezeit zahlreiche Konzertreisen ins westliche Ausland, beispielsweise zur Pariser Weltausstellung (1889), bei der er an den „Russischen Konzerten" als Dirigent mitwirkte. In seinen Kompositionen suchte er die Synthese zwischen der „nationalrussischen Schule", wie sie das Mächtige Häuflein vertrat, und einem mehr nach Westeuropa orientierten Kompositionsstil, für den unter anderem P.I. Tschaikowski gestanden war, mit dem Glasunow seit 184 freundschaftlichen Kontakt pflegte. Ab 1899 wirkte er als Lehrer für Instrumentation und Kontrapunkt am St. Petersburger Konservatorium, dem er von 1905 bis 1928 auch als Direktor vorgestanden war. Seine Reise als Jurymitglied des Wiener Franz-Schubert-Kompositionswettbewerbs nutzte er, um mit seiner Familie nach Paris überzusiedeln, wo er bis zuletzt komponierte.

Werke für Orchester (Auswahl): neun Symphonien, „Stenka rasin", Symphonische Dichtung, op. 13, Violinkonzert a-Moll, op. 82, Konzert für Altsaxophon und Streicher Es-Dur, op. 109, fünf Suiten, vier Ouvertüren, Ballettmusiken (unter anderem „Raymonda", op. 57), Klavierkonzerte f-Moll, op. 92 und H-Dur, op. 100, Konzertballade für Violoncello und Orchester C-dur, op. 108 u.a., Kammermusik (unter anderem sieben Streichquartette), Klaviermusik, Stücke für Violoncello, für Violine, für Bratsche, Lieder, Kantaten, Hymnen. Glasunow war an der postumen Fertigstellung von A. Borodins Oper „Fürst Igor" (Ouvertüre, dritter

Akt) beteiligt und orchestrierte dessen Dritte Symphonie.

Carl August Nielsen

dänischer Komponist

* 9. Juni 1865 in Nørre Lyndelse bei Odense
† 3. Oktober 1931 in Kopenhagen

Nach einem Studium am Konservatorium von Kopenhagen (1884-86) unternahm Nielsen zahlreiche Reisen nach Deutschland, Österreich und Italien. Von 1887 bis 1905 war er als Violinist am Königlichen Theater von Kopenhagen tätig. Von 1908 bis 1914 war er Hofkapellmeister und danach Dirigent. Mit seinen Volksliedern, Opern und Symphonien gilt er neben E. Grieg als einer der bedeutendsten skandinavischen Komponisten sowie als wichtigster dänischer Nationalkomponist. Ab 1916 arbeitete als Professor am Kopenhagener Konservatorium, dessen Direktor er 1931 wurde.

Ferruccio Busoni

italienisch-Deutscher Komponist und Pianist

* 8. April 1866 in Empoli
† 27. Juli 1924 in Berlin

Busoni war ein ausgezeichneter Pianist, verfasste bedeutende Kompositionen und war als Musiktheoretiker tätig. In Europa und in den USA lehrte er an renommierten Institutionen in Moskau, Boston, New York und am Wiener Konservatorium. In seinen Kompositionen fand er ebenso wie A. Schönberg zur Atonalität, verfolgte diesen Weg jedoch nicht weiter.
Mit seiner Schrift „Entwurf einer neuen Ästhetik der Tonkunst" (1907) versuchte er, der Musik neue Wege zu weisen. Er schrieb Opern, Orchesterwerke und Werke für Klavier. Werke: „Doktor Faust" (von Ph. Jarnach vollendet, 1916-24), „Turandot" (1917, nach Carlo Gozzi) u.a.

Alfred Eric Leslie Satie.

Paul Lincke

Deutscher Komponist

* 7. November 1866 in Berlin
† 3. September 1946 in Clausthal-Zellerfeld

bekanntester Vertreter der Berliner Operette. Komponierte einer Vielzahl an Operetten und Revuen (unter anderem „Frau Luna", „Venus auf Erden"); zum Teil stammen aus diesen bis heute erfolgreiche Schlager, wie beispielsweise „Das ist die Berliner Luft", „Glühwürmchenidyll", „Heimlich, still und leise".

Alfred Erik Leslie Satie

Französischer Komponist

* 17. Mai 1866 in Honfleur, Calvados
† 1. Juli 1925 in Paris

Satie studierte am Pariser Konservatorium und trat als Pianist in den Cafés am Montmartre auf. In Arcueil bei Paris, wo er seit 1898 lebte, bildeten einige seiner Anhänger 1923 die École d'Arcueil (darunter H. Sauguet und D. Milhaud), die Saties musikalischen Stilprinzipien verpflichtet war.
Ursprünglich vom Impressionismus C. Debussys geprägt, entwickelte er später einen eigenständigen Klangstil, in den sehr unterschiedliche musikalische Ausdrucksmittel einflossen. So traten neben mittelalterlichen Musikformen und den gregorianischen Gesang (vermittelt durch die Auseinandersetzung mit dem mystischen Gedankengut der Rosenkreuzer) Elemente von Jazz und Unterhaltungsmusik.
Seine als Gegenpol zur romantischen Musikauffassung entwickelte Tonsprache ist durch Transparenz, satztechnische Ökonomie, ausgewogenes Formempfinden und eine ironische Grundhaltung charakterisiert.
Seine Kompositionen sind von prägnanter Kürze, die Melodik einfach. Bei der Präsentation einiger seiner Werke gehen verschiedene Kunstformen (neben der Musik vor allem Choreografie, Malerei, Film und Literatur) eine enge Verbindung ein. Satie hatte auf die avantgardistischen Musikrichtungen des 20. Jahrhunderts bis hin zu John Cage entscheidenden Einfluss, v.a. auf die Komponistenvereinigung der „Groupe des six". Verbindung zu Kubismus, Futurismus und Dadaismus. Werke: „Gymnopédies" (1888),

Ballette: „Parade“ (1917, nach Jean Cocteau), „Relâche“ (1924), „Musique d‘ameublement“ (1920), „Messe des pauvres“ (1895), symphonisches Drama „Socrate“ (1919), zahlreiche Klavierstücke u.a.

Enrique Granados

Spanischer Pianist und Komponist

* 27. Juli 1867 in Lerida (Katalonien)
† 24. März 1916 (gesunken mit der „Sussex“ im Ärmelkanal)

Er ging aus der Schule Felipe Pedrells hervor und studierte ferner bei Jean Baptista Pujol und Charles-Wilfrid de Bériot. Nachdem er als Pianist vor allem durch seine Chopin-Interpretation bekannt geworden war, gründete er 1900 in Madrid die Sociedad de conciertos clásicos, der er auch als Dirigent vorstand. Von den Kompositionen für Klavier wandte er sich der Oper zu und wurde auch hier zum Mitbegründer eines neueren nationalen spanischen Musikstils. Opern: *Maria del Carmen* (1898 Madrid); *Picarol* (1901 Barcelon); *Follet* (1903 ebenda); *Gabriel* (1906 ebenda); *Liliane* (1911 ebenda); *Goyescas* (1916 New York); Orchestermusik: Tondichtung *Divina commedia,* 1908 (nach Dante; unvollendet); sinfonische Dichtung *La nit del mort; 3 Danzas españolas,* 1912 (instrumentiert von Juan Lamote de Grignon). Klaviermusik: *12 Danzas españolas, Goyescas; Rapsodia aragonesa; 3 Escenas poéticas* (Nr. 2, *Eva y Walter,* nach Richard Wagners „Meistersinger“); *6 Escenas romanticas; 6 Piezas sobre cantos populares españolas; 7 Valses poéticos.*

Arturo Toscanini

Italienischer Dirigent

* 25. März 1867 in Parma
† 16. Januar 1957 in New York

Von 1921 bis 1929 wirkte Toscanini an der Mailänder Scala, von 1908 bis 1915 an der Metropolitan Opera in New York, ab 1927 leitete er das New York Philharmonic Orchestra, von 1937 bis 1954 das NBC Symphony Orchestra. Er dirigierte unter anderem auch von 1931 bis 1937 bei den Salzburger Festspielen, allerdings ab 1933 nicht mehr in Bayreuth; 1938 emigrierte Toscanini, der in Mailand schon früh mit den Faschisten in Konflikt geraten war, als er sich weigerte, die faschistische Hymne „Giovinezza“ vor den Aufführungen zu dirigieren, in die USA.
Toscanini dirigierte die Uraufführungen von R. Leoncavallos „Bajazzo“ und G. Puccinis „Boheme“. Nachdem er 1954 die Partituren nicht mehr vollständig auswendig dirigieren konnte, wie er es immer getan hatte, beendete Toscanini seine Laufbahn und gab keine Konzerte mehr.

Arturo Toscanini.

Granville Bantock

Englischer Komponist

* 7. August 1868 in London
† 16. Oktober 1946 in London

Bantock war Schüler an der Royal Academy of Music in London. Er machte sich um die Pflege englischer Musik, die er in Konzerten zu Gehör brachte, verdient und wurde 1897 Musikdirektor in New Brighton, 1900 Direktor der Birmingham and Midland Music School, 1903 Dirigent des Liverpooler Orchestervereins.
Werke: drei Opern, zahlreiche Bühnenmusiken, symphonische Dichtungen, Vokalwerke (Oratorium: „Christus in der Wüste“, „Omar Kayyäm“ u.a.), Kirchenmusik, Kammermusik, Chorgesänge, Klavierstücke, Lieder.

Hans Pfitzner

Deutscher Komponist

* 5. Mai 1869 in Moskau
† 22. Mai 1949 in Salzburg

Oft als „letzter Romantiker“ bezeichnet, stellte sich Pfitzner gegen die moderne Musik zu Beginn des 20. Jh.s. Er schrieb Kammermusik, Opern, Orchesterwerke, Chorwerke und Lieder. Die heute noch bekannten Werke Pfitzners sind vor allem die Opern „Der arme Heinrich“ (1894) und „Palestrina“ (1917), mit denen Pfitzner eine Nähe zu den Werken Strauss‘ sucht, die aber nicht im selben Maß Eingang ins Standardrepertoire der Bühnen gefunden haben.

Henry Joseph Wood

Englischer Dirigent

* 3. März 1869 in London
† 19. August 1944 in Hitchin (Hertshire)

Er war Schüler der Royal Academy of Music in London. Ab 1889 wirkte er als Dirigent bei verschiedenen englischen Operngesellschaften, ab 1895 leitete er die Promenade Concerts in London, 1899 gründete Wood das Nottingham City Orchestra, konzertierte in der Folgezeit mit mehreren ersten Orchestern in England und leitete erfolgreiche Konzertreihen, die ihm große Anerkennung einbrachten. 1911 Sir. Nach 1918 gastierte er auch in den USA und in Europa und wurde 1923 als Professor an die Royal Academy of Music in London berufen. Er widmete sich besonders der zeitgenössischen Sinfonik (Claude Debussy, Maurice Ravel, Richard Strauss, Arnold Schönberg).

Franz Lehár

Ungarischer Komponist

* 30. April 1870 in Komorn
† 24. Oktober 1948 in Bad Ischl

Franz Lehár studierte von 1882 bis 1888 in Prag Musik. 1888 trat er nach bestandener Abschlussprüfung am Stadttheater Barmen-Elberfeld sein erstes Engagement als Orchestermusiker an. 1894 ging Lehár als Marinekapellmeister zum österreichischen Kriegshafen Pola. 1902 komponierte er seine beiden ersten Operetten „Wiener Frauen“ und „Der Rastelbinder“. Drei Jahre später wurde „Die lustige Witwe“ uraufgeführt, eines seiner erfolgreichsten Werke. Später folgten „Paganini“ (1925), „Der Zarewitsch“ (1927) und

Hans Pfitzner. Gemälde von Willi Geiger.

„Das Land des Lächelns“ (1929). Mit Folkloreelementen verlieh Lehár seinen Operetten eine impressionistische Färbung.

Nach dem Ende des Zweiten Weltkriegs versuchte er vergebens, die schweizerische Staatsbürgerschaft zu bekommen. Krank und unter dem Verlust seiner Frau Sophie leidend, zog er nach Bad Ischl, wo er 1948 starb. Seine Ischler Villa gestaltete man zu einem Lehár-Museum um.

Florent Schmitt

Französischer Komponist

* 28. September 1870 in Blamont
† 17. August 1958 in Neuilly-sur-Seine (Paris)

Er studierte am Pariser Konservatorium bei Gabriel Fauré und Jules Massenet und erhielt 1900 für seine Kantate *Sémiramis* den Rom-Preis. Nach dem 1904 beendeten Rom-Aufenthalt unternahm er eine 2jährige Studienreise durch Deutschland und Österreich sowie nach Vorderasien. Anschließend lebte er als Komponist und Kritiker in Paris. 1921/24 war Schmitt Direktor des Konservatoriums in Lyon. Sein umfangreiches, stark von der deutschen Musik des 19 Jahrhunderts beeinflusstes Gesamtwerk neigt zur programmatisch-monumentalen Form. Er schrieb: Orchestermusik; Kammermusik; Ballette; Bühnenmusik; Vokalwerke; Lieder und Gesänge.

Oscar Straus

Österreichischer Komponist

* 6. März 1870 in Wien
† 11. Januar 1954 in Bad Ischl

studierte am Wiener Konservatorium bei Professor Hermann Grädener (1844-1929), später in Berlin an der Staatlichen Musikakademie vor allem bei M. Bruch (1838-1920).

Seine erste Bühnenkomposition war ein Operneinakter „Die Waise von Cordoba“ (1894). 1895 wurde Straus zweiter Kapellmeister in Brünn. Über Teplitz und Mainz gelangte er nach Berlin. Im Sommer 1900 war er im Lessing-Theater bei einem Operettenensemble tätig. Als der Schriftsteller Ernst von Wolzogen in Berlin 1901 sein „Überbrettl“, ein literarisches Kabarett, eröffnete, holte er sich Oscar Straus als Kapellmeister und Hauskomponisten. Für dieses Unternehmen und 1903/04 für ein eigenes Reise-Ensemble ähnlicher Art schrieb Straus eine große Zahl von Liedern und Couplets. Besonders seine Vertonung des Gedichts Detlev von Liliencrons „Die Musik kommt" wurde sehr schnell bekannt.

Während der Überbrettl-Zeit schrieb er noch zwei Opern: „Der schwarze Mann" (1900) und „Colombine" (1904) sowie die Pantomime „Pierrots Fastnacht" (1901). 1904 „Die lustigen Nibelungen", 1905 „Zur indischen Witwe" und 1906 die Märchenparodie „Hugdietrichs Brautfahrt". Straus' erster großer Erfolg war „Ein Walzertraum" (1907); es folgte „Der tapfere Soldat" (1908), eine Operette nach George Bernard Shaws Komödie „Helden", „Der letzte Walzer" (1920) und eine Reihe anderer, heute kaum bekannter Operetten. 1933 siedelte Straus dann nach New York über. Sein letztes Bühnenwerk „Bozena" (1952) präsentierte er in München.

Willem Mengelberg

niederländischer Dirigent

* 28. März 1871 in Utrecht
† 22. März 1951 in Sent (Engandin)

Er studierte am Kölner Konservatorium, wirkte ab 1891 in Luzern und ab 1895 als Dirigent des Concertgebouw-Orchesters in Amsterdam. Gleichzeitig dirigierte er ab 1909 die Museumskonzerte in Frankfurt (Main), ab 1913 das Londoner Philharmonische Orchester und 1921/30 auch das National Symphonic Orchestra in New York. Mengelberg pflegte besonders die Werke von Johann Sebastian Bach, Johannes Brahms, Gustav Mahler und Richard Strauss, war ein geschätzter Orchestererzieher und wirkte auch als Pianist und Komponist.

Alexander Nikolajewitsch Skrjabin

Russischer Komponist und Pianist

* 25. Dezember 1871 (6. Januar 1872) in Moskau
† 14.(27.) April 1915 ebenda

Er erhielt seine Erziehung in einem Kadettencorps, studierte 1888/92 am

Enrico Caruso.

Moskauer Konservatorium bei Sergej I. Tanejew (Komposition) und Anton S. Arenski (Klavier) und konzertierte anschließend in europäischen Musikzentren, zumeist mit eigenen Kompositionen. 1910 ging er nach Moskau zurück, wo er bereits 1898/1903 eine Klavierklasse des Konservatoriums geleitet hatte. Skrjabin, im Wesentlichen Klavierkomponist, war ursprünglich von Fryderyk Chopin und Franz Liszt ausgegangen. Die Bekanntschaft mit der Musik von Richard Wagner und Richard Strauss leitete für ihn einen vor allem auf dem Gebiete der Harmonik sich vollziehenden Prozess der Erweiterung und Auflösung ein, der etwa ab 1903 bis zur Aufhebung des Unterschieds zwischen Konsonanz und Dissonanz führte. Die gedankliche Zielsetzung seines vorübergehend sehr einflussreichen Werks war mystifizierender, theosophischer Natur; seine harmonischen Experimente sowie auch Versuche auf dem Gebiete der Farb-Licht-Musik wirkten jedoch anregend; nicht wenige seiner Klavierwerke sind mit Recht noch heute im internationalen Repertoire zu finden.

Enrico Caruso

Italienischer Sänger

* 27. Februar 1873 in Neapel
† 2. August 1921 in Neapel

Caruso erhielt seine Ausbildung bei Guglielmo Vergine. Er debütierte 1894 am Neuen Theater in Neapel. Bereits 1903 sang er an der Metropolitan Opera in New York, daneben auch an der Scala in Mailand und an allen anderen großen Opernhäusern der Welt. Caruso gilt bis heute als einer der bedeutendsten Operntenöre.

Carl Flesch

Ungarischer Violinist

* 9. Oktober 1873 in Moson
† 15. November 1944 in Luzern

Er studierte in Paris, debütierte 1895 in Wien, war 1897/1902 als Professor am Bukarester Konservatorium und danach in Amsterdam, Berlin, Philadelphia (USA) und Baden-Baden (Sommerkurse) tätig; 1934 ging er nach

London, dann nach Amsterdam und Luzern. Flesch galt als einer der besten Geiger seiner Zeit. Mit H. Becker und A. Schnabel bzw. C. Friedberg wirkte er in einem Trio. Unterrichtswerke (für Violine): *Urstudien*, 1911; *Etüdensammlung*, 1921; *Die Kunst des Violinspiels*, 1923; *Das Klangproblem im Geigenspiel*, 1931.

Fjodor Iwanowitsch Schaljapin

Russischer Opernsänger

* 1.(13.) Februar1873 in Ometewa (Kasan)
† 12. April 1938 in Paris

Nach entbehrungsreicher Jugend und verschiedenartigster Tätigkeit trat er in eine Wander-Operette ein, die Südrussland bereiste. Dmitri A. Ussatow entdeckte ihn 1892 in Tbilissi und bildete seine Stimme aus. 1893 debütierte Schaljapin ebenda als *Mephisto* in Charles Gounods „Faust". Er ging 1894 nach Petersburg, 1896 an Sawwa I. Mamontows Moskauer Privattheater, 1899 an das Bolschoi Theater. 1901 gestaltete er Arrigo Boitos *Mefistofele* an der Mailänder Scala. Zur Verbreitung von Modest P. Mussorgskis „Boris Godunow" (eine seiner Glanzpartien) hat er durch grandiose Darstellung vor allem in Paris und London wesentlich beigetragen. 1907 sang Schaljapin auch an der MET in New York. 1910 kreierte er in Monte Carlo die Titelpartie von Jules Massenets „Don Quichote". Vor dem 1.Weltkrieg kehrte er nach Russland zurück. 1921/28 gehörte er der MET an und lebte dann in Paris. 1937 trat der neben Enrico Caruso berühmteste Sänger des bisherigen 20. Jahrhunderts von der Bühne ab.

Sergej Wassiljewitsch Rachmaninow.

Sergej Wassiljewitsch Rachmaninow

Russischer Komponist und Pianist

* 1. April 1873 in Oneg bei Nowgorod
† 28. März 1943 in Beverly Hills, Kalifornien

Der schon früh begabte und im musikalischen Elternhaus geförderte Rachmaninow studierte ab 1882 am St. Petersburger Koservatorium Klavier bei Nikolai Swerew sowie in Moskau Theorie und Komposition bei Anton Arenski und Sergej Tanejew. Seit Beendigung seines Studiums 1892 tat er sich bald als Pianist und Komponist hervor, erste Symphonien entstanden. Als Pianist spielte er vor allem Chopin und F. Liszt, aber auch das Werk seines Freundes A.N. Skrjabin.

Von 1902 bis 1908 lebte er in Dresden, ging 1909/10 auf Amerika-Tournee und kehrte 1911 nach Moskau zurück, wo er bis 1914 die Moskauer Symphoniker dirigierte. Die Oktoberrevolution von 1917 veranlasste ihn, in die USA ins Exil zu gehen, wo er wegen einer Schaffenskrise zunächst nur als Pianist erfolgreich war. Ab 1926 schuf er zahlreiche bedeutende Werke wie das Klavierkonzert Nr. 4, die Symphonie Nr. 3, die „Symphonischen Tänze", die „Corelli-Variationen" usw. Seine Werke zeigen sich stark von N. Rimskij-Korsakow, F. Chopin und P. Tschaikowski beeinflusst.

Werke: 6 Opern (u.a. „Aleko", „Francesca da Rimini", Salammbô"); „Das große Abend- und Morgenlob" für Chor a cappella, op. 37; 3 Symphonien (Nr. 1, d-Moll, op. 13; Nr. 2 e-Moll, op. 27; Nr. 3, a-Moll, op. 44); Symphonische Dichtungen „Der Fels", op. 7, und „Die Toteninsel", op. 29; „Symphonische Tänze", op. 45; „Paganini-Rhapsodie", op. 43; 4 Klavierkonzerte (1. fis-Moll, op. 1; 2. c-Moll, op. 18; 3. d-Moll, op. 30, das als „Rach three" bekannte Konzert; 4. g-Moll, op. 40); Klaviermusik, unter anderem das besonders bekannte Prélude cis-Moll, op. 3 Nr. 2; Kammermusik, Lieder u.a.

Max Reger

Deutscher Komponist

* 19. März 1873 in Brand in der Oberpfalz
† 11. Mai 1916 in Leipzig

Reger griff die Polyphonie Bachs wieder auf. Seine Musik steht zwischen einer kontrapunktisch durchsetzten Spätromantik und der Neuen Musik des 20. Jahrhunderts. Der Satz in Regers Polyphonie ist von einer intensiven Mittelstimmenchromatik gekennzeichnet. Zu Regers bekanntesten Werken zählen die „Variationen und Fuge über ein Thema von Mozart" für Orchester; er komponierte zahlreiche Orgel- und Klavierwerke, Lieder, Kammermusik (Klarinettenquintett A-Dur) und Solokonzerte.

Max Reger. Gemälde von Max Beckmann.

Leo Slezak

Deutscher Sänger und Schauspieler

* 18. August 1873 in Schönberg, Mähren
† 1. Juni 1946 in Rottach-Egern, Tegernsee

Leo Slezak studierte Gesang und trat 1896 in Brünn als „Lohengrin" auf. Nach Engagements in Berlin und Breslau kam er 1901 an die Wiener Staatsoper. 1926 wurde er ihr Ehrenmitglied. Wiederholt sang Slezak auch an der Metropolitan Opera in New York unter A. Toscanini. Er gehörte zu den gefeierten Heldentenören seiner Zeit, bewährte sich aber auch als Liedersänger. Als seine Stimme nachließ, zog er sich von der Opernbühne zurück, fand im Film ein neues Betätigungsfeld und wurde hier bevorzugt in musikalischen Komödien eingesetzt. In „Ihr größter Erfolg" (1934), der Lebensbeschreibung der Schauspielerin Therese Krones, glänzte Slezak als

Volksdichter Ferdinand Raimund und mit der stimmungsvollen Interpretation des „Hobelliedes“, in „Die lustigen Weiber“ (1936) spielte Slezak die Rolle des Falstaff. In zahlreichen Operettenverfilmungen beeindruckte vor allem sein von Vatersorgen geplagter Statthalter Nasoni in „Gasparone“ (1937). Dass er auch ernste Rollen überzeugend zu gestalten vermochte, bewies Slezak als väterlicher Freund Magdalenas in „Heimat“ (1938).
Unter zahllosen weiteren Rollen des vielbeschäftigten Stars ragen sein lustiger Baron Weps an dem Operettenfilm „Rosen in Tirol“ (1940) sowie sein gewichtiger Sultan Abdul-Hamid in „Münchhausen“ (1943) heraus.

Franz Schmidt

Österreichischer Komponist, Instrumentalist und Pädagoge

* 22. Dezember 1874 in Pressburg
† 11. Februar 1939 in Perchtoldsdorf (Wien)

In seiner Geburtsstadt erhielt er den ersten Musikunterricht bei den Domorganisten Raoul Mader und Ludwig Berger, 1890/96 studierte er am Wiener Konservatorium bei Anton Bruckner, Robert Fuchs (Harmonielehre), Karl Udel und Ferdinand Hellmesberger (Violoncello). Schmidt war 1896/1911 Mitglied der Wiener Philharmonie (Hofopernorchester), ab 1901 Lehrer für Violoncello am Konservatorium, ab 1914 Professor für Klavier an der Musikakademie und lehrte hier ab 1922 Komposition und Kontrapunkt. 1925/27 wirkte er als Direktor der Musikakademie und 1927/31 als Rektor der Musikhochschule. Dr. honoris causa 1934; Ehrenmitglied der Wiener Philharmonie.

Arnold Schönberg

Österreichischer Komponist

* 13. September 1874 in Wien
† 13. Juli 1951 in Brentwood Park, Los Angeles

Nach dem Besuch der Realschule in Wien absolvierte er eine Banklehre, wandte sich aber bald der Musik als Hauptbetätigung zu (1895). Im Wesentlichen war Schönberg Autodidakt. Frühe Arbeiten stehen noch unter dem Einfluss von Brahms und Wagner, auch während seines ersten Berlin-Aufenthaltes (1901-1903). Erst seit seiner Rückkehr nach Wien löste sich Schönberg von der Tradition; der Weg zum eigenen Stil kündigte sich in den Klavier- und Orchesterstücken von 1909 an und wurde 1910 in der „Harmonielehre“ theoretisch begründet. Ab 1911 war Schönberg erneut in Berlin. Die 1909-1912 vollzogene Entwicklung zur atonalen Musik, die der klassischen Harmonik die Emanzipierung der Dissonanz entgegenstellt, ging seiner epochalen Leistung voraus, zu der er – seit 1915 wieder in Wien – in den frühen zwanziger Jahren mit der Zwölftontechnik gelangte; sie ist eines der fundamentalen Ordnungssysteme der modernen Musik bis etwa 1950 geworden. 1926 entstand in Berlin sein Hauptwerk, die unvollendet gebliebene Oper „Moses und Aron“. 1933 Flucht aus Deutschland; Schönberg folgte im gleichen Jahr einem Ruf nach Boston; 1936 Professur in Los Angeles, seit 1941 Bürger der USA. Gemeinsam mit seinen Schülern A. Berg und A. v. Webern ist Schönberg der Begründer der (2.) Wiener Schule.
Werke (Auswahl): Tonale Schaffenszeit 1899 bis 1908: Lieder, opp. 1, 2, 3, 6, 8; „Verklärte Nacht“, Streichsextett, op. 4; „Gurre-Lieder“ für Soli, Chor und Orchester, o.op.; „Pelleas und Melisande“, Symphonische Dichtung, op. 5; Kammersymphonie E-Dur, op. 9; Streichquartett Nr. 2 fis-Moll, op. 10, „Friede auf Erden“ für Chor a cappella, op. 13. Atonale Schaffenszeit 1908 bis 1921: 3 Klavierstücke, op. 11; 15 George-Lieder, op. 15; 5 Orchesterstücke, op. 16; „Erwartung“, Monodram, op. 17; „Pierrot lunaire“ für Soloinstrumente und Stimme, op. 21, „Die Jakobsleiter“, Oratorium, o.op. Zwölftönige Schaffenszeit 1921 bis 1951: Klavierstücke, op.23; Serenade, op. 24; Variationen für Orchester, op. 31; „Moses und Aron“, Oper; Violinkonzert, op. 36; Klavierkonzert, op. 42; „A Survivor from Warsaw“, op. 46.

Alban Berg. Gemälde von Arnold Schönberg.

Samuel Taylor Coleridge

Englischer Dichter

* 21. Oktober 1772 in Ottery Saint Mary, Devonshire

† 25. Juli 1834 in London

verfasste ästhetische und politische Schriften, hielt Vorlesungen über Philosophie und Literatur; verfasste die „Lyrical Ballads“ mit William Wordsworth. Weitere Werke: „Remorse“, „Der alte Matrose“ u.a.

Gustav (von) Holst

Englischer Komponist

* 21. September 1874 in Cheltenham
† 25. Mai 1934 in London

Er studierte ab 1893 in London bei Charles Stanford und William Rockstro (Komposition), nachdem er die geplante Pianistenlaufbahn hatte aufgeben müssen. Nach kurzer Orchesterpraxis als Posaunist wirkte Holst ab 1903 als Musiklehrer, 1919/23 als Kompositionslehrer am Royal College of Music in London und widmete sich dann ausschließlich der Komposition. Obwohl der Einfluss der neueren französischen Musik und Igor Strawinskys (Rhythmus) unverkennbar sind, gehört das Schaffen Holsts, nicht zuletzt von der Sujetwahl her, durchaus zur neueren nationalbetonten englischen Schule.

Fritz Kreisler

Österreichischer Violinist

* 2. Februar 1875 in Wien
† 29. Januar 1962 in New York

Er studierte in Wien bei Joseph Hellmesberger sowie in Paris bei Joseph Massart und Léo Delibes und bereiste anschließend als Virtuose Europa und

Maurice Ravel. Portrait von Achille Ouvre.

Amerika. 1889 begann er das Medizinstudium, wurde Offizier und unterbrach seine musikalische Laufbahn bis 1899. 1915/25 lebte er hauptsächlich in New York, anschließend in Berlin und ab 1939 wieder in den USA. Kreisler gehörte zu den namhaftesten Geigern seiner Zeit.

Pierre Monteux

Französischer Dirigent

* 4. April 1875 in Paris
† 1. Juli 1964 in Hancock (USA)

Er wirkte nach Studien am Pariser Konservatorium zunächst als Bratschist, leitete ab 1911 bei Sergej Djagilews Russischem Ballett die Uraufführung von Igor F. Strawinskys „Petruschka“, „Le Sacre du Printemps“ und „Le rossignol“, Maurice Ravels „Daphnis et Chloe“ und Claude Debussys „Jeux“. 1917/19 dirigierte er an der MET in New York, danach bis 1924 in Boston und 1924/34 als Vertreter Willem Mengelbergs das Amsterdamer Concertgebouw-Orchester. 1929 gründete er in Paris ein eigenes Orchester, dem er bis 1938 vorstand, und leitete 1935/52 das Sinfonieorchester in San Fransisco. Danach trat Monteux als Gastdirigent besonders mit zeitgenössischen Werken auf. Ab 1961 war er Dirigent des London Symphony Orchestra.

Maurice Ravel

Französischer Komponist

* 7. März 1875 in Cibourne
† 28. Dezember 1937 in Paris

Heute gilt Ravel neben C. Debussy, der ihn in seinem Schaffen stark beeinflusste, als der ausdrucksvollste der französischen impressionistischen Musiker.
Maurice Ravels musikalische Begabung zeigte sich schon früh. Er besuchte von 1899 bis 1905 das Pariser Conservatiore, wo er auch bei G. Fauré studierte. Von der baskischen Mutter erbte er die Liebe zur spanischen Musik: die „Pavane pour une enfante défunte" (1899), die Oper „L'heure espagnole" (1911) und das Ballett „Bolero" (1928), das in einer spanischen Schenke spielt, sind Zeugnisse seiner südlichen Musikalität. Im 20. Jh. hatten besonders J. Albéniz und E.S. Satie einen großen Einfluss auf das Schaffen des Künstlers. Nach einem Roman der französischen Schriftstellerin Colette schrieb er 1925 die Oper „L'enfant et les sortilèges" („Das Kind und der Zauberspuk"). Sein eindringlichstes Werk ist das Ballett „Daphnis et Chloé" (1912), das er für die Ballets russes von Serge Diaghilew komponierte. Seine Klavierwerke „Miroirs" (1905), „Le tombeau de Couperin" (1917) und „Gaspard de la Nuit" (1908), ein Gegenstück zu Schönbergs „Pierrot lunaire", zählen zu seinen wichtigsten Stücken.
1932 erlitt Ravel einen Autounfall, von dem er sich nie wieder richtig erholte. 1933 erkrankte er an einem Nervenleiden, an dem er vier Jahre später starb.

Kostümentwurf für Ravels „Bolero".

Albert Schweitzer

Deutscher Arzt, Musiker, Philosoph und Theologe

* 14. Januar 1875 in Kaysersberg, Elsass
† 4. September 1965 in Lambarene, Gabun

Nach Abschluss seines Theologiestudiums war Schweitzer ab 1899 Hilfsprediger an der Kirche St. Nicolae in Straßburg, seit 1902 zugleich Dozent für Neues Testament. Ab 1905 studierte er zusätzlich Medizin und gründete 1913 als Missionsarzt ein Tropenhospital in Lambarene (Gabun). Sein Krankenhaus für die Ärmsten der Armen versuchte er durch Vortragsreisen und Orgelkonzerte in der Heimat sowie durch schriftstellerische Arbeiten zu finanzieren. Schweitzer schrieb ferner bedeutende Beiträge zur Theologie. 1951 erhielt er den Friedenspreis des Deutschen Buchhandels, 1952 den Friedensnobelpreis, 1954 den Orden der Friedensklasse des „Pour le Mérite". Seine Tätigkeiten als Arzt in Afrika, als Philosoph, als Theologe und als Friedenskämpfer und Atomgegner machten Schweitzer zu einer der bedeutendsten Persönlichkeiten des 20. Jh.s.
Hauptwerke: „Das Problem des Friedens in der heutigen Welt", „Geschichte der Leben-Jesu-Erforschung", „Kultur und Ethik", „Bachs Orgelwerke", „Zwischen Wasser und Urwald".

Pablo Casals

Spanischer Cellist

* 29. Dezember 1876 bei Vendrell, Katalonien
† 22. Oktober 1973 in San Juan (Puerto Rico)

Casals war Komponist, Dirigent und Cellist; lebte 1939-56 in Südfrankreich, seitdem vorwiegend in Puerto Rico, wo er auch starb. Der politisch engagierte Künstler kämpfte gegen den Faschismus unter Franco. Zu diesem Zweck hielt er Reden an das Publikum, spielte ein eigens komponiertes Friedensoratorium, diskutierte mit John F. Kennedy im Weißen Haus und verteilte bei seinem Konzert vor den Vereinten Nationen Flugblätter an die Abgeordneten. Im Zentrum seiner künstlerischen Auseinandersetzung standen Werke von J.S. Bach und L. van Beethoven. Vor allem die Suiten für Solocello von Bach beschäftigten Casals von Jugend an bis ins hohe Alter. 1905 gründete Casals mit A. Cortot und J. Thibaud ein berühmtes Klaviertrio.

Manuel de Falla

Spanischer Komponist

* 23. November 1876
† 14. November 1946

Schüler von Felipe Pedrell, dem Begründer der modernen spanischen nationalen Kompositionsschule. 1907 ging Falla nach Paris, wo er von Faure, C. Debussy, J.M. Ravel und Dukas starke, sein Schaffen beeinflussende Eindrücke empfing. Unter ihrem Einfluss erhielt seine Musik auch impressionistische Elemente. Seit 1920 lebte er in Granada, emigrierte jedoch 1939 nach Argentinien. Sein Gesamtwerk umfasst Kammermusik, Instrumentalmusik (u.a. „Noches en los jardines de España", „Nächte in spanischen Gärten"), Ballett und Oper. Auf der Bühne setzten sich seine Ballette „El amor brujo" („Der Liebeszauber") und „El sombrero de tres picos" („Der Dreispitz") durch. An Opern schrieb er „La vida breve" („Das kurze Leben"), eine Art spanischen Seitenstücks zu Bizets „Carmen" sowie „El retablo de maese Pedro" („Meister Pedros Puppenspiel"), ein reizvoller Versuch, Marionettenspiel und Oper miteinander zu vereinen. Eine fast vergessene Oper namens „Atlantida" gelangte am 24. November 1961 in Barcelona zur konzertanten, bei den Berliner Festwochen 1962 zur szenischen Uraufführung.

Bruno Walter

Deutscher Dirigent

* 15. September 1876 in Berlin
† 17. Februar 1962 in Beverly Hills

eigentlich: *Bruno Walter Schlesinger;*
Der Mahler- und Mozartinterpret studierte am Stern'schen Konservatorium in Berlin und kam über die Stationen Köln, Hamburg, Breslau, Preßburg und Riga an die Königliche Oper seiner Vaterstadt (1900). 1901 ging er zu G. Mahler nach Wien an die Hofoper. 1914 wurde Walter Generalmusikdirektor in München, 1925 an der Städtischen Oper Berlin. Von 1929 bis 1933 war er Gewandhauskapellmeister in Leipzig (Nachfolger W. Furtwänglers), und 1936 ging er an die Wiener Staatsoper. Nach seiner Emigration in die USA 1939 war er hauptsächlich Gastdirigent, abgesehen von kürzeren vertraglichen Bindungen beim Columbia Symphony Orchestra und beim Los Angeles Philharmonic Orchestra. Walter setzte sich außer für Mahler stets auch für die unbekanntere deutsche Romantik und speziell für H. Pfitzner ein. Seine ästhetischen Überzeugungen legte er in den Büchern „Von den moralischen Kräften der Musik" (1935), „Thema und Variationen" (Autobiografie, 1947) und „Von der Musik und vom Musizieren" (1957) nieder.

Ermanno Wolf-Ferrari

deutsch-Italienischer Komponist

* 12. Januar 1876 in Venedig
† 21. Januar 1948 in Venedig

schuf Chorwerke, Kammermusik, Opern, Orchesterwerke. Bereits als Knabe war Wolf-Ferrari, Kind italienisch-bayerischer Eltern, äußerst musikbegabt.
Zunächst versuchte er, sein vom Vater geerbtes Talent zu entwickeln und studierte in Rom Malerei, wandte sich aber bald der Musik zu und ging nach München, wo er als der Beste seines Jahrgangs die Akademie der Tonkunst absolvierte. Mit 21 Jahren war er schon Chordirektor in Mailand, wo er seine erste Oper, „Aschenbrödel",

Manuel de Falla.

komponierte. 1909 kehrte Ermanno Wolf-Ferrari nach München zurück. Dort entstanden die vielen komischen Opern, die ihn weltberühmt machten: „Die neugierigen Frauen“ (nach Goldini), „Der Liebhaber als Arzt“ (nach Molière), „Das Liebesband der Marchesa“ (nach Forzano) und „Das dumme Mädchen“ (nach Lope de Vega), um nur die größten Bühnenerfolge zu nennen.

Sie bestachen durch ihre eingängige Thematik, ihre durchsichtige Instrumentation und die wirkungsvolle Behandlung der Singstimmen, die den Komponisten als Erneuerer der Buffo-Oper auswiesen.

Werke: „La vita nuova“, Kantate, op. 9; Serenade für Streicher Es-Dur; Kammersymphonie B-Dur, op. 8; „Idillio-Concertino für Oboe, 2 Hörner und Streicher A-Dur, op. 15; Violinkonzert D-Dur, op. 26; Kammermusik für 2-11 Instrumente, Klavierstücke, ein Oratorium, Lieder u.a.

Alfred Cortot

Französischer Pianist

* 26. September 1877 in Nyon bei Genf
† 15. Juni 1962 in Lausanne

Cortot wurde bekannt als Interpret der Werke F. Chopins, R. Schumanns und C. Debussys. Von 1907 bis 1917 war er als Klavierdozent am Pariser Konservatorium tätig. 1919 beteiligte er sich an der Gründung der „École Normale de Musique“.

Cortot erwarb sich bedeutende Verdienste um die Förderung der Musik in Frankreich, insbesondere setzte er sich für das Werk R. Wagners ein. Berühmt war sein 1905 mit P. Casals und J. Thibaud gebildetes Trio.

Ernst von Dohnányi

Ungarischer Komponist und Pianist

* 27. Juli 1877 in Pressburg
† 9. Februar 1960 in New York

Er studierte in Budapest bei István Thoman und Hans Koessler, später bei Eugen D'Albert. 1905/15 wirkte er als Klavierlehrer an der Berliner Musikhochschule, danach in Budapest, wo er 1919/20 Direktor des Konservatoriums und danach bis 1944 Dirigent der Philharmonischen Gesellschaft

Bruno Walter.

war. 1925/27 lebte er in den USA. 1948 ging er nach Argentinien und wirkte ab 1949 an der Florida State Universität in Tallehassee (USA). Dohnányi, der sich als Pianist hervorragend für die moderne Musik seiner Zeit, besonders für das Klavierwerk Béla Bartóks einsetzte, blieb als Komponist durchaus der Spätromantik verhaftet. Er schrieb: Orchestermusik; Kammermusik; 3 Opern; Vokalmusik.

Franz Schreker

Österreichischer Komponist

* 23. März 1878 in Monaco
† 21. März 1934 in Berlin

Studium der Musik in Wien. 1908 gründete er den Philharmonischen Chor in Wien, den er ab 1911 auch selbst leitete. Schreker ging 1920 nach Berlin, wo er Direktor der Musikhochschule wurde (bis 1932). Nachdem 1933 die Nationalsozialisten die Macht übernommen hatten, wurde die Aufführung von Schrekers Werken verboten. Später wurde seine Musik von den nationalsozialistischen Kulturpolitikern der so genannten „entarteten Kunst“ zugerechnet.

Schreker zählt zu den wichtigsten Vertretern des deutschen Expressionismus. Er komponierte Chorwerke („Der 116. Psalm“, 1896), Orchesterwerke, Ballette und vor allem Bühnenwerke. Von den Opern sind etwa „Der ferne Klang“ (1912), „Die Gezeichneten“ (1918) oder „Der Schatzgräber“ (1920) zu nennen. Schreker wird dem Umfeld der so genannten Wiener Schule um A. Schönberg, A. v. Webern und A. Berg zugerechnet.

Wanda Landowska

polnische Pianistin und Cembalistin

* 5. Juli 1879 in Warschau
† 16. August 1959 in Lakeville (Conn./USA)

Sie studierte am Warschauer Konservatorium und bei Moritz Moszkowski in Berlin, lebte ab 1900 in Paris, wo sie als Pädagogin und ab 1906 als Konzertcembalistin wirkte. Landowska leitete 1913/19 die Cembaloklasse der Berliner Musikhochschule, unterrichtete dann in Basel, Paris und anderen

Städten und ging 1940 in die USA. Sie erwarb sich mit ihrem Eintreten für die Wiedererweckung älterer Cembalowerke und deren werkgetreue Interpretation große Verdienste und trat als Komponistin mit Klaviermusik, Liedern und Chören sowie als Schriftstellerin mit zahlreichen Publikationen zur Klavier- und Cembalointerpretation hervor.

Sir Thomas Beecham

Englischer Dirigent

* 29. April 1879 in St. Helens bei Liverpool
† 8. März 1961 in London

Beecham, der sich die musikalischen Grundkenntnisse als Autodidakt beigebracht hatte, machte sich als Dirigent und Orchestergründer insbesondere um die Pflege zeitgenössischer Musik und der Oper in England verdient. 1916 wurde er dafür geadelt.

In frühen Jahren reiste Beecham mit einem Opernensemble durch England. 1905 trat er mit dem Queen's Hall Orchestra in London erstmals als Dirigent auf. Ein Jahr später gründete er das „New Symphony Orchestra". 1908 gab er dessen Leitung ab, um das „Beecham Symphony Ensemble" zu gründen.

Beecham wandte sich bald der zeitgenössischen Musik und dem Tanz zu und trug entscheidend zur Bekanntheit zeitgenössischer Komponisten wie J. Sibelius, Frederick Delius oder R. Strauss bei. Er organisierte Gastspiele, unter anderem von S. Diaghilews „Ballets Russes" 1911 und vom russischen Sänger Fjodor Schaljapin 1913, und dirigierte englische Erstaufführungen, z.B. Richard Strauss' Opern „Salome" und „Elektra".

1928 begründete er das „London Symphony Orchestra", 1932 das „London Philharmonic Orchestra".

Im gleichen Jahr wurde er künstlerischer Leiter der International Opera Season in Covent Garden. Zu Beginn der vierziger Jahre ging er in den USA, wo er unter anderem das „Seattle Symphony Orchestra" in Washington und das „Metropolitan Opera Orchestra" in New York City dirigierte. 1946 begründete er das „Royal Philharmonic Orchestra", mit dem er überragende Interpretationen von Werken L.H. Berlioz' und Sibelius' einspielte.

Franz Schreker.

Ottorino Respighi

Italienischer Komponist

* 9. Juli 1879 in Bologna
† 18. April 1936 in Rom

Respighi studierte Musik in St. Petersburg bei N. Rimskij-Korsakow und in Berlin bei M. Bruch. Seit 1913 lehrte er am Conservatorio di Santa Cecilia in Rom Komposition. Einen ersten großen Erfolg als Komponist erreichte er 1917 mit der Tondichtung „Fontane di Roma", der 1924 „Pini di Roma" und 1928 „Feste romane" folgten. Damit begründete er eine in Italien seit Generationen brachliegende Tradition von Instrumentalmusik als Gegenpol zur allgegenwärtigen Oper. In seinen zahlreichen Balletten, Kantaten, Opern und impressionistischen Orchesterwerken sind Einflüsse von C.A. Debussy und R. Strauss spürbar. Respighis intensive Beschäftigung mit der Musik der vergangenen Jahrhunderte spiegelt sich in zahlreichen Bearbeitungen sowie in neu komponierten Werken wie „Concerto in modo misolidio", „Concerto gregoriano", „Trittico Botticelliano". Er war einer der führenden Vertreter der italienischen Instrumentalmusik des 20. Jh.s., konnte aber als Opernkomponist keine nachhaltigen Erfolge für sich verbuchen.

Werke: Opern („Belfagor",1923; „La campana sommersa", 1927; „La fiamma", 1934); Ballette (u.a. „La boutique fantasque" nach G. Rossini, 1919); Orchestersuiten („Rossiniana", 1925; „Gli ucelli", 1927); „Antiche Danze ed Arie", 3 Suiten nach Sätzen alter Lautenmeister des 15./16. Jh.s. u.a.

Frank Bridge

Englischer Komponist und Dirigent

* 26. Februar 1879 in Brighton
† 10. Januar 1941 in Eastbourne

Er studierte bei Charles V. Stanford am Royal College in London, trat danach als Violaspieler hervor und war ersatzweise auch Mitglied des Joachim-Quartetts. Ab 1910 betätigte er sich als Opern- und Konzertdirigent (auch als Gast in den USA). Als Komponist war Bridge stilistisch ganz dem englischen Romantizismus des 19 Jahrhunderts verbunden und hat diese Position niemals völlig verlassen. Als Instrumentalist spielte er bei der Wiederbelebung der älteren englischen Kammermusik eine hervorragende Rolle.

Ernest Bloch

amerikanischer Komponist

* 24. Juli 1880 in Genf
† 15. Juli 1959 in Portland

Bloch ging 1916 in die USA; seit 1924 war er Staatsbürger der Vereinigten Staaten. Bloch unterrichtete an verschiedenen renommierten Instituten Musik. Von 1940 bis 1952 war er als Professor für Musik an der Universität in Berkeley tätig.

Das Frühwerk ist beeinflusst von G. Mahler, C. Debussy und R. Strauss. Durch die Einbeziehung von Bestandteilen der hebräischen Volksmusik fand der Komponist seinen eigenen Stil.

Werke: „Macbeth“ (Oper, 1910), „Israel“ (Symphonie, 1915), „Baal Shem“ (1925), „Voice in the Wilderness“ (1937) u.a.

Béla Bartók

Ungarischer Komponist und Pianist

* 25. März 1881 in Nagyszentmiklós
† 26. September 1945 in New York

An der Musikakademie in Budapest wurde Janos Koessler sein Kompositionslehrer, und Istvan Thomán unterrichtete ihn im Fach Klavier. In diesen Jahren von 1899 bis 1903 wandte er sich von den Vorbildern J. Brahms und R. Wagner ab und F. Liszt und R. Strauss zu.

1905 entdeckte er die Bedeutung der heimatlichen Musik, der „Bauernmusik“, für die moderne Musik. Im Sommer 1905 zog er zusammen mit seinem Freund Z. Kodaly zur ersten „Sammler-Expedition“ aufs Land. Die beiden wurden in den Dörfern misstrauisch empfangen, und es bedurfte anstrengender Überredungskünste, bis ihnen die Bauern ihre alten Lieder vorsangen. Bartók schrieb sie entweder nach Gehör auf, oder er nahm sie direkt mit seinem Edison-Phonographen auf. Ende 1905 erschienen die ersten Volkslied-Bearbeitungen im Druck, je zehn von Bartók und Kodaly. 1913 reiste er sogar nach Nordafrika, um arabische Volksmusik zu studieren.

Béla Bartók.

1917 wurde sein Tanzspiel „Der holzgeschnitzte Prinz“ in Budapest ein großer Erfolg, ebenso 1918 die Aufführung von „Herzog Blaubarts Burg“. 1926 kam „Der wunderbare Mandarin“ in Köln zur Aufführung und löste einen solchen Skandal aus, dass der damalige Kölner Oberbürgermeister, Dr. Konrad Adenauer, weitere Aufführungen verbot. Zwei für Bartóks Schaffen zentrale Werke entstanden im Auftrag des schweizerischen Musikmäzens P. Sacher, dessen Kammerorchester die Musik für Saiteninstrumente, Schlagzeug und Celesta (1937) und das Divertimento für Orchester (1939) auch uraufführte.

1940 emigrierte Bartók nach dem Tod seiner Mutter (1939) in die USA. Die Columbia-Universität zeichnete ihn mit dem Ehrendoktor aus und gab ihm eine auf zwei Jahre befristete Anstellung. In den USA schrieb Bartók noch das Violinkonzert für Y. Menuhin, sein Drittes Klavierkonzert und das „Konzert für Orchester“ (1944). Bela Bartók starb am 26. September 1945 im Westside Hospital in New York an den Folgen einer Lungenentzündung.

Bartók war nicht nur der bedeutendste Komponist Ungarns, sondern er zählte auch zu den wichtigsten Musikforschern des 20. Jahrhunderts. Seit 1905 sammelte er, vor allem im Bereich der südosteuropäischen Volksmusik, tausende Volkslieder, die er selbst nur zu einem Teil publizieren konnte. Diese Arbeit mit der Volksmusik beeinflusste auch stark seine eigene, unverwechselbare Tonsprache in seinen Kompositionen. Er war einer der wenigen Komponisten neuerer Musik, die, ohne musikalische Kompromisse zu schließen, ihren eigenen Weg gingen und damit dann auch Anklang bei einem breiten Publikum fanden.

Werke: „Herzog Blaubarts Burg“ (Oper), „Der holzgeschnitzte Prinz“ (Oper), „Der wunderbare Mandarin“

(Oper), 2 Suiten für Orchester, „Zwei Porträts" für Orchester, Konzert für Orchester, „Musik für Saiteninstrumente, Schlagzeug und Celesta", 3 Klavierkonzerte, Konzert für 2 Klaviere, 2 Violinkonzerte, Kammermusikwerke, Klavierwerke, Lieder u.a.

Alexander Porfirjewitsch Edwin Fischer

schweizer Pianist und Musikschriftsteller

* 6. Oktober 1886 in Basel
† 24. Januar 1960 in Zürich

Er studierte an den Konservatorien in Basel und in Berlin, wirkte 1905/14 als Lehrer in Berlin, war ab 1926 Dirigent des Lübecker Musikvereins, 1928/32 des Münchner Bach-Vereins, danach eines eigenen Orchesters und lebte ab 1942 wieder in der Schweiz. Fischer gab Klavierwerke von Johann Sebastian Bach heraus und machte sich besonders als Bach-, Beethoven und Brahms-Interpret einen internationalen Namen. Dr. honoris causa der Basler Universität 1956. Er veröffentlichte die Bücher: *Johann Sebastian Bach,* 1945; *Musikalische Betrachtungen,* 1949; *Ludwig van Beethoven;* 1956.

Zoltán Kodály

Ungarischer Komponist

* 16. Dezember 1882 in Kecskemét
† 6. März 1967 in Budapest

Kodály studierte in Budapest unter anderem Komposition und promovierte mit einer Arbeit über den Strophenbau des ungarischen Volkslieds, einem Thema, das für seine weitere musikalische Ausrichtung bestimmend wurde. Nach Studienaufenthalten in Berlin und Paris lehrte er ab 1907 am Budapester Konservatorium Komposition, Musiktheorie, Musikgeschichte und Volksmusik. Schon ab 1905 begleitete er B. Bartók auf gemeinsamen Reisen, die die wissenschaftliche Erforschung ungarischer Volksmusik zum Ziel hatten. Darüber hinaus gilt Kodály als einer der Väter des modernen ungarischen Schulmusiksystems.

Anders als für Bartók war die Volksmusik nicht die Basis für die grundlegende Erneuerung der Harmonik in seinen Kompositionen. Kodály fand einen sehr viel melodisch empfundeneren Stil, ließ sich von der Vokalpolyphonie der alten Meister Palestrina und Bach sowie vom musikalischen Impressionismus beeinflussen. Die Chormusik darf als sein Hauptwerk angesehen werden, so z.B. sein „Psalmus hungaricus" (1923). Zu den häufig gespielten Instrumentalwerken gehört die „Háry-János-Suite" (1927), die „Marosszéker Tänze" (1930), die „Tänze aus Galánta" (1933) sowie die „Pfau-Variationen" (1938/39).

Werke: Singspiele (darunter „Háry János"), weitere Orchesterwerke, Messen, Psalmvertonungen, zahlreiche geistliche und weltliche Chor-a-cappella-Kompositionen, Kammermusik, pädagogische Werke, Publizistik u.a.

Gian Francesco Malipiero

Italienischer Komponist und Pädagoge

* 18. März 1882 in Venedig
† 1. August 1973 in Treviso

Seine Ausbildung erhielt er in Venedig, Bologna und Wien, hörte 1908/09 in Berlin Vorlesungen bei Max Bruch und begann 1902 mit dem autodidaktischen Studium der Werke alter italienischer Meister. Als Pädagoge wirkte er 1921/24 am Konservatorium in Parma (Komposition) und ab 1932 am Liceo Musicale B. Marcello in Venedig, dessen Direktor er 1940/53 war. Neben seiner umfangreichen kompositorischen Tätigkeit setzte er das Studium alter Musik ständig fort und brachte im Ergebnis unter anderem Gesamtausgaben der Werke von Claudio Monteverdi und Antonio Vivaldi heraus. In Malipieros vielseitigem und umfangreichem Schaffen als Komponist ist neben dem Einfluss der Musik alter italienischer Meister auch der des musikalischen Expressionismus und des Gregorianischen Chorals spürbar. Überschreitung herkömmlicher Tonskalen, die vorwiegend aus der Beschäftigung mit dem Gregorianischen Choral herrührt, und die Lösung von traditionellen Formen kennzeichnen seine Musiksprache. Der Zwölftontechnik hat er sich erst spät und auch nur gelegentlich genähert. Ausgehend von der konzertanten Praxis des Barockzeitalters lässt Malipiero den melodischen Einfall und die Kunst des Improvisierens gegenüber festgelegten Formen der thematischen Entwicklung dominieren.

Arthur Schnabel

Österreichischer Pianist und Komponist

* 17. April 1882 in Lipnik
† 15. August 1951 in Morschach (Schweiz)

Er studierte 1888/97 bei Theodor Leschetitzky in Wien, war 1925/33 Leiter einer Meisterklasse für Klavier in Berlin, hielt nach 1933 mehrere Sommerkurse in Tremozzo und ging 1939 nach New York. Er zählte zu den hervorragenden Pianisten seiner Zeit (vor allem mit Werken von Ludwig van

Beethoven, Franz Schubert, Johannes Brahms) und genoss auch als Pädagoge einen ausgezeichneten Ruf.

Igor Strawinsky

Russischer Komponist

* 17. Juni 1882 in Oranienbaum bei St. Petersburg

† 6. April 1971 in New York

erhielt als Kind Klavierunterricht, ab 1903 bis 1908 Privatschüler von Rimskij-Korsakov. Erst nach Abschluss eines Jurastudiums 1905 Beginn ernsthafter Beschäftigung mit der Komposition. Frühe Werke fanden die Aufmerksamkeit von Sergei Pawlowitsch Diaghilew, dessen Ballett-Aufträge „Der Feuervogel“ (1910) und „Petruška“ (1911) Strawinsky rasch berühmt machten.
Bei der Uraufführung des Balletts „Le Sacre du Printemps“ am 29. Mai 1913 in Paris kam es wegen der vom Publikum als „barbarisch“ empfundenen Tonsprache zum berühmtesten Premierenskandal des 20. Jh.s. (Choreografie: Wazlaw Fomitsch Nijinski).
1914 sah Strawinsky Russland zum letzten Mal, er lebte bis 1920 vor allem in der Schweiz und ab 1920 in Paris. Ab 1920 Wohnsitz in Paris; Hauptwerke dieser Periode sind die Ballette „Pulcinella“ (1920), „Les Noces“ (1923), das Opern-Oratorium „Oedipus Rex“ von Jean Cocteau nach Sophokles (1927). 1939 übersiedelte Strawinsky in die Vereinigten Staaten, wo er ab 1941 seinen ständigen Wohnsitz in Hollywood hatte. In Amerika schrieb er die Werke seiner Spät- und Altersphase, von denen die „Symphonie in C“ (1940), das Ballett „Orpheus“ (1947), die Oper „The Rake‘s Progress“ (1951) und das Ballett „Agon“ (1957) besondere Erwähnung verdienen. Seine schon in den zwanziger Jahren begonnene Interpretentätigkeit setzte Strawinsky nach dem Zweiten Weltkrieg – jetzt ausschließlich als Dirigent eigener Werke – von Amerika aus fort. Werke: „Apollon und Musagète“ (Ballett), „Histoire du soldat“, „Circus Polka (für einen jungen Elephanten)“, „Psalmensymphonie“, „Requiem canticles“, „Abraham und Isaak“, „Violinkonzert in D“, Concerto in mi bemoll („Dumbarton Oaks“), „Ebony Concerto“, „Movements“ für Klavier und Orchester, Kompositionen für Solostimme und Klavier oder Ensembles in verschiedenen Besetzungen, Klaviermusik u.a.

Igor Strawinsky.

Leopold Anthony Stokowski

amerikanischer Dirigent

* 18. April 1882 in London

† 13. September 1977 in Nether Wallop, New Hampshire

Stokowski kam 1905 in die USA und leitete ab 1912 mit großem Erfolg das Philadelphia Orchestra (bis 1936). Er war einer der energischsten Förderer der Neuen Musik im 20. Jahrhundert und ähnlich wie L. Bernstein darum bemüht, dem Publikum neben dem klassischen Repertoire auch die Werke von G. Mahler, I. Strawinsky, A. Berg und anderen nahe zu bringen, auch mithilfe der neuen Medien Radio und Schallplatte. 1962 gründete er das American Symphony Orchestra. Stokowski wirkte auch in etlichen Spielfilmen mit, z.B. in „Hundred Men and a Girl“ (1937) und 1940 in „Fantasia“ von Walt Disney.

Karol Szymanowski

polnischer Komponist

* 6. Oktober 1882 in Tymoszówka (Ukraine)

† 29. März 1937 in Lausanne

Szymanowski, der zeitlebens viel reiste, lebte unter anderem von 1906 bis 1908 in Berlin und von 1912 bis 1914 in Paris sowie seit 1920 in Warschau. Sein kompositorisches Schaffen lässt sich in mehrere Phasen einteilen. Zunächst trat er in seinen ersten Klavierkompositionen die Nachfolge F. Chopins an, lernte in Deutschland die Werke M. Regers, R. Strauss’ und der musikalischen Moderne kennen und sammelte auf Reisen durch den Mittelmeerraum zahlreiche Eindrücke, die sich später in einigen impressionistischen, an Klangfarbenwirkungen reichen Kompositionen („König Roger", Oper, 1918-24; „Mythen" für Violine und Klavier, op. 30) niederschlugen. Später beschäftigte er sich wieder verstärkt mit Folklore und der Volksmusik verschiedener polnischer Regionen wie derjenigen der Goralen.

Seine Bedeutung liegt in seinem Spätwerk, in dem er für die Entwicklung der polnischen Musik entscheidende Impulse gab, unter anderem durch die Einbeziehung von Elementen der polnischen Volksmusik. Seine „Mazurkas", für Klavier geschrieben, wurden durch den Klaviervirtuosen Ignacy Jan Paderewski international bekannt.

Werke: „Hagith", Oper, op. 25 (1922), „König Roger", Oper, op. 46, „Harnasie", op 55 (Ballett), Symphonien (Nr. 1 f-Moll, op. 15, 1907; Nr. 2 B-Dur, op. 19; Nr. 3 , op. 27, 1921, „Das Lied von der Nacht"; Symphonie concertante für Klavier und Orchester (1932), 2 Violinkonzerte (1. op. 35, 1916; 2. op. 61, 1932) u.a.

Ernest Ansermet

schweizer Dirigent

* 11. November 1883 in Vevey
† 20. Februar 1969 in Genf

Er studierte bei Alexnadre Denéréaz in Lausanne, bei André Gédalge in Paris sowie bei Otto Barblan und Ernest Bloch in Genf. Als Nachfolger Bernhard Stavenhagens leitete er 1915/18 die Genfer Abonnementskonzerte und gründete hier 1918 das Orchestre de la Suisse Romande. Ab 1915 war er auch musikalischer Leiter des in Europa und Amerika gastierenden Russischen Balletts von Sergej Djagilew. Ansermet war ein namhafter Interpret moderner Werke (unter anderem Uraufführung von Igor Strawinskys „Geschichte vom Soldaten" 1918 in Lausanne). Als Musikpublizist nahm er lebhaft gegen die konstruktivistischen Richtungen in der neuesten Musik Stellung und erregte besonderes Aufsehen durch sein umfangreiches Buch *Les fondements de la musique dans la conscience humaine,* 2 Bände, 1961 („Die Grundlagen der Musik im menschlichen Bewusstsein",

Kostümentwurf für Strawinskys Ballett „Der Feuervogel".

München 1965). Er komponierte die sinfonische Dichtung *Feuilles au printemps,* Klavierstücke und Lieder.

Alfredo Casella

Italienischer Komponist, Dirigent und Pianist

* 25. Juli 1883 in Turin
† 5. März 1947 in Rom

Er erhielt den ersten Unterricht von seiner Mutter und studierte in Paris bei Louis Diemer (Klavier) und Gabriel Fauré (Komposition). Casella wirkte danach zunächst als Pianist, sodann als Konzertdirigent und 1912/15 als Leiter einer Klavierklasse am Konservatorium in Paris. 1915/23 war er Lehrer am Liceo musicale in Rom und gründete hier die Società Nazionale di Musica, aus der später die italienische Gesellschaft für moderne Musik hervorging. Er wirkte international als Dirigent und Pianist und betätigte sich als Kritiker und Schriftsteller an italienischen und ausländischen Zeitungen und Zeitschriften. Casella hob, sosehr er sich für eine übernationale musikalische Moderne einsetzte, die Traditionen der italienischen Musik hervor, indem er nicht nur als Bearbeiter, sondern ebenso als Komponist an barocke und frühklassische Formen und Besetzungen anknüpft oder sie wieder zu beleben suchte.

Anton (von) Webern

Österreichischer Komponist und Dirigent

* 3. Dezember 1883 in Wien
† 15. September 1945 in Mittersill, Salzburger Land

Anton Webern, der 1918 seinen Adelstitel ablegte, stammte aus einem musikalischen Elternhaus, das ihm zum bestandenen Abitur eine Reise zu den Bayreuther Festspielen ermöglichte. Während seines Musikwissenschaft-Studiums (ab 1902) traf er in Wien auf A. Schönberg, dem er sich 1904 als Schüler anschloss – eine Verbindung, die zu einer lebenslangen Freundschaft wurde. Von 1908 an wirkte er als Dirigent und Korrepetitor in Bad Ischl, Wien, Prag, Danzig u.a., bevor er sich 1920 in Mödling bei Wien niederließ und Männerchöre sowie Arbeiter-Symphoniekonzerte sozialdemokratischer Bildungseinrichtungen leitete. Zum Lebensunterhalt trugen ferner Tätigkeiten für die Universal Edition bei, einem Verlag, der auch seine Werke herausgab. Seit 1927 arbeitete er als Dirigent und Berater für Neue Musik beim Österreichischen Rundfunk. Nach dem Einmarsch der deutschen Truppen 1938 galt Weberns Musik als „entartet“, was ihn in schwere existenzielle Bedrängnis brachte. Webern fand in Mittersill, wohin er vor den nahenden russischen Truppen flüchtete, ein tragisches Ende durch einen (vermutlich) versehentlich abgefeuerten Schuss eines amerikanischen Soldaten.

Webern, neben A. Berg der zweite Meisterschüler Schönbergs, gilt als der radikalste Vertreter der von seinem Lehrer erfundenen Zwölftonmusik. Seine Werke bewegen sich von der freien Atonalität (1907/08 bis 1914; unter anderem George-Lieder, op. 3 und op. 4, 1907 bis 1909; Orchesterstücke op. 6 und op. 10, 1909 bis 1913) über die reihengebundene Atonalität (unter anderem 4 Lieder mit Orchester, op. 13, 1914 bis 1918; 2 Lieder für Chor und fünf Instrumente, op. 19, 1926) zur Reihentechnik. Viele seiner Werke sind extrem reduziert, in den zeitlichen Ausdehnungen (Einzelsätze von 80 bis 25 Sekunden!) ebenso wie in der Besetzung und der reinen musikalischen Substanz bis an die Grenze des Hörbaren. Die Vertreter der seriellen Musik der 1950er Jahre beziehen sich vor allem auf Webern als Wegbereiter.

Werke: Chorlieder, Kantaten, Lieder, Streichquartette, Klavierstücke u.a.

Anton Webern. Portrait von Max Oppenheimer, um 1908.

Wilhelm Backhaus

Deutscher Pianist

* 26. März 1884 in Leipzig
† 5. Juli 1969 in Villach

Schüler von E. d'Albert. Bedeutender Interpret der Klavierwerke von L. van Beethoven und J. Brahms. Backhaus unternahm mehrere Konzerttourneen durch Europa und wurde mehrfach ausgezeichnet.

Alban Berg

Österreichischer Komponist

* 9. Februar 1885 in Wien
† 24. Dezember 1935 in Wien

Der Komponist, zunächst Statthaltereibeamter in seiner Vaterstadt Wien, war von 1904 bis 1908 Schüler Arnold Schönbergs. Er hat verhältnismäßig wenig geschaffen, jedoch diese Schöpfungen mit starker Intensität des Ausdrucks erfüllt und jedem Werk einen nur diesem eigenen Formtypus verliehen. Die Summe seiner Lebensarbeit hat er der Oper „Wozzeck“ (nach Georg Büchner) gewidmet, einem Standardwerk des musikalischen Expressionismus, dem marksteinartige Bedeutung in der neuen Opernentwicklung zukommt, obwohl es kaum unmittelbare Nachfolge gefunden hat. Anders als selbst Schönbergs Opern, hat Bergs „Wozzek“ einen festen Platz im Repertoire aller großen Bühnen erobert. Aus Bergs Nachlass stammt eine zweite Oper „Lulu“ (nach Frank Wedekind), von der nur zwei Akte vollendet sind, die jedoch durch vorhandene Partiturskizzen zum Ganzen gestaltet werden konnte. Bergs letztes Werk ist sein berühmtes Violinkonzert „Dem Andenken eines Engels“, in dem Berg das zwölftönige Material so organisiert, dass er diesem eine bis zur Tonalität reichende Harmonik abgewinnen kann. Das Material des Konzertes enthält den zum Schluss zitierten Bachchoral „Es ist genug“ in seiner Grundstruktur bereits. Bekannt geworden sind auch die „Lyrische Suite“ für Streichquartett.

Werke: Drei Stücke op. 6 (1914-15), Kammerkonzert für Klavier und Violine (1923-25), Violinkonzert („Dem Andenken eines Engels“, 1935), „Lyrische Suite“ für Streichquartett (1926), 4 Stücke für Klarinette and Klavier op. 5 (1913), Streichquartett op. 3 (1911), verschiedene Werke für Klavier solo, „Der Wein“ (1929), Konzertarie für Sopran und Orchester, Fünf Orchesterlieder op. 4, Lieder, „Wozzeck“ op. 7 (Oper, 1914-21), „Lulu“ (Oper, 1927-35) u.a.

Jerome Kern

amerikanischer Komponist

* 27. Januar 1885 in New York
† 11. November 1945 ebenda

Er studierte unter anderem in Deutschland und wurde ab 1911 durch Operetten und später durch Filmmusik populär. Als eine Art Krönung dieses Genres kann sein Musical *Show Boat* (1927 Washington und New York) angesehen werden (darin die besonders durch Paul Robeson international bekannt gewordene Bassarie *Ol Man River).*

Otto Klemperer

Deutscher Dirigent

* 14. Mai 1885 in Breslau
† 7. Juli 1973 in Zürich

Interpret v.a. der Wiener Klassik und G. Mahlers; Klemperer studierte unter anderem bei Hans Pfitzner, wurde 1923 Generalmusikdirektor in Köln und 1927 Direktor der Berliner Kroll-Oper, die sich unter seiner Leitung zu einer der wichtigsten musikalischen Institutionen der 20er Jahre entwickelte. Daneben wirkte er als Dirigent des Philharmonischen Chors in Berlin. 1933 verließ Klemperer Deutschland und lebte danach in Los Angeles. Von dort aus unternahm er zahlreiche Konzertreisen in alle wichtigen Musikstädte; ab 1946 wieder in Europa tätig; 1955-1970 Chefdirigent des (New) Philharmonia Orchestra in London.

Wilhelm Furtwängler

Deutscher Dirigent

* 25. Januar 1886 in Berlin
† 30. November 1954 in Ebersteinburg (heute: Baden-Baden)

Sohn des Archäologen Adolf Furtwängler, kam in den 1920er Jahren über die Orchester von Lübeck, Frankfurt, Leipzig und Wien nach Berlin, um die Stabführung der Philharmoniker zu übernehmen (1922-45, 1947-54). 1931 wurde er künstlerischer Leiter der Bayreuther Festspiele und 1933 Direktor der Berliner Staatsoper. Furtwängler hatte sich zwar mit den Nationalsozialisten arrangiert, aber weil er den Familien der zwangspensionierten jüdischen Orchestermitglieder heimlich geholfen hatte, setzte sich nach Kriegsende der jüdische Violinvirtuose Y. Menuhin für Furtwängler ein: Das von den Alliierten verhängte Dirigierverbot wurde aufgehoben. Furtwängler dirigierte vor allem Werke von Beethoven, Schubert, Schumann, Wagner, Brahms und Bruckner.

Wilhelm Furtwängler bei Proben zu Wagners „Tristan und Isolde", 1942.

Arthur Rubinstein

polnisch-amerikanischer Pianist

* 28. Januar 1887 in Lodz
† 20. Dezember 1982 in Genf

Rubinstein war berühmt als Chopin-Interpret. Er unternahm mehrere Konzertreisen in die USA, deren Staatsbürgerschaft er 1946 erhielt. Rubinstein gab bis ins hohe Alter Konzerte und nahm zahlreiche Schallplatten auf.

Nadja Boulanger

französische Komponistin und Pädagogin

* 16. September 1887 in Paris
† 22. Oktober 1979 ebenda

Schon ihr Großvater und ihr Vater waren Lehrer am Pariser Konservatorium, wo sie bei Gabriel Fauré (Komposition) sowie bei Alexandre Guilmant und Lous Vierne (Orgel) studierte. 1908 erhielt sie für ihre Kantate *La Sirène* einen Rom-Preis. Boulanger war 1909/24 Assistentin der Harmonieklasse am Konservatorium. 1920/39 Lehrerin an der École Normale de Musique in Paris, wirkte sie 1921/50 auch als Dozentin am Amerikanischen Konservatorium in Fontainebleau. 1940/46 lebte sie in den USA (Dozentin an der Juilliard School). An diesen Ausbildungsstätten und in einer umfangreichen Tätigkeit als Privatlehrerin bildete Boulanger Generationen junger Komponisten des 20. Jahrhunderts aus (Jean Francaix, Jacques Chailley, Aaron Copland, Roy Harris, Walter Piston, Virgil Thomson und viele andere). Sie komponierte die Oper *La ville morte,* 1911, Lieder, Stücke für Violoncello und andere und veröffentlichte zahlreiche Musikkritiken.

Irving Berlin

amerikanischer Komponist

* 11. Mai 1888 in Temum (Sibirien)
† 22. September 1989 in New York

eigentlich: *Israel Baline*;
Berlins Familie emigrierte 1893 nach Amerika. Mit 19 Jahren komponierte er seinen ersten Song „Marie from Sunny Italy“ und sechs Jahre später die Ballade „When I Lost You“, die eine Plattenauflage von über 1 Million erreichte. Der Durchbruch gelang ihm bereits 1911 mit dem Welterfolg „Alexanders Ragtime Band“. Er organisierte Soldatenrevuen und gründete 1919 ein Musiktheater und einen Musikverlag. Der Schlagerkomponist schrieb auch Musicals, von denen das berühmteste „Annie Get Your Gun“ (1946) wurde. Berlin arbeitete außerdem 1927 an dem ersten Tonfilm („The Jazz Singer“) mit und verfasste in den folgenden Jahrzehnten Filmmusiken, unter anderem zu „Top Hat“ (1935) und „Blue Skies“ (1946).

Der Komponist war der Verfasser von über 1 500 Schlagern, darunter „White Christmas“, mit über 200 Millionen verkauften LP‘s ein weltweiter Weihnachtshit, und „God Bless America“, eines der heute noch populärsten Patriotenlieder der USA.

Für sein musikalisches Schaffen wurde Berlin 1968 mit dem Grammy sowie 1977 mit der „Medal of Merit“ und der „Medal of Freedom“ ausgezeichnet.

Arthur Rubinstein.

Lotte Lehmann

deutsche Sängerin

* 27. Februar 1888 in Perleberg
† 26. August 1976 in Santa Barbara, Kalifornien

Eine der bedeutendsten Sopranistinnen des 20. Jahrhunderts, v.a. als Strauss- und Wagner-Interpretin. Wanderte nach der Machtergreifung durch die Nationalsozialisten in die USA aus. Stationen ihrer Laufbahn waren das Hamburger Staatstheater, die Wiener Staatsoper, die Salzburger Festspiele und die Metropolitan Opera in New York. Nach Beendigung ihrer Gesangskarriere inszenierte sie auch an der Metropolitan Opera.

Heinrich Schlusnus

Deutscher Sänger, Bariton

* 6. August 1888 in Braubach (Rhein)
† 18. Juni 1952 in Frankfurt (Main)

Er studierte in Frankfurt und Berlin. Schlusnus entschloss sich erst nach einer Beinverletzung im 1. Weltkrieg für die Sängerlaufbahn, debütierte 1915 in Hamburg und ging noch im selben Jahr nach Nürnberg, von wo aus er 1917 an die Berliner Hofoper verpflichtet wurde und bis 1945 Mitglied der Staatsoper blieb.

Er gastierte regelmäßig an der Wiener Staatsoper und in London, sang 1927/28 an der Oper von Chicago und hatte auch in anderen internationalen Musikzentren, vor allem als hervorragender Liedinterpret, glänzende Erfolge. 1945/48 sang Schlusnus an der Oper in Frankfurt (Main) und trat 1951 letztmalig im Konzertsaal auf. Er galt als vorbildlicher Verdi-Sänger.

Fritz Busch

Deutscher Dirigent und Pianist

* 13. März 1890 in Siegen (Westfalen)
† 14. September 1951 in London

Er studierte am Kölner Konservatorium unter anderem bei Fritz Steinbach. Busch begann 1909 in Riga als Kapellmeister und Chordirigent, war ab 1911 Chorleiter des Musikvereins in Gotha, 1912 städtischer Musikdirektor in Aachen, 1918 erster Kapellmeister und 1919 Operndirektor in Stuttgart, 1922/33 Operndirektor in Dresden (Generalmusikdirektor).
1933 musste er Deutschland verlassen und ging nach Buenos Aires, 1937 nach Stockholm und wieder nach Amerika, wo er 1947 die argentinische Staatsbürgerschaft annahm. Busch trat neben seiner Tätigkeit als international anerkannter Opern- und Konzertdirigent auch als Pianist hervor.
Während seines vielseitigen Dresdner Wirkens leitete Busch Opern-Uraufführungen von Richard Strauss, Ferruccio Busoni, Paul Hindemith, Kurt Weill, Othmar Schoeck und Heinrich Kaminski und schuf mit seinen Aufführungen „Othello", „Falstaff" und „Ein Maskenball" (in Berlin) Grundlagen für die intensive Pflege von Giuseppe Verdis Bühnenwerken in neuerer Zeit. Er veröffentlichte die Autobiographie *Aus dem Leben eines Musikers,* 1949.

Beniamino Gigli

Italienischer Tenor

* 20. März 1890 in Recanati bei Ancona
† 30. November 1957 in Rom

neben E. Caruso bedeutendster lyrisch-heldenhafter Tenor (Belcanto) des beginnenden 20. Jahrhunderts. Gigli verstand sich als „Sänger des Volkes" und trug bei seinen Konzerten neben klassischen Stücken auch Volkslieder und Schlager vor.
Ab 1918 hatte der legendäre Tenor ein Engagement an der Mailänder Scala und war von 1920 bis 1932 Ensemblemitglied der Metropolitan Opera New York.

Jacques Ibert

Französischer Komponist

* 15. August 1890 in Paris
† 5. Februar 1962 in Paris

Ibert gab seine Absicht, Schauspieler zu werden, schon bald nach Eintritt in das Pariser Conservatoire 1910 auf. Er wurde Schüler von G. Fauré und gewann 1919 den Rompreis, der ihm einen dreijährigen Aufenthalt in der Villa Medici in Rom ermöglichte. Dort hielt er sich von 1937 bis 1940 und von 1946 bis 1960 als Direktor der Académie de France mehrfach auf. Obwohl Iberts Kompositionen von M. Ravel und C. Debussy beeinflusst sind und er sich in den 1920er Jahren stark zum Neoklassizismus hingezogen fühlte, verwendete der Komponist Mittel der verschiedensten musikalischen Stilrichtungen.
Werke: „Angélique" sowie sechs weitere Opern; Ballettmusiken; „Escales", drei symphonische Orchesterstücke; „La ballade de la geôle de Reading", Symphonische Dichtung; „Divertissement", Suite; „Paris", Suite; „Louisville-Konzert"; „Bacchanale" für Orchester; Flötenkonzert, Sinfonia concertante; Symphonie Nr. 2 („Bostoniana"); Bühnenmusiken, Filmmusiken, Kammermusik u.a.

Bohuslav Martinu

tschechischer Komponist

* 8. Dezember 1890 in Policka, Ostböhmen
† 28. August 1959 in Liestal

Martinu studierte in Prag bei Josef Suk Violine, besuchte kurzzeitig die Orgel- und Kompositionsklasse des Prager Konservatoriums und war ab 1913 Mitglied der Tschechischen Philharmonie. Es entstanden erste Werke wie „Die Nacht" für Orchester (1913/14) oder die Kantate „Tschechische Rhapsodie" (1918).
In den 1920er Jahren ging er erneut bei Suk sowie bei Albert Roussel in Paris in die Lehre und wurde maßgeblich beeinflusst durch Jazz, die Ideen der „Groupe des six" und neoklassizistische Strömungen. 1940 floh Martinu vor den Deutschen aus Paris in die USA, wo er bis 1953 als Kompositionslehrer, u.a. in Princeton und in New York wirkte.
Eine Einladung, in der Tschechoslowakei am Prager Nationalkonservatorium Komposition zu lehren, schlug er u.a. aus ideologischen Gründen aus. In seinen letzten Lebensjahren hielt Martinu sich in Italien, Frankreich sowie ab 1956 in der Schweiz auf.
Werke: „Die drei Wünsche" (1929), „Zweimal Alexander" (1937), „Griechische Passion" (1956-59) sowie über 10 weitere Opern, 12 Ballette, „Feldmesse" (1939), „Gilgamesch" (Oratorium, 1954/55), 6 Symphonien, Concerto grosso (1937), Sinfonia „La Jolla" (1948), „Mahnmahl für Lidice" (1943), „Die Fresken des Piero della Francesca" für Orchester (1955), 4 Klavierkonzerte, Sinfonia concertante (1949), Kammermusik, Klaviermusik u.a.

Arthur Bliss

Englischer Komponist

* 2. August 1891 in London
† 27. März 1975 ebenda

Er studierte am Royal College in London bei Charles Stanford und Gustav Holst. 1921 wurde er dort Professor, war 1923/25 Schauspieler in Santa Barbara (Calif./USA), ging 1939 zur Uraufführung seines Klavierkonzerts nochmals in die USA und war 1942/44 Leiter der Musikabteilung im englischen Rundfunk (BBC); 1950 Sir. Als Komponist wurde Bliss von einem radikalen Anhänger Igor Strawinskys zu einem Romantizisten im Sinne Edward Elgars. Tonale und atonale Ausdrucksweise sind gemischt, vorherrschend ist immer ein überschwänglicher Sinn für musikalische Farbwirkungen, der ihn auch zum Versuch einer „Farb-Sinfonie" führte. Erfolgreich sind vor allem seine Ballettkompositionen.

Sergej Prokofjew

Russischer Komponist und Pianist

* 11. oder 23. April 1891 auf Gut Sonzowka (Ukraine)
† 5. März 1953 in Moskau

Von 1904 bis 1914 besuchte Prokofjew das St. Petersburger Konservatorium, wo er bei Reinhold Glière und N. Rimskij-Korsakow studierte. 1908 Debüt als Pianist. 1918 verließ er Russland und lebte bis 1933 abwechselnd in Europa (v.a. in Paris) und in den USA. In seiner Exilzeit entstanden Ballette für die Ballets russes und die Oper „Die Liebe zu den drei Orangen" (Chicago, 1921). 1936 kehrte Prokofjew, dem als Komponist, Dirigent und Pianist kein dauerhafter Erfolg im Ausland vergönnt war, endgültig in seine Heimat zurück. Dort entwickelte er seine Musiksprache im Sinn eines russisch-sowjetischen Stils und sah sich in der Stalin-Ära immer wieder am Grat zwischen hoher Anerkennung durch den sozialistischen Staat, für den er zahlreiche Werke wie die „Kantate zum 30. Jahrestag der Oktoberrevolution" schuf, und scharfer Kritik im Zuge der Formalismusdebatte. Prokofjew starb am selben Tag wie Josef Stalin.
Werke: Opern (u.a. „Der Spieler" nach F. Dostojewski,); Ballette; Symphonien: Nr. 1 D-Dur, op. 25, („Symphonie classique", 1918); Nr. 2 d-Moll, op. 40 (1925); Nr. 3 c-Moll, op. 44 (1929); Nr. 4 C-Dur, op. 47 (1930); Nr. 5 B-Dur, op. 100 (1945); Nr. 6 es-Moll, op. 111 (1947); Nr. 7 cis-Moll, op. 131 (1952); 2 Violinkonzerte; 5 Klavierkonzerte; weitere Orchesterwerke („Peter und der Wolf") sowie Filmmusik (u.a. „Alexander Newskij" und „Iwan der Schreckliche" von Sergej Eisenstein, „Die letzte Nacht des Boris Gruschenko" von Woody Allen). Kammermusik, Klavierwerke u.a.

Arthur Honegger

schweizerischer Komponist

* 10. März 1892 in Le Havre
† 27. November 1955 in Paris

Honegger studierte bei Widor in Paris; gehörte der „Groupe des six" (D. Milhaud, F. Poulenc u.a.) an und entwickelte sich zu einem der bedeutendsten neuzeitlichen Symphoniker. Er komponierte Ballette, Kammermusik, Opern, Operetten und Orchesterwerke. Besonderes Aufsehen erregte seine Komposition „Pacific 231" (1923), die die Fahrt einer Dampflokomotive (eben der „Pacific 231") musikalisch schildert. Werke: „Antigone", „Le roi David" u.a.

Darius Milhaud

Französischer Komponist und Dirigent

* 4. September 1892 in Aix-en-Provence
† 22. Juni 1974 in Genf

Milhaud vertonte die Katalogtexte einer Blumenhandlung und einer Landmaschinen-Messe, nachdem ihm Kritiker vorgeworfen hatten, er vertone nur die Literatur bekannter Schriftsteller. Humor zeichnete den Franzosen aus der Provence aus. Seine Stücke sind größtenteils in polytonalem Stil gehalten. Milhaud war einer der Wegbereiter der neuen Musik, wollte jedoch leichte „Musik für alle Tage" schreiben und gehörte der „Group les six" (siehe dazu auch: A. Honegger, F. Poulenc) an, die sich in ideeler Anlehnung an E. Satie zusammenschloss. In Milhauds Werken ist sowohl der Einfluss von Literatur und Jazz als auch von Folklore zu spüren. Er schuf Ballette (berühmt ist vor allem „Le boeuf sur le toit"), Kammermusik, Opern („Christophe Colombe"), Orchestermusik und Symphonien.

Cole Porter

amerikanischer Komponist und Liedtexter

* 9. Juni 1891 in Peru, Indiana
† 15. Oktober 1964 in Santa Monica, Kalifornien

Porter wurde in den 1930er und 40er Jahren zu einem der beliebtesten Musical-Komponisten überhaupt. Seine gesamten Musicals wurden große Erfolge und als Bühnenerfolge häufig verfilmt. Porters Lieder waren eingängig und

die Texte dazu originell. Das Musical „Kiss me Kate“ (1948) wird noch heute regelmäßig gespielt und seine Songs sind mittlerweile Evergreens.
Weitere Musicals: „Anything goes“ (1936, daraus das oft interpretierte Lied „I get a kick out of you“), „Hollywood Canteen“ (1944, mit dem Hit „Don‘t fence me“), „Night and Day“ (1946, mit dem gleichnamigen Titelsong) u.a.

Richard Tauber

Österreichischer Sänger

* 16. Mai 1891 in Linz
† 8. Januar 1948 in London

eigentlich: *Richard Denemy;*
Schüler von Carl Beines in Freiburg (Breisgau); ab 1913 Mitglied der Dresdner Hofoper; 1933 Emigration nach Großbritannien und 1938 Mitglied der Covent Garden Opera (London); neben Tenorpartien wie „Kalaf“ in G. Puccinis „Turandot“ (Berlin, 1926) ist Tauber vorwiegend als Operettentenor bekannt geworden. Besonders F. Lehár komponierte für ihn etliche Rollen. In seinen letzten Lebensjahren schrieb Tauber sogar selbst eine Operette („Old Chelsea“), spielte in einem Film („Blossom Time“) mit, dirigierte (unter anderem „Der Vogelhändler“ von Carl Zeller) und sang 1946 am Broadway „Das Land des Lächelns“ von Lehár.

Clemens Krauss

Österreichischer Dirigent

* 31. März 1893 in Wien
† 16. Mai 1954 in Mexico City

Sohn der dramatischen Sängerin Clementine Krauss. Er sang mit 9 Jahren in der Wiener Hofkapelle und studierte bis 1912 am Wiener Konservatorium. Nach einer Tätigkeit als Chordirektor in Brünn und als Opernkapellmeister in Riga, Stettin und Graz ging er 1922 nach Wien zurück, dirigierte hier 1923 die Tonkünstlerkonzerte und war Staatsoperndirigent sowie Leiter der Kapellmeisterschule an der Akademie.
Krauss wurde 1929 Direktor der Wiener Staatsoper, 1934 Direktor der Berliner Staatsoper, war 1937/44 Intendant in München, leitete ab 1939 die Salzburger Festspiele und war nach 1945 wieder Dirigent in Wien. Krauss galt als hervorragender Operndirigent (vor allem der Werke von Richard Strauss, zu dessen persönlichen Freunden er zählte). Krauss ist Mitverfasser der Librettos zu Strauss‘ *Capriccio.*

Richard Tauber mit Jarmila Novotna in Franz Lehárs „Giuditta“, 1934.

Karl Böhm

Österreichischer Dirigent

* 28. August 1894 in Graz
† 14. August 1981 in Salzburg

1917 promovierte Böhm als Jurist und war im selben Jahr als Korrepetitor, später als erster Kapellmeister am Grazer Stadttheater, bis er von Bruno Walter an die Staatsoper in München geholt wurde.
Nach Aufenthalten in Darmstadt und Hamburg von 1934 bis 1943 wurde er Leiter der Dresdner Staatskapelle und dirigierte 1938 die Uraufführung der Oper „Daphne“ von R. Strauss. 1943 bis 1945 war er Direktor der Staatsoper in Wien. 1945/46 Auftrittsverbot. Nach einem Aufenthalt in Argentinien von 1954 bis 1956 wurde er erneut Staatsoperndirektor in Wien. Gastverpflichtungen an der New Yorker Met, in Bayreuth, an der Staatsoper in München sowie an allen anderen bedeutenden internationalen Opernhäusern. Im Zentrum von Böhms Interesse standen Werke von W.A. Mozart, A. Bruckner, R. Wagner und R. Strauss.

Karl Böhm.

Walter Piston

amerikanischer Komponist

* 20. Januar 1894 in Rockland, Maine
† 12. November 1976 in Belmont, Massachusetts

Piston komponierte Symphonien, Kammermusik, Konzerte, Orchesterwerke und ein Ballett. Er lehrte bis zum Ende der 1950er Jahre an der Harvard Universität. Für zwei seiner Symphonien wurde er mit dem Pulitzerpreis ausgezeichnet. Piston war auch als Musiktheoretiker tätig: z.B. „Harmony" (1941) oder „Orchestration" (1955).

Kirsten Flagstad

norwegische Sängerin, Sopran

* 12. Juli 1895 in Hamar
† 7. Dezember 1962 in Oslo

Sie sang im Opern- und Operettenfach bis 1927 in Oslo und danach in Göteborg. Flagstad wurde 1933 durch ihr Bayreuther Gastspiel weltbekannt, sang 1935/42 an der MET in New York sowie 1948/51 in England, wo sie in Henry Purcells „Dido und Aeneas" auftrat. Sie wurde vor allem als Wagner-Sängerin berühmt. Flagstad war mitbeteiligt an der Gründung des ersten ständigen norwegischen Opernhauses in Oslo und 1958/60 dessen Intendantin.

Walter Gieseking

Deutscher Komponist und Pianist

* 5. November 1895 in Lyon
† 26. Oktober 1956 in London

nach einer Pianistenausbildung in Hannover (1912-1917) war Gieseking zunächst Regimentsmusiker und konzertierte zwischen den beiden Weltkriegen in ganz Europa und in Teilen der USA. Er galt als einer der herausragendsten Interpreten der Wiener Klassik (vor allem W.A. Mozart), wurde aber auch für seine Interpretationen C. Debussys, M. Ravels, J. Strawinskys und B. Bartóks bekannt.

Paul Hindemith

Deutscher Komponist

* 16. November 1895 in Hanau
† 28. Dezember 1963 in Frankfurt am Main

1909 trat Paul Hindemith in das Hoch'sche Konservatorium in Frankfurt am Main ein. 1915 wurde er Konzertmeister am Frankfurter Opernhaus. Am 2. Juni 1919 wurden zum ersten Mal Kompositionen Hindemiths öffentlich aufgeführt.

Den eigentlichen Durchbruch brachte der Erfolg seines „Dritten Streichquartetts" bei den Donaueschinger Kammermusikaufführungen 1921. Drei Jahre später wurde er als Kompositionslehrer an die Berliner Musikhochschule berufen, wo er – wie später auch in den USA – zahlreiche Schüler ausbildete und jene Forschungen unternahm, die zur Grundlage für sein Lehrwerk „Unterweisung im Tonsatz" wurden.

Die Machtübernahme durch die Nationalsozialisten führte zum Boykott von Hindemiths Musik in Deutschland. 1934 kam es zu dem so genannten „Hindemith-Skandal": Unter W. Furtwängler hätte „Mathis, der Maler" aufgeführt werden sollen; Hermann Göring verbot die Veranstaltung, Furtwängler protestierte und erklärte öffentlich: „Es ist eine Schande, Hindemith zu diffamieren und ihn aus Deutschland zu vertreiben, da keiner der jungen Generation mehr für die Anerkennung der deutschen Musik geleistet hat." Ab 1934 hielt sich Hindemith zeitweise in Ankara auf, wo er mit der Reorganisation des türkischen Musiklebens betraut war, bevor er nach Konzertreisen und einem Aufenthalt in der Schweiz 1940 in die USA übersiedelte. Hier lehrte er bis 1953 an der University of Yale in New Haven (Connecticut). Weitere Lehrtätigkeit band ihn ab 1950 an den Lehrstuhl der Poetik an der Harvard University sowie ab 1951 an die Universität Zürich. Werke: „Mathis der Maler“, „Mörder, Hoffnung der Frauen“ nach Oskar Kokoschka (1919), „Sancta Susanna“ nach August Stramm (1921), „Cardillac“ nach E.T.A. Hoffmann, „Lehrstück“ nach Bertolt Brecht (1929), „Die Harmonie der Welt“. Liederzyklen „Das Marienleben“ und „Die junge Magd“, außerdem viel Kammer- und Orchestermusik, so auch eine Sonatenkomposition für *jedes* Instrument, einschließlich der Tuba, u.a.

Wilhelm Kempff

Deutscher Komponist und Pianist

* 25. November 1895 in Jüterbog
† 23. Mai 1991 in Positano (Italien)

Kempff entstammte einer Musikerfamilie, in der er die deutsch-österreichische Musikkultur der klassischen und romantischen Zeit kennen lernte. Studium von Klavier und Komposition an der Berliner Musikhochschule; zahlreiche Kompositionen (Opern, Orchesterwerke, Symphonien) für unterschiedliche Besetzungen; v.a. bekannt durch seine ausdrucksreichen Interpretationen der Werke Beethovens, Brahms‘ und Schumanns; Meister der Improvisation. 1924-29 Leiter der Württembergischen Hochschule für Musik.

Paul Hindemith.

Carl Orff

Deutscher Komponist und Musikpädagoge

* 10. Juli 1895 in München
† 29. März 1982 in München

Orff studierte zunächst in München Musik und erhielt danach verschiedene Kapellmeisterstellen in München, Mannheim und Darmstadt. 1922 gründete er die Günther-Schule und arbeitete an seinem später in der ganzen Welt benützten „Schulwerk“. Zu seinen Werken, die teilweise für die Aufführung vor Kindern bestimmt sind, gehört unter anderem „Die Weihnachtsgeschichte“. 1937 kam es zur Uraufführung der „Carmina burana“, mit der er seine ganz eigene Tonsprache gefunden hat. Orffs Gesamtwerk umfasst zahlreiche Chor- und Orchesterwerke sowie Musikschauspiele („Die Bernauerin“, „Oedipus der Tyrann“, „Die Kluge“, „Der Mond“ u.a.).

Roger Sessions

amerikanischer Komponist und Pädagoge

* 28. Dezember 1896 in Brooklyn (New York)
† 16. März 1985 in Primeeton (New Jersey)

Er studierte 1911/15 an der Harvard-Universität, anschließend bis 1917 an der School of Music in Yale bei Hora-

Carl Orff.

tio Parker und später bei Ernest Bloch. 1926/33 lebte Sessions vorwiegend in Florenz und Berlin. Nachdem er schon 1928 mit Aaron Copland die Copland-Sessions-Concerts in New York gegründet hatte, die der Aufführung zeitgenössischer Musik gewidmet waren, kehrte er 1933 in seine Heimat zurück. Hier wirkte er als Lehrer an verschiedenen Schulen, war 1944/52 Professor für Musik an der Universität von Kalifornien in Berkeley und war in gleicher Stellung 1953/65 an der Princeton-Universität tätig. Zuletzt lehrte er an der New-Yorker Juilliard School of Music. Kompositionen: Orchestermusik: 8 Sinfonien: 1927; 1946; 1958; 1963; 1966; 1967; 1968; Suite *The Black Maskers,* 1928; *Divertimento,* 1959; *Rhapsody,* 1970; Concertino (Kammerorchester), 1972; Konzerte: (Violine, Orchester), 1931/35; (Klavier, Orchester), 1956; (Violine, Violoncello, Orchester), 1971. Kammermusik: 2 Streichquartette: 1936; 1950; Streichquintett, 1957; Duo (Violine, Klavier), 1942; *Pastoral* (Flöte), 1929; Sonate (Violine), 1953. Klaviermusik: 3 Sonaten: 1930; 1946; 1965; *Pages from a Diary,* 1937/40. Opern: *The Trial of Lucullus* (1947 Berkeley); *Montezuma* (1964 Berlin/West); Schauspielmusik; Vokalmusik. Bücher: *The Musical Experience of Compsers, Performers, Listeners,* 1950; *Reflections on the Music Life in the United States,* 1956; *Questions about Music,* 1970.

Erich Wolfgang Korngold

Österreichischer Komponist

* 29. Mai 1897 in Brünn

† 29. November 1957 in Los Angeles

vollendete bereits mit 13 Jahren die Pantomime „Der Schneemann“, die 1910 an der Hofoper uraufgeführt wurde; ab 1909 Schüler von A. Zemlinsky in Wien. Seine spätromantischen Kompositionen feierten besonders in München große Erfolge. 1920 gab Korngold sein Debüt als Konzertdirigent und unternahm mehrere Tourneen. 1934 folgte er einer Einladung M. Reinhardts und emigrierte nach Hollywood, wo er später vor allem Filmmusiken und Revuen komponierte.

Stanislaw Moniuszko

Russischer Komponist

* 5. Mai 1819 in Ubiel (Minsk)

† 4. Juni 1872 in Warschau

Er erhielt von seiner Mutter den ersten Musikunterricht; ab 1827 unterrichtete ihn August Freyer in Warschau.

1837 ging er für 2 Jahre nach Berlin, um bei Karl Friedrich Rungenhagen Komposition zu studieren. Moniuszko veröffentlichte 1839 in Polen seine ersten Kompositionen (unter anderem 1 Vaudeville, 1 Messe, 1 Streichquartett). In Wilna wirkte er als Organist, Klavierlehrer und später als Dirigent am Theater. 1842 bewarb er sich in Petersburg vergeblich um eine Position, besuchte 1846 Warschau und erwarb das Libretto zu seiner Oper *Halka,* die er 1 Jahr später in 1. Fassung (2 Akte) vorlegte. Das Werk wurde jedoch erst 1858 in erweiterter Form in Warschau aufgeführt, nachdem Moniuszko durch weitere Werke namhaft geworden war. *Halka* hatte einen außergewöhnlichen Erfolg; Moniuszko wurde 1858 zum Direktor der Warschauer Oper ernannt. Reisen hatten ihn inzwischen nach Weimar zu Franz Liszt und nach Prag zu Bedřich Smetana geführt; in Paris gelang es ihm nicht, mit bedeutenden Komponisten in Kontakt zu treten. Erst 1862, während seines 2. Pariser Aufenthaltes, wurde er mit Gioacchino Rossini, Daniel F.E. Auber und Charles Gounod bekannt. Neben seinen Aufgaben als Operndirektor, die er bis zu seinem Tode erfüllte, war er als Komponist und als Professor für Harmonielehre und Komposition am Warschauer Musikinstitut tätig. Die meisten polnischen Komponisten der Jahrhundert-Mitte waren seine Schüler.

George Szell

amerikanischer Dirigent

* 7. Juni 1897 in Budapest
† 30. Juli 1970 in Cleveland, Ohio

ungarischer Abstammung. Bereits zehnjährig gab er am 30. Januar 1908 als Klavierspieler unter dem Dirigenten Oskar Nedbal ein Konzert mit den Wiener Tonkünstlern, die sich 1914 mit den Wiener Symphonikern zusammenschlossen. Bei diesem Konzert spielte er neben Werken von Mozart, Liszt und Chopin auch eigene Kompositionen. 1915 holte ihn R. Strauss an die Berliner Oper. Szell dirigierte in der Folgezeit viele bedeutende europäische Orchester. 1939 ging er in die USA, deren Staatsbürgerschaft er 1946 annahm. Im gleichen Jahr wurde er musikalischer Direktor des Cleveland Orchestra, das er bis zu seinem Tod leitete und zu einem Spitzenensemble formte.

George Gershwin.

George Gershwin

amerikanischer Komponist

* 26. September 1898 in New York
† 11. Juli 1937 in Los Angeles

Gershwin entstammte einer Familie, die erst in den neunziger Jahren des 19. Jh.s aus St. Petersburg eingewandert war. Als die Eltern – mehr aus Repräsentationsgründen denn aus wirklichem Interesse an der Musik – ein Klavier anschafften, war das Lebensziel des damals Zwölfjährigen bestimmt. Wenige Jahre später nahm er eine Stelle am Musikverlag Remick an, wo er die verlagseigenen Lieder Tag für Tag den Agenten, Managern und Kapellmeistern zum Verkauf vorzuspielen hatte.

Von früh an wusste Gershwin, dass er als zukünftiger Komponist „popular music" schaffen wollte, wie sie damals am besten von I. Berlin und Jerome Kern geschrieben wurde. Nachdem es ihm gelungen war, einige seiner Lieder in Revuen unterzubringen, erhielt er schließlich vom Musikverlag Harms ein kleines Stipendium, um frei arbeiten zu können.

1919 hatte seine erste Revue „La La Lucille" Premiere und wurde ein Erfolg, viele seiner Lieder waren inzwischen auch in Europa bekannt, wohin er 1923 seine erste Reise unternahm. Inzwischen war Gershwin klar geworden, in welche Richtung seine künstlerischen Pläne zu gehen hatten: Er wollte den Jazz konzertreif machen und dessen volkstümlichen Züge mit den melodischen Formen der Kunstmusik verschmelzen, wie sie ihm besonders bei den Franzosen und Russen begegneten.

1924 wurde die „Rhapsody in Blue" uraufgeführt, mit George Gershwin als Klaviersolisten (das einleitende Klarinettensolo stammt nicht von Gershwin). Nach einer zweiten Europareise folgte 1925 das im Auftrag der New Yorker Symphony Society geschriebene Klavierkonzert „Concerto in F".

Ira Gershwin schrieb mittlerweile fast alle Texte für die Kompositionen seines Bruders. 1928 unternahm Gershwin erneut eine Europareise. In Wien traf er mit F. Léhar, E. Kálmán und A. Berg zusammen. Auf dieser Reise entstanden große Teile von „An American in Paris“, das am 13. Dezember 1928 in New York uraufgeführt wurde. Seine dreiaktige Oper „Porgy and Bess“ wurde am 30. September 1935 in Boston uraufgeführt und anschließend vier Monate lang in New York gespielt. Gershwin starb 1937 an den Folgen einer Gehirnoperation.

Georges Auric

Französischer Komponist

* 15. Februar 1899 in Lodève (Hérault)
† 23. Juli 1983 in Paris

Er studierte am Pariser Konservatorium sowie an der Schola cantorum bei Vincent d'Indy. Mit 15 Jahren begann er zu komponieren. Um 1920 bildete Auric mit Arthur Honegger, Darius Milhaud, Germaine Teilleferre, Louis Durey und François Poulenc die Gruppe der „Sechs“ (Les Six), die sowohl das Wagnerianertum als auch die Musik des französischen Impressionismus und Maurice Ravels ablehnte und eine eigenständige neue nationale Musik erstrebte, wobei sie zunächst die Polytonalität auf ihre Fahnen schrieb. Die Bindungen der „Sechs“ lockerten sich später, da die bedeutendsten ihrer Mitglieder einen eigenen Persönlichkeitsstil fanden. Auric betätigte sich auch als Musikkritiker, vor allem an den *Nouvelles Littéraires.* Er war 1862/68 Generaldirektor der Französischen Nationaloper. Auric entwickelte seine kompositorische Tätigkeit in Richtung einer gemäßigt modernen, leichtflüssigen, spritzigen, oft auch humorvollen und ironischen musikalischen Kleinkunst, die in diesem Sinne etwas typisch Französisches an sich hat und ihn insbesondere als Film- und Bühnenkomponist kleinerer Formen bald international bekannt machte Die Hauptmelodie aus dem Film „Moulin Rouge“ wurde zu einem internationalen Schlager.

Sir Giovanni Battista „John“ Barbirolli

Englischer Dirigent

* 2. Dezember 1899 in London
† 29. Juli 1970 in London

Der Sohn eines italienischen Geigers studierte am Trinity College of Music und an der Royal Academy of Music in London. Von 1915 an war er zehn Jahre als Solocellist beim Queen's Hall Orchestra tätig, bevor er 25-jährig sein eigenes Barbirolli Chamber Orchestra gründete. 1937 wurde er für fünf Jahre der Nachfolger A. Toscaninis als Chefdirigent der New Yorker Philharmoniker. Danach leitete er das Hallé-Orchester in Manchester, das er in den folgenden 25 Jahren zu einem der europäischen Spitzenensembles machte. Von 1962 bis 1967 war er Chefdirigent des Huston Symphony Orchestras.
Besonders als Dirigent der Symphonien G. Mahlers zeichnete sich Barbirolli aus. Doch auch die Werke von W.A. Mozart, R. Schumann, L.H. Berlioz, J. Brahms und F.J. Haydn vermochte er einfühlsam zu dirigieren. Barbirolli besaß ein hohes Maß an Pflichtgefühl gegenüber den Komponisten, das Dirigieren hielt er für „eines der ungreifbarsten Geheimnisse der musikalischen Kunst“. 1949 wurde er für seine Verdienste um die Musik geadelt.

Carlos Chavez

mexikanischer Musiker und Komponist

* 1899 in Mexiko-City
† 1978 in Mexiko-City

Chavez beeinflusste mit seiner Musik maßgeblich die Kultur seines Landes. 1929 rief er das Symphonie-Orchester von Mexiko ins Leben. Später tat er als Präsident des Nationalinstituts der Schönen Künste sehr viel für das kulturelle Bewusstsein der Mexikaner. Chavez komponierte seine Lieder vor allem für Indios und Arbeiter, die ihre eigenen Orchester hatten.

Duke Ellington

amerikanischer Jazzmusiker

* 29. April 1899 in Washington (D.C.)
† 24. Mai 1974 in New York

eigentlich: *Edward Kennedy Ellington*; Ellington erhielt Klavierunterricht an der Armstrong High School in Washington, wo er von seinen Kommilitonen auf Grund seines vorbildlichen Benehmens den Beinamen „Duke“ erhielt. Nach dem Studium war er zunächst als Pianist und Komponist tätig, 1918 gründete er seine erste eigene Band, ab 1922 war er wiederholt Pianist-Bandleader verschiedener Big Bands. Seit Ende der zwanziger Jahre entwickelte er sich mit seiner Band zum führenden Jazz-Orchester und beeinflusste mit seinen Kompositionen vor allem den Traditional Jazz und den Swing. Dabei schuf er neben zahlreichen Jazz-Titeln wie „Creole Rhapsody“, „Check and Double Check“ und der „Black-Brown-and-Beige-Suite" auch Musik zu Filmen wie „Anatomy of a Murder" (1959) und „Paris Blues" (1961). Das bekannteste von ihm komponierte Lied ist wohl das bis heute häufig gecoverte „Mood Indigo" (1930).

Francis Poulenc

Französischer Komponist

* 7. Januar 1899 in Paris
† 30. Januar 1963 in Paris

Poulencs Lehrer waren Ricardo Vines, Charles Koechlin und M. Ravel. Außerdem unternahm er in den1920er Jahren musikalische Bildungsreisen nach Wien zu A. Schönberg und seinen Schülern sowie nach Italien zu A. Casella. Aber schon 1917/18 trat er in Kontakt mit A.E. Satie und dessen Schülerkreis, der zu dieser Zeit die Komponistenvereinigung „Groupe des six" gründeten, deren Mitglied er war. Nach einem ersten öffentlichen Erfolg mit der „Rapsodie nègre" (1918) machte er v.a. mit der Ballettmusik „Les biches" für die Ballets russes von sich reden. Er pflegte zu dieser Zeit, angelehnt an die Ideologie der „Groupe des six", einen sehr anti-intellektuellen, von der „Musikreligion" abgewandten Musizierstil, wendete sich in den 1930er Jahren verstärkt dem Katholizismus zu, was sich vielfach in seinen Werken niederschlägt („Stabat mater u.a."). In den 40er und 50er Jahren entstanden Lieder (v.a. auf Texte von P. Eluard, G. Apollinaire und J. Cocteau) sowie Opern („Les mamelles de Tirésias", 1947; „Dialogues des carmelites", 1955; „La voix humaine", 1958).
Weitere Werke (Auswahl): Concert champêtre für Cembalo und Orchester, „Aubade" für Klavier und 18 Instrumente, Konnzert für zwei Klaviere und Orchester d-Moll, Bühnen- und Filmmusiken, Kammermusik für Bläser, Klaviermusik.

Louis Daniel „Satchmo" Armstrong

amerikanischer Jazzmusiker

* 4. Juli 1900 in New Orleans
† 6. Juli 1971 in New York

Louis Armstrong erhob den Jazz zur Kunst, verknüpfte die emotionale Aussage mit musikalischer Technik und ließ sich zu den vitalsten Improvisationen hinreißen. Er erfand auch den so genannten Scat, einen Gesangsstil, bei dem Silben an Stelle von Wörtern gesungen werden. Sein Stil wurde zur Inspiration für viele Jazzmusiker.
Im alten kreolischen Viertel von New Orleans wurde Louis Daniel Armstrong als Sohn einer Putzfrau und eines Fabrikarbeiters geboren. Er war Mitglied im Chor, sang auf Beerdigungen und Volksfesten. 1917 wurde sein Talent von Kid Ory entdeckt; 1922 engagierte das landesweit beste Jazzorchester (King Olivers Band in Chicago) „Satchmo", dessen Name und rauchige Stimme über Nacht auf Amerikas Konzertbänken und Schallplatten zum Zeichen für höchste Qualität wurden. Auch auf der Trompete war er ein Meister. Mit seiner „Hot-Five-Band" ging er in den dreißiger Jahren auf zahlreiche Europa-Tourneen (London, Mailänder Scala). Er engagierte sich außerdem in der Bürgerrechtsbewegung unter Martin Luther King.
Alben (Auswahl): Rock, Rock, Rock, 1956; After School Session, 1957; St. Louis to Liverpool, 1964; San Francisco Dues, 1971.

Louis Daniel „Satchmo" Armstrong.

George Antheil

US-amerikanischer Komponist und Pianist

* 8. Juli 1900 in Trenton/ New Jersey
† 12. Februar 1959 in New York

Schüler von C. von Sternberg und E. Bloch. Ab 1922 trat er in Deutschland als Interpret eigener Werke auf und erregte häufig gegensätzliche Reaktionen, die ihn bald als Schöpfer von Maschinenmusik, der alles Romantisierende fremd war, zum Enfant terrible werden ließ. Von 1930 an orientierte er sich wieder vermehrt nach Amerika und ließ sich 1936 in Los Angeles nieder. Dort komponierte er, orchestrierte Filmmusiken und war unter anderem für Presse und Radio als Kommentator tätig.
Werke: „Airplane Sonata" (1922), „Ballet Mechanique" (1925), „Ameri-

can Symphony“ (ab 1931 mehrere Fassungen) u.a.

Aaron Copland

amerikanischer Komponist

* 14. November 1900 in New York
† 2. Dezember 1990 in New York

eigentlich: *Aaron Caplan*;
Copland studierte in Paris bei Nadia Boulanger und Paul Vidal und setzte sich später stark für die amerikanische zeitgenössische Musik ein. Er lehrte 1935-44 und 1951-52 an der Harvard University. Seine Musik ist von Einflüssen des Neoklassizismus, des Jazz und der Zwölftontechnik geprägt. Teilweise integrierte der Komponist Elemente der Volksmusik in seine Werke („El Salón Mexico“, 1936). Für das Ballett „Appalachian Spring“ erhielt er 1945 den Pulitzerpreis. Copland komponierte neben Klavierfantasien, Orchesterwerken und Symphonien auch Film- und Bühnenmusik.
Werke: „The Tender Land“ (Oper, 1952-54), „Billy The Kid“, (Ballett, 1938), „Rodeo“ (Ballett, 1942), 3 Symphonien (1924-46), „Fanfare for the Common Man“ (zu den Olympischen Spielen 1976, Montreal) u.a.

Ernst Krenek

österreichisch-amerikanischer Komponist

* 23. August 1900 in Wien
† 22. Dezember 1991 in Palm Springs

Studium bei F. Schreker in Berlin; ging mit seiner Jazzoper „Jonny spielt auf“ (Uraufführung 1927 in Leipzig) in die Musikgeschichte ein. Mit dieser Oper zeigt der Komponist den Wandel des expressionistischen Musiktheaters hin zur modernen Oper. 1938 emigrierte Krenek in die Vereinigten Staaten, wo er sich vornehmlich der elektronischen Musik widmete und an mehreren Universitäten unterrichtete.

Kurt Weill

Deutscher Komponist

* 2. März 1900 in Dessau
† 3. April 1950 in New York

An der Berliner Musikhochschule wurde Weill Schüler E. Humperdincks und später F. Busonis, der Weill allerdings zur reinen Instrumentalmusik

Kurt Weil.

führen wollte. Die Uraufführung seiner ersten Oper „Der Protagonist“ (1926) bestätigte indessen Weills starke Bühnenbegabung. Kurt Weill gilt zusammen mit Bertolt Brecht als Begründer des epischen Theaters. Seine Musik zu Brechts „Dreigroschenoper“ (1928) brachte auch ihm großen Erfolg ein. Er emigrierte 1933 nach Paris, danach in die USA, wo er die Musik zu zahlreichen Filmen und Broadway-Produktionen schuf.
Hauptwerke: „Dreigroschenoper“, „Aufstieg und Fall der Stadt Mahagonny“, „Die sieben Todsünden“.

Werner Egk

Deutscher Komponist und Dirigent

* 17. Mai 1901 in Auchsesheim (heute zu Donauwörth)
† 10. Januar 1983 in Inning am Ammersee

eigentlich: *Werner Joseph Mayer*;
zählt zu den bedeutendsten Komponisten der Moderne; wird oft in Verbindung mit C. Orff genannt, bei dem er in München Komposition studierte und in dessen Nähe er sich 1929 niederließ; machte mit der „Funkkantate“ erstmals auf sich aufmerksam; wandte sich dann mehr und mehr der Bühne zu; kennzeichnend ist seine trotz virtuosen Raffinements der Mittel bodenständige Tonsprache. Weitere Werke: „Columbus“, „Die Zaubergeige“, „Peer Gynt“, „Der Revisor“, „Siebzehn Tage und vier Minuten“, „Abraxas“, „Ein Sommertag“, „Die chinesische Nachtigall“ u.a.

Jascha Heifetz

amerikanischer Violinist

* 2. Februar 1901 in Wilna
† 10. Dezember 1987 in Los Angeles

polnischer Herkunft; Heifetz war sechs Jahre lang Schüler des großen Violinvirtuosen Leopold Auer. Er wuchs in dieser Zeit zu einem technisch außerordentlich versierten Violinisten heran. Mit neun Jahren gab er bereits sein erstes Konzert in St. Petersburg und spielte in der Folge unter anderem im Symphonieorchester von Pawlowsk. Langsam dehnte sich seine Konzerttätigkeit aus; 1917 siedelte er in die USA über. Besonders von Fritz Kreisler und Efrem Zimbalist gefördert, trat er noch im gleichen Jahr erstmals in der berühmten Carnegie-Hall New Yorks auf. Von da an wurde er zu den besten Geigern der Welt gerechnet. Seine unglaubliche Technik, die exakte Bogenführung und die vollendete Fertigkeit der linken Hand begeisterten überall. Sein weit gespanntes Repertoire reichte vom Barock bis zur modernen E-Musik.

Marian Anderson

amerikanische Sängerin, Alt

* 17. Februar 1902 in Philadelphia
† 8. April 1993 in Portland (Oregon)

Sie studierte bei Giuseppe Boghetti. Als Farbige hatte es Anderson schwer, im Musikleben der USA Fuß zu fassen. Erst eine Europatournee 1933/35 verhalf ihr zu internationaler Wertschätzung und trug ihr Gastspiele in Salzburg (1935), Frankreich, Deutschland, Skandinavien und Australien ein. 1938 wurde ihr die Ehrendoktorwürde der Universität von Washington verliehen. An der New Yorker MET sang sie 1955 mit außerordentlichem Erfolg als erste Farbige die *Ulrica* in Giuseppe Verdis „Ein Maskenball“. Anderson wird vor allem als Lied- und Oratoriensängerin geschätzt. Nach einer triumphalen Tournee in Indien und dem Fernen Osten wurde sie 1958 als Delegierte der USA-Regierung in die UN entsandt.

Richard Rodgers

amerikanischer Komponist

* 28. Juni 1902 in New York
† 31. Dezember 1979 in New York

Mit seinem ersten Partner Lorenz schrieb Rodgers „The Garrick Gaieties“. Diese Revue war der Beginn seiner Karriere. Weitere Musicals wie „Pal Joey“ und „The boys from Syracuse“ sollten folgen. Mit seinem Texter Hammerstein entstanden „Oklahoma“ und „The King and I“; bekannt wurden auch „South Pacific“ und „Two by Two“.

Sir William Turner Walton

Englischer Komponist

* 29. März 1902 in Oldham bei Manchester
† 8. März 1983 auf Ischia

Walton war mit dem Dichter Osbert Sitwell und dessen ebenfalls schriftstellerisch tätigen Schwester Edith befreundet. Er komponierte Ballette, Opern und Orchesterwerke. Eines seiner Hauptwerke ist die Oper „Troilus und Cressida“ (1954). Walton schrieb auch die Filmmusik zu „Heinrich V“ (1944) von Laurence Olivier. Weitere Werke: „Façade“ (1921), „Belshazzar‘s Feast“ (1931) u.a.

Bing Crosby

amerikanischer Sänger und Schauspieler

* 2. Mai 1904 in Tacoma, Washington
† 14. Oktober 1977 in Madrid

Ab 1930 konnte Crosby in der kalifornischen „Traumfabrik“ einen Er-

Plakat zur „Dreigroschenoper“, von Caspar Neher, Berlin 1928.

folg nach dem anderen verzeichnen, zunächst als Schlagersänger, dann auch vor der Kamera. Sein erster Film trug den Titel „The Big Broadcast of 1932“ (1932). Diesem folgte eine große Anzahl weiterer Filme, von denen vor allem „White Christmas“ („Weiße Weihnacht“) und „High Society“ („Die Oberen Zehntausend“, 1956, mit Frank Sinatra und Grace Kelly) hervorzuheben sind.

Boris Blacher

Deutscher Komponist

* 19. Januar 1903 in Niuzhuang (China)
† 30. Januar 1975 in Berlin

Seine erste Anerkennung als Komponist erhielt Blacher 1937 für seine „Concertante Musik“ für Orchester. Von 1953 bis 1970 war er Leiter der Berliner Musikhochschule. Mit seinen „variablen Metren“ leistete er einen wichtigen Beitrag zur seriellen Musik. Blacher komponierte Opern, Orchesterwerke, Kammermusik, Ballette und Filmmusik.
Hauptwerke: „Die Nachtschwalbe“, „Hamlet“; „Preußisches Märchen“ (1952); „Tristan“ (1965, Ballett); „Yvonne, Prinzessin von Burgund“ (1973).

Aram Iljitsch Chatschaturjan

Russischer Komponist

* 6. Mai 1903 in Tiflis
† 1. Mai 1978 in Moskau

Er begann 1922 mit dem Musikstudium (Violoncello sowie Komposition bis 1929 bei Michail F. Gnessin und bis 1934 am Moskauer Konservatorium bei Nikolai Ja. Mjaskowski, bei dem er ab 1937 Aspirant war). 1939/48 gehörte er dem Organisationskomitee des Komponistenverbandes der UdSSR an, 1957 wurde er hier Sekretär. Ab 1950 gab Chatschaturjan in der Sowjetunion und im Ausland zahlreiche Konzerte als Dirigent mit eigenen Werken. 1951 wurde er zum Professor für Komposition am Moskauer Konservatorium ernannt und lehrte gleichzeitig am Gnessin-Institut und leitete mehrfach Kurse für sowjetische Musik im Ausland. Chatschaturjans Tonsprache ist grundlegend von der armenischen Volksmusik beeinflusst und knüpft an die Tradition der großen russischen Komponisten des 19. Jahrhunderts an, die Elemente der orientalischen Musik für ihr Schaffen fruchtbar machten. Das Klavierkonzert, das Violinkonzert sowie das Ballett *Gajane* (insbesondere *„Der Säbeltanz“* aus diesem Ballett) sind weltberühmt geworden.

Nicolas Nabokov

amerikanischer Komponist

* 17. April 1903 in Ljubtscha (Minsk)
† 6. April 1978 in New York

Er war Schüler von Ferruccio Busoni und Paul Juon. Bis 1933 lebte er in Paris und hatte hier Kontakte unter anderem mit Sergej Djagilew, dann ging er in die USA und lehrte 1936/41 am Wells College, dann bis 1952 am Konservatorium Baltimore. 1963/68 war er künstlerischer Leiter der Festwochen in Berlin (West). Seither ist er wieder an US-amerikanischen Hochschulen pädagogisch tätig. Er schrieb: sinfonische Werke; Kammermusik; Klaviermusik; mehrere Opern: *Der Tod des Gregori Rasputin* (1959 Köln); *Love's Labour's Lost* (1973 Brüssel); Ballette; Vokalmusik.

Luigi Dallapiccola.

Count Basie

amerikanischer Jazzpianist und Bandleader

* 21. August 1904 in Red Bank (New York)
† 26. April 1984 in Hollywood (Florida)

eigentlich: *William Basie*;
„Count" Basies Musik gilt als Inbegriff des Swing. Seine „All American Rhythm Section" gehörte zu den besten Bands der Big-Band- und Swing-Ära des Jazz.
Basie erlernte das Klavierspiel zunächst von seiner Mutter, später nahm er Unterricht bei dem Organisten Fats Waller. Nach Wanderjahren als Begleiter eines Vaudeville-Ensembles wurde der junge Basie 1928 von den „Blue Devils" engagiert, war dann Pianist und Leiter der „Bennie Motens Big Band" in Kansas City. Mitte der dreißiger Jahre gründete er nach dem Tod Bennie Motens in Kansas seine eigene Band, die „All American Rhythm Section", die in verschiedenen Besetzungen bis zu seinem Tod bestand.
Basie ging kurze Zeit später zurück nach New York, wo er erste Plattenaufnahmen machte und auch Benny Goodman kennenlernte.
1942 gab er in „Reveille with Beverly" neben Frank Sinatra sein Filmdebüt. 1954 ging seine Band auf Europa-, 1957 auf England-Tournee. Im selben Jahr war die „All American Rhythm Section" die erste farbige Band, die im berühmten New Yorker Waldorf Astoria spielen durfte.
Count Basie überzeugte am Klavier durch seine ebenso ökonomische wie elegante Spielweise. Gemeinsam mit seiner Band und den hervorragenden Solisten, darunter Musiker wie der Saxophonist Lester Young und der Schlagzeuger Jo Jones, entwickelte er seinen typisch dynamischen und doch entspannten Stil. Die „All American Rhythm Section" bestach durch ihre präzisen Rhythmen und ihr ebenso perfektes wie brillantes Ensemblespiel.

Luigi Dallapiccola

Italienischer Komponist

* 3. Februar 1904 in Pazin, Istrien
† 19. Februar 1975 in Florenz

Dallapiccola verbrachte seine Jugendjahre in der istrischen Heimat und in Graz. Auf dem Konservatorium von Florenz, das ihn später in seinen Lehrkörper berief, war Dallapiccola Schüler von Ernesto Consoli (Klavier) und Vito Frazzi (Komposition). 1926 gründete er mit dem Geiger Sandro Materassi ein Duo, das vorzugsweise Neue Musik pflegte.
Als Komponist trat Dallapiccola zu Beginn der dreißiger Jahre hervor; mit seiner „Partita" (1933) lenkte er die Aufmerksamkeit der musikalischen Welt auf sich. Erste Anregungen hatte er von F. Busoni, außerdem von seinen italienischen Landsleuten Malipiero, Casella und Pizzetti empfangen, bis er dem Bann A. Schönbergs verfiel. Seitdem stellte er die Zwölftonmusik in den Dienst seiner künstlerischen Vorstellungswelt.
Dallapiccola ist ein nach starker Expression drängender Musiker, für den auch das Wort von maßgebender Bedeutung werden kann. Der Bühne zollte er mit dem Ballett „Marsyas" (1942/43), mit den Opern „Volo di notte" (1937-39), „Il prigioniero" (1944-48) und „Odysseus" (1968) seinen Tribut. Auch das Oratorium „Hiob" ist szenisch darstellbar.

Wladimir Horowitz

amerikanischer Pianist

* 1. Oktober 1903 in Bedischew (Ukraine)
† 5. November 1989 in New York

Nach einem Klavierstudium in Kiew (1910-21) ging Horowitz 1925 zu Studienzwecken ins Ausland. Bereits im selben Jahr feierte er seinen ersten Erfolg als Pianist in Hamburg. Auch sein erstes Konzert in der New Yorker Carnegie Hall war ein großer Erfolg. 1933 wurde der Klaviervirtuose amerikanischer Staatsbürger und gab in den folgenden Jahren Konzerte in den wichtigsten Konzerthäusern der Welt. Horowitz setzte sich vor allem mit den Werken P.J. Tschaikowskis, F. Chopins und S. Rachmaninows auseinander. Erst später interpretierte er auch die Werke W.A. Mozarts. Mit seinen Interpretationen der Klavierkonzerte großer Komponisten beanspruchte Horowitz stets eine Eigenständigkeit gegenüber den Werken selbst.

Hans Hotter

* 19. Januar 1909 in Offenbach am Main
† 6. Dezember 2003

Der deutsche Konzertsänger studierte in München Philosophie und Musikwissenschaft, außerdem an der Musikhochschule Orgel und Gesang. 1929 feierte er sein Debüt als Sänger. Danach sang Hotter unter anderem in Troppau, Breslau, Prag, Hamburg, München, Wien, London, New York und bei den Bayreuther Festspielen. Außerdem war er ab Anfang der sechziger Jahre auch als Opernregisseur tätig.
Große Erfolge feierte Hans Hotter vor allem als Heldenbariton in seinen Wagner-Interpretationen. Er identifi-

zierte sich sehr stark mit der jeweiligen Rolle, was bei den Zuschauern großen Eindruck hinterließ. Vor allem in seiner Rolle als Wotan im „Ring des Nibelungen“ überzeugte er.

Frederic Loewe

amerikanischer Komponist

* 10. Juni 1904 in Wien
† 14. Februar 1988 in Palm Springs, Kalifornien

Nach einem Studium der Musik feierte Loewe erste Konzerterfolge als Pianist, bevor er in die USA übersiedelte. Dort beschäftigte er sich eingehender mit der Komposition und begann sich nach und nach ganz dem Musiktheater zu widmen.

Sein erstes Musical „Life of the Party“ (1942), das in Zusammenarbeit mit dem Librettisten Lerner entstand, brachte ihm erste Erfolge ein. Der internationale Durchbruch gelang aber erst mit dem Musical „My Fair Lady“ (1956), das sich bis heute auf allen Bühnen der Welt ungebremster Beliebtheit erfreut. Neben zahlreichen anderen Musicals schuf Loewe auch die Musik zu mehreren Filmen.

Joseph Schmidt

rumänischer Sänger, Tenor

* 4. März 1904 in Daviolende (Rumänien)
† 16. November 1942 in Gyrenbad (Schweizer Internierungslager)

Er studierte in Wien und begann seine Kariere 1930 als Rundfunk- und Operettensänger (unter Eric Charell im Berliner Schauspielhaus). Wegen seiner Körpergröße (1,50 m) erhielt er nur wenige Aufgaben an Opernbühnen. Weltberühmt wurde er mit „Ein Lied geht um die Welt“. Es folgten Konzerttourneen (oft mit Erna Sack) durch Europa und Amerika (unter Richard Strauss). 1937 kehrte Schmidt nach Deutschland zurück, musste aber wegen erneuter Verfolgung durch das NS-Regime, wie schon 1933, flüchten und emigrierte über Belgien und Frankreich in die Schweiz.

Nikos Skalkottas

griechischer Komponist und Violinist

* 8. März 1904 in Chalkis (Insel Euböa)
† 19. September 1949 in Athen

Ersten Unterricht erhielt er von seinem Vater und einem Onkel. 1914/20 studierte er am Athener Odeion und anschließend bis 1923 in Berlin bei Willy Hess (Violine) und P. Kahn (Komposition).

In Berlin trieb er weitere Studien 1925/27 bei Philipp Jarnach und 1927/31 bei Arnold Schönberg an der Akademie der Künste. 1933 kehrte er nach Griechenland zurück und ließ sich in Athen nieder, wo er als Violinist am staatlichen Orchester, am Opernorchester und am Rundfunk-Orchester wirkte. Ein Skalkottas-Archiv in Athen bewahrt etwa 110 Manuskripte auf.

Marc Blitzstein

amerikanischer Komponist

* 2. März 1905 Philadelphia
† 22. Januar 1964 in Fort-de-France (Insel Martinique)

Er vollendete seine in den USA (unter anderem bei Alexander Siloti) begonnene Ausbildung 1926 in Paris bei Nadia Boulanger und 1927 in Berlin bei Arnold Schönberg, wo er auch mit Kurt Weill und Paul Dessau in Berührung kam. Blitzstein knüpfte an den Song-Theater-Stil der 20er Jahre an und suchte ihn für eine spezifisch US-amerikanische Musik nutzbar zu machen. In seinen Opern griff er zeitgenössische Stoffe seiner Heimat auf.

Karl Amadeus Hartmann

Deutscher Komponist

* 2. August 1905 in München
† 5. Dezember 1963 ebenda

Er begann seine Musikstudien an der Münchner Akademie; die Richtung seiner künstlerischen Entwicklung erhielt er jedoch erst später als Schüler Hermann Scherchens, der ihn auch mit dem Schaffen Arnold Schönbergs vertraut machte. Schon früher hatte sich Hartmann für die Kompositionen Alban Bergs begeistert, ohne jedoch zum Apologeten der Zwölftonmusik zu werden. Während einer 2jährigen Studienzeit bei Anton von Webern war er nicht kompositorisch tätig.

Seine frühen Arbeiten orientieren sich dagegen an Béla Bartók, Claude Debussy und Igor Strawinsky. Nach ersten Aufführungen eigener Werke in München erhielt er nach 1933 in Deutschland Berufsverbot. Aufführungen seiner Werke fanden weiterhin auf internationalen Musikfesten statt; Auszeichnungen erhielten Kompositionen von Hartmann 1936 in Genf und 1937 in Wien. 1945 gründete er in München die lange Zeit von ihm selbst geleiteten Musica-viva-Konzerte zur Aufführung neuer Musik durch beste Kräfte. Hartmann ist einer der bedeutendsten Sinfoniker der neueren Musik. Expressive Leidenschaftlichkeit und hohe Gesinnung kennzeichnen die meisten seiner farbenreich-vital angelegten, niemals dogmatischen Arbeiten.

Sir Michael Tippett

britischer Komponist

* 2. Januar 1905 in London
† 8. Januar 1998 in London

Der neben B. Britten führende englische Komponist im 20. Jh. blieb mit seinen Werken im Rahmen einer erweiterten Tonalität. Der Durchbruch gelang ihm mit dem Oratorium „A Child of Our Time“ („Ein Kind unserer Zeit“, 1944). 1966 wurde er geadelt.

Johnny Hodges

amerikanischer Altsaxophonist

* 25. Juli 1906
† 11. Mai 1970

gehörte seit 1928 dem Orchester von Duke Ellington als Altsaxophonist an. Wegen der großen Ähnlichkeit wurde Hodges oft für Ellington selbst gehalten. Trug mit seinem ganz ausdrucksvollen, typischen Vibrato-Ton erheblich zum Ellington-Sound bei.

Dimitri Schostakowitsch

Russischer Komponist

* 25. September 1906 in St. Petersburg
† 9. August 1975 in Moskau

Dimitri Schostakowitsch.

Schostakowitsch studierte an der Musikhochschule von Petrograd/ Leningrad, beendete 1923 den pianistischen Lehrgang des Instituts und 1925 auch das Studium der Komposition. Am 12. Mai 1926 wurde in Leningrad seine Erste Symphonie erfolgreich uraufgeführt. Die Teilnahme am Chopin-Wettbewerb konnte er 1927 für sich mit einem Ehrendiplom abschließen.
Ende der zwanziger Jahre war Schostakowitsch einige Zeit als Konzertpianist tätig; dann widmete er sich hauptsächlich der Komposition. Es entstand 1934 die Oper „Lady Macbeth von Mzensk“, die zunächst positiv vom Publikum aufgenommen, staatlicherseits vom Stalin-Regime durch den „Prawda“-Artikel „Chaos statt Musik“ (1936) öffentlich gebrandmarkt wurde. Seit dieser Zeit lebte Schostakowitsch in beständiger Angst, einer der Säuberungswellen unter den Künstlern zum Opfer zu fallen. Trotzdem unterrichtete er von 1937 bis 1958 an den Konservatorien von Leningrad und Moskau. Sein Liedzyklus „Aus jüdischer Volksdichtung“ von 1948 konnte erst 1963 uraufgeführt werden.
Nach dem Tod Stalins brachte die Liberalisierung der staatlich gelenkten Kulturszene auch für Schostakowitsch zahlreiche staatliche Preise und Einfluss in den Kulturgremien. Er wurde von zahlreichen ausländischen Universitäten zum Ehrendoktor ernannt. Seine Werke widmete er so wichtigen Persönlichkeiten wie Swjatoslav Richter und Emil Gilels (Klavier), M. Rostropowitsch (Violoncello), D. Oistrach (Violine) und dem Dirigenten Jewgeni Mravinski, die auch viele seiner Kompositionen uraufführten.
Werke: „Die Nase“, Oper; Ballette; Bühnenmusiken; Filmmusiken; 15 Symphonien (Nr. 1 f-Moll, op. 10; Nr. 2 H-Dur, op. 14, „Widmung an den Oktober“; Nr. 3 Es-Dur, op. 20, „Der 1. Mai“; Nr. 4 c-Moll, op. 43; Nr. 5 d-Moll, op. 47; Nr. 6 h-Moll, op. 54; Nr. 7 C-Dur, op. 60, „Leningrader“; Nr. 8 c-Moll, op. 65; Nr. 9 Es-Dur, op. 70; Nr. 10 e-Moll, op. 93; Nr. 11 g-Moll, op.103, „Das Jahr 1905“; Nr. 12 d-moll, op. 112, „Das Jahr 1917“; Nr. 13 b-Moll, op. 113; Nr. 14, op. 135; Nr. 15 A-Dur, op.141); Konzert für Klavier, Trompete und Streichorchester, op.35; Klavierkonzert Nr. 2 F-Dur, op. 102; 2 Violinkonzerte (1. a-Moll, op. 99; 2. cis-Moll, op. 129); 2 Violoncellokonzerte (1. Es-Dur, op. 107; 2. op. 126); 15 Streich-

quartette; Klaviermusik; Kammermusik; Lieder u.a.

Herbert von Karajan

Österreichischer Dirigent

* 5. April 1908 in Salzburg
† 16. Juli 1989 in Anif bei Salzburg

Karajan begann seine Laufbahn nach Studienjahren am Salzburger Mozarteum als Operndirigent in Ulm und wirkte danach in Aachen. Seit 1937 war er Gastdirigent der Berliner Staatsoper und der Berliner Philharmoniker. 1941 wurde er zum Chefdirigenten der Berliner Staatskapelle ernannt. Nach 1945 leitete er für längere Zeit die Wiener Symphoniker, die sich unter ihm zu einem der führenden Orchester entwickelten. Nach Furtwänglers Tod wählten ihn die Berliner Philharmoniker 1955 zu ihrem Chefdirigenten auf Lebenszeit. Gleichzeitig wurde er 1957 Direktor der Wiener Staatsoper, von der er sich 1964 jedoch wieder trennte, da er sich durch bürokratische Eingriffe in seiner künstlerischen Souveränität eingeengt fühlte. Daraufhin gab von Karajan bis 1967 kein Konzert in Österreich. 1967 gründete er die Osterfestspiele in Salzburg (Rücktritt als deren Leiter 1987, 1988 Rücktritt aus dem Direktorium der Salzburger Festspiele).

Olivier Messiaen

Französischer Komponist

* 10. Dezember 1908 in Avignon
† 28. April 1992 in Paris

Messiaen verfasste seine Werke unter Rückgriff auf gregorianische Muster, exotische Rhythmik und ein selbst entwickeltes System von Modi und deren Transpositionen. Seine Werk umfasst alle Bereiche, wobei die Orgel eine Sonderstellung einnimmt; das Orgelwerk Messiaens wird als das bedeutendste des 20. Jahrhunderts angesehen. Zu Messiaens bekanntesten Kompositionen zählen das „Livre d'orgue" (1951), die „Turangalîla-Symphonie" (1946-48) oder die Oper „Saint François d'Assise" (1983). Mit seiner Klavierkomposition „Mode de valeurs et d'intensités" legte Messiaen

Herbert von Karajan.

den Grundstein zur Seriellen Musik, von der er sich jedoch selbst bald wieder abwandte.

David Fjodorowitsch Oistrach

Russischer Violinist und Dirigent

* 30. September 1908 in Odessa
† 24. Oktober 1974 in Amsterdam

Oistrach zählt neben Y. Menuhin zu den bedeutenden Violinisten des 20. Jahrhunderts. Von 1934 bis 1974 arbeitete er als Lehrer am Moskauer Konservatorium und leitete zahlreiche Uraufführungen der Werke zeitgenössischer sowjetischer Komponisten wie beispielsweise S. Prokofjew und D. Schostakowitsch. Sein Stil war geprägt von technischer Vollkommenheit und kraftvoller Wärme. Mit seinen Interpretationen war Oistrach Gast in allen bekannten Konzertsälen der Welt.

Harald Genzmer

Deutscher Komponist

* 9. Februar 1909 in Blumenthal (Bremen)

Er studierte ab 1928 in Berlin bei Paul Hindemith Komposition, daneben Musikwissenschaft bei Curt Sachs und Georg Schünemann. 1934/37 wirkte er als Studienleiter an der Oper in Breslau und lebte danach als Komponist und Lehrer an Volksmusikschulen in Berlin.

1946 wurde er Professor für Komposition in Freiburg (Breisgau); 1957/70 wirkte er in gleicher Eigenschaft in München. Genzmers Schaffen ist in seiner Vielseitigkeit von Hindemith geprägt. Der pädagogische Akzent der stets klar gebauten Werke ist sowohl in den großen wie in den kleinen Formen unübersehbar.

Arthur „Art" Tatum

amerikanischer Jazzmusiker

* 13. Oktober 1909 in Toledo, Ohio
† 4. November 1956 in Los Angeles

Arthur Tatum wurde sowohl als Solist als auch durch sein 1943 gegründetes Trio bekannt (Klavier, Gitarre und Bass). Obwohl er seit seiner Geburt so gut wie blind war, wurde er am Klavier der überragende Virtuose der Swing-Epoche. Der Jazz verdankt seinem Klavierspiel viele Glanzpunkte.

Samuel Barber

amerikanischer Komponist

* 9. März 1910 in West Chester, Pennsylvania
† 23. Januar 1981 in New York

Der zunächst von der Spätromantik, dann von I. Strawinsky beeinflusste Komponist schrieb Symphonien, Orchesterwerke, Chöre und zwei Opern. 1935 erhielt er den Pulitzerpreis. Barber gehört heute zu den meistgespielten amerikanischen Komponisten.
Er studierte 1924-32 am Curtis Institute in Philadelphia, erlangte aber schon während dieser Zeit erste Anerkennung als Komponist. 1935-36 bereiste er als Stipendiat Europa und komponierte in Rom seine Erste Symphonie sowie das Streichquartett, op. 11, dem das berühmte „Adagio for Strings" angehört. Von 1943 an lebte er in Mount Cisco bei New York.
Werke: „First Essay" für Orchester (1937), Zweite Symphonie (1944/47), Violoncellokonzert (1945), „Vanessa" (Oper, 1958), „Anthony and Cleopatra" (Oper, 1966), 2 Ballette u.a.

Peter Pears

Englischer Sänger, Tenor

* 22. Juni 1910 in Farnham (England)
† 3. April 1986 in Aldeburgh

Er studierte am Royal College of Music in London, war Organist und Chorleiter in London und studierte dann Gesang. Pears sang ab 1935 im BBC-(Rundfunk)Chor und 1936/39 bei den New English Singers. Anschließend war er 3 Jahre in Nordamerika und wurde 1943 Mitglied der Sadler's Wells Opera in London. Mit Benjamin Britten verband ihn eine langjährige enge Freundschaft und gemeinsame künstlerische Arbeit (Pears sang in der Uraufführung einer Reihe von Opern Brittens). Gemeinsam mit Britten begründete er auch die Aldeburgh-Festspiele und gab altenglische Kammermusik heraus. Pears gastierte in Wien, Mailand, Rom, München sowie in den USA. Er war auch ein erfolgreicher Oratoriensolist (in Bach-Werken) und Liedsänger.

Jussi Björling

schwedischer Sänger, Tenor

* 2. Februar 1911 in Kopparbergslän (Store Tuna)
† 9. September 1960 in Siaroe (Stockholm)

Mit seinem Vater und zwei Brüdern sang er früh im Björling-(Vokal-)Quartett, das auf Konzertreisen international sehr erfolgreich war. Ab 1928 studierte er am Konservatorium in Stockholm und 1930/31 an der königlichen Opernschule. 1931/39 war Björling Mitglied des Stockholmer königlichen Theaters, ab 1938 trat er an der MET in New York auf, daneben als Gast in Rollen des italienischen Opernrepertoires in vielen Musikstädten der Welt (auch als Konzertsänger) und machte zahlreiche Schallplattenaufnahmen.

John Cage

amerikanischer Komponist und Schriftsteller

* 5. September 1912 in Los Angeles
† 12. August 1992 in New York

einer der Hauptvertreter der experimentellen Musik und der Aleatorik im 20. Jh. Erste Versuche als Maler und Komponist unternahm Cage ab 1930 während seines Architektur- und Klavierstudiums in Paris. In New York erhielt er Kompositionsunterricht unter anderem von A. Schönberg und J. Albers. 1941 war Cage Dozent für Experimentalmusik an der Chicago School of Art; danach arbeitete er an der School for Social Research in New York und hatte eine Professur an der Harvard University inne. Mit seinem musikalischen Werk beeinflusste Cage verschiedenste moderne Kunstströmungen, unter anderem Minimal Music, Konzeptkunst und Pop-Art. In seinen zahlreichen Happenings löste Cage die Grenzen zwischen den einzelnen Kunstgattungen auf – der Übergang von Literatur, Malerei, Musik und Tanz wurde fließend. Einen bedeutenden Raum in seinem kompositorischen Werk nimmt der Zufall (Aleatorik) ein; jede Aufführung wird damit unwiederholbar. Cage arbeitete bevorzugt mit Mitteln der Tonverfremdung und -verzerrung und verarbeitete auch Geräusche.
Werke: „Music for prepared piano", „roaratorio – ein irischer Zyklus über Finnegan´s Wake", „Rozart Mix", „ASLAP Organ 2" u.a.

John Cage.

Kathleen Ferrier

englische Sängerin, Alt

* 22. April 1912 in Higher Walton (Lancashire)
† 8. Oktober 1953 in London

Erst mit 30 Jahren begann sie mit dem Gesangsstudium, nachdem man bei einem Volksliedervortrag vor englischen Soldaten ihre Stimme entdeckt hatte. Nach ihrem Debüt 1942 (Matthäus-Passion) hatte sie ab 1944 als Oratorien-Sängerin großen Erfolg. 1946 gab sie mit der Titelrolle in der Uraufführung von Benjamin Brittens „Der Raub der Lucrezia“ ihr Bühnendebüt, widmete sich aber nach einer zweiten Opernaufgabe, der Titelpartie in Christop Willibald Glucks „Orpheus“ wieder ausschließlich dem Konzertgesang. Gastspiele führten sie nach Mailand, Salzburg, Wien, Brüssel, New York, San Francisco, Stockholm und Amsterdam. Sie galt als beste Altistin der Jahrhundertmitte; eine unheilbare Krankheit setzte ihrer Laufbahn ein frühes Ende.

Georg Solti

Englischer Dirigent Ungarischer Herkunft

* 21. Oktober 1912 in Budapest
† 5. September 1997 in Antibes

Er war Schüler von Ernst von Dohnanyi und Zoltán Kodály. 1930/39 war er als Kapellmeister an der Oper in Budapest tätig; anschließend ging er in die Schweiz und wirkte ab 1946 als Dirigent in München (Generalmusikdirektor); 1952/61 war Solti Leiter der Museumskonzerte und Operndirigent in Frankfurt (Main), 1961/71 musikalischer Chef der Londoner Covent Garden Opera (1972 Sir), leitete dann kurze Zeit das Chicago Symphonic Orchestra und ging 1973 mit Rolf Liebermann an die Pariser Oper. 1979/83 Chefdirigent des London Philharmonic Orchestra; 1992/94 künstlerischer Leiter der Salzburger Osterfestspiele.

Benjamin Britten

Englischer Komponist

* 22. November 1913 in Lowestoft
† 4. Dezember 1976 in Aldeburgh

Britten, bei dem sich bereits sehr früh schöpferisches Talent zeigte, nahm ersten Kompositionsunterricht schon

Benjamin Britten.

als 14-Jähriger bei Frank Bridge, bevor er am Royal College of Music in London ein reguläres Klavier- und Kompositionsstudium aufnahm. Erste Aufführungen seiner Werke fanden 1932 („Phantasy“, op. 2 im Rundfunk) sowie 1933 („Sinfonietta“, op. 2) statt. Britten komponierte zunächst für Oper, Film und Rundfunk. Die Zusammenarbeit mit dem Dichter W.H. Auden wurde für ihn wegweisend. 1939 ging er mit seinem Lebensgefährten Peter Pears, einem bedeutenden Sänger, für vier Jahre nach Amerika und ließ sich danach in Aldeburgh (Suffolk) nieder. Benjamin Britten trat vielfach als Dirigent sowie als Klavierbegleiter eigener und fremder Werke erfolgreich auf. 1947 war er Mitbegründer der English Opera Group, 1948 folgte die Gründung des jährlich stattfindenden Aldeburgh Festivals, das bald zu einer wichtigen Institution im englischen Musikleben wurde.

Benjamin Britten genießt in seiner Heimat höchstes Ansehen und gilt als Erneuerer der Britischen Musik im 20. Jh., ein Ruf, der ihm besonders seit seiner ersten Oper „Peter Grimes“ (1945) anhaftet.

Weitere Werke wie „Der Raub der Lukretia“ (1946), „Billy Budd“ (1951) und „Gloriana“ (1953) folgten. Eine seiner wichtigsten Opern ist die Vertonung von Shakespeares „Mittsommernachtstraum“ (1960). Neben Opern komponierte Britten Filmmusik, Liederzyklen und das große Chorwerk „War Requiem“ (1962). Bedeutende Orchesterwerke sind die „Simple Symphony“, op. 4 (1934), jeweils ein Klavier- und ein Violinkonzert (1938 bzw. 1940), die „Four Sea Interludes“ op. 33a (aus „Peter Grimes“, 1945), „The Young Person’s Guide to the Orchestra“, op. 34 (1946) sowie das Violoncellokonzert, op. 68 (1964).

Ferenc Fricsay

Ungarischer Dirigent

* 9. August 1914 in Budapest
† 20. Februar 1963 in Basel

Fricsay gilt als einer der bekanntesten Dirigenten des 20. Jh.s. Von 1948 bis 1952 war er Generalmusikdirektor der

städtischen Oper Berlin, von 1956 bis 1958 Generalmusikdirektor der Bayerischen Staatsoper in München. Berühmt wurde Fricsay auch für seine Rundfunk- und Schallplattenaufnahmen mit dem RIAS-Orchester, dessen Leitung er von 1948 bis 1954 und ab 1960 innehatte. Er war außerdem musikalischer Leiter der Deutschen Grammophon-Gesellschaft.

Rafael Kubelik

tschechischer Komponist und Dirigent

* 29. Juni 1914 in Býchory bei Kolin
† 11. August 1996 in Luzern

Sohn des Klaviervirtuosen Jan Kubelik, studierte von 1928 bis 1934 am Tschechischen Konservatorium in Prag Klavier, Violine, Komposition und Orchesterleitung. 1936 bis 1948 war er Dirigent des Philharmonischen Orchesters in Prag, danach Chefdirigent des Chicago Symphonic Orchestra und Musikalischer Leiter des Royal Opera House Covent Garden in London. Von 1961 bis 1979 wirkte er als Chefdirigent des Symphonieorchesters des Bayerischen Rundfunks in München, 1973 außerdem als Musikalischer Direktor der Metropolitan Opera New York. Neben seinen zahlreichen Interpretationen klassischer und romantischer Werke der Musikgeschichte hinterließ der Dirigent auch mehrere eigene Kompositonen.

Edith Piaf

französische Chansonsängerin

* 19. Dezember 1915 in Paris
† 11. Oktober 1963 in Paris

von Louis Leples in den 30er Jahren in Paris entdeckt und am 26. Oktober 1935 einem größeren Publikum (darunter Maurice Chevalier) vorgestellt. Mit ihren Chansons „Mylord“, „Non, je ne regrette rien“, „La vie en rose“, „Feuilles mortes“, „C‘est à Hambourg“ u.a. wurde sie weltberühmt. Edith Piaf bewegte wie keine andere ihres Genres das kulturelle Leben, besonders in Frankreich. Jean Cocteau bezeichnete sie als „Die Tragödie des Chanson“.

Elisabeth Schwarzkopf

deutsche Opern- und Konzertsängerin

* 9. Dezember 1915 in Jarotschin bei Posen

Sopranistin von internationaler Geltung. Sie trat in den bedeutenden Opernhäusern der Welt auf: Berliner, Wiener, Londoner Oper, Mailänder Scala u.a. Insbesondere als Interpretin von Frauenrollen in W.A. Mozarts Opern machte sie sich einen Namen. 1975 beendete sie ihre Konzertkarriere und zog sich ins Privatleben zurück, trat jedoch 1981 als Opernregisseurin („Der Rosenkavalier“) wieder in Erscheinung. Außerdem unterrichtet sie Meisterklassen. 1992 wurde Schwarzkopf von der britischen Königin geadelt.

Humphrey Searle

britischer Komponist

* 26. August 1915 in Oxford
† 12. Mai 1982 in London

Searle studierte Musik am Royal College of Music in London und bei A. v. Webern. Er arbeitete seit 1938 in der Musikabeilung der BBC und war von 1965 bis 1975 Professor am Royal College of Music. Nach ersten noch von der Romantik beeinflussten Kompositionen verfasste Searle 1947 seine erste Zwölftonkomposition. Seine Opern, Symphonien und Konzerte zeichnen sich durch eine expressive Musiksprache aus.
Werke: Opern: „Tagebuch eines Irren“ (1958), „Das Foto des Colonel“ (1964), „Hamlet“ (1968); Ballett: „Dualities“ (1963) u.a.

Frank Sinatra

amerikanischer Sänger, Schauspieler, Regisseur und Produzent

* 12. Dezember 1915 in Hoboken, New Jersey
† 14. Mai 1998 in New York

eigentlich: *Francis Albert Sinatra;*
Der Sohn italienischer Einwanderer wollte zunächst Journalist werden, gründete dann jedoch das Gesangsquartett „The Hoboken Four“. 1939 debütierte er im Orchester von Harry James und begann 1943 mit „All or Nothing at All“ eine Solokarriere. Der Beiname „The Voice“ war ein Tribut an Sinatras unvergleichliche Stimme, durch die er berühmt wurde. Durch seinen Stil, der eine Mischung aus Swing, Jazz und Schlager war, beeinflusste der Sänger viele seiner Kollegen. Seine größten Erfolge waren „I‘ve Got You Under My Skin“, „The Lady is a Tramp“, „Strangers in the Night“, „My Way“ und „New York, New York“.
Seit den 1940er Jahren trat Sinatra auch in Filmen und Filmmusicals auf. Ein Durchbruch als Schauspieler gelang ihm aber erst 1953 mit dem Kriegsfilm „Verdammt in alle Ewigkeit“ (nach einer Romanvorlage von James Jones), in dem er an der Seite von Montgomery Clift und Burt Lancaster spielte. Weitere bekannte Filme sind „Der Mann mit dem goldenen Arm“ (1955) und „Die oberen Zehntausend“ (1956).

Frank Sinatra.

Der charismatische Schauspieler und Sänger arbeitete bis 1993.

Karl-Birger Blomdahl

schwedischer Komponist

* 19. Oktober 1916 in Växjö
† 14. Juni 1968 in Stockholm

Er war in Stockholm Kompositionsschüler von Hilding Rosenberg, Dirigierschüler von Tor Mann und weilte als Stipendiat in Frankreich und Italien. 1954 übernahm Blomdahl die Leitung der Stockholmer Kammermusik-Vereinigung Fylkingen, hielt 1954/55 Gastvorlesungen in den USA und war im Vorstand der Schwedischen Philharmonie sowie im schwedischen Komponistenverband tätig. 1960/64 war er Professor für Komposition an der Stockholmer Musikhochschule und danach Musikchef am schwedischen Rundfunk.

Dizzy Gillespie

amerikanischer Jazzmusiker

* 21. Oktober 1917 in Cheraw, South Carolina
† 6. Januar 1993 in Englewood, New Jersey

eigentlich: *John Birks*;
bedeutender Jazztrompeter und maßgeblich an der Entwicklung des Bebop beteiligt. Nach einem Studium der Harmonielehre und der Musiktheorie in North Carolina ging Gillespie 1937 zusammen mit T. Hill auf Europa-Tournee. 1945 brachte er seine erste Schallplatte heraus, die ihm große Anerkennung einbrachte. Titel wie „Shaw ‚Nuff", „Salt Peanuts" und „Hot House" gingen in die Jazzgeschichte ein. Von 1946 bis 1950 ging er mit seiner eigenen Big Band auf Europa-Tournee und gründete schließlich 1951 die Plattenfirma „Dee Gee".
Alben: „Dee gee days" (1951), „Max and Dizzy, Paris 1989" (1989), „To Bird with Love – Live at the Blue Note" (1990) u.a.

Sir Yehudi Menuhin

amerikanischer Violinist

* 22. April 1916 in New York
† 12. März 1999 in Berlin

Menuhin zählt neben D. Oistrach zu den bekanntesten Violinvirtuosen des 20. Jahrhunderts. Er war Schüler von E. Ysaye und G. Enescu. Menuhin gab seine ersten Konzerte mit acht Jahren und war seit 1982 Präsident des Royal Philharmonic Orchestra London. Besonders hervorzuheben ist Menuhins Engagement für junge Musiker. Er gründete 1963 die Yehudi Menuhin-School. Als Interpret reichte seine Bandbreite von Werken Bachs und Corellis über die großen klassischen und romantischen Violinkonzerte bis hin zu Werken der klassischen Moderne (B. Bartók u.a.)
Er wurde 1966 von der englischen Königin zum Ritter geschlagen (Sir), erhielt 1985 die britische Staatsbürgerschaft und wurde 1993 Mitglied des britischen Oberhauses. 1979 wurde Menuhin mit dem Friedenspreis des Deutschen Buchhandels geehrt.

Leonard Bernstein

amerikanischer Komponist, Pianist und Dirigent

* 25. August 1918 in Lawrence, Massachusetts
† 15. Oktober 1990 in New York

Leonard Bernstein studierte an der Harvard-Universität in Cambridge neben Musik auch Sprachen und Philosophie. 1943 war Bernstein Hilfsdirigent bei den New Yorker Philharmonikern, bereits im nächsten Jahr dirigier-

te er Konzerte in der Carnegie Hall. Von 1945 bis 1948 leitete er ein eigenes Orchester, trat dann als Gastdirigent in den Vereinigten Staaten und in vielen Ländern Europas auf, wurde 1957 zweiter Dirigent der New Yorker Philharmoniker und 1958 ihr alleiniger Leiter (bis 1969). Bei seinem Scheiden wurde er zum Ehrendirigenten der New Yorker Philharmoniker ernannt.
Bernstein komponierte Symphonien, Musicals („On the Town", 1944) und Ballette („Facsimile", 1946). Sein mit Sicherheit populärstes Werk ist das Musical „West Side Story" (1957).

Gottfried von Einem

Österreichischer Komponist

* 24. Januar 1918 in Bern
† 12. Juli 1996 in Oberdürrnbach, Oberösterreich

Von Einem begann bereits im Alter von 6 Jahren mit dem Klavierunterricht und versuchte sich in ersten Kompositionen. Der Meisterschüler von B. Blacher arbeitete seit 1938 an den Staatsopern in Berlin und Dresden sowie bei den Bayreuther und Salzburger Festspielen. 1965 wurde er zum Professor für Komposition in Wien berufen. Er vertonte vor allem literarische Stoffe, daneben schuf er Orchesterwerke, Kammermusik und Liederzyklen.
Hauptwerke: „Dantons Tod" (1947), „Der Prozess" (1953), „Besuch der alten Dame" (1971), „Kabale und Liebe" (1976), „Tulifant" (1990).

Gottfried von Einem.

Thelonius Monk

amerikanischer Jazz-Musiker und Komponist

* 10. Oktober 1917
† 17. Februar 1982

Monk erhielt bereits mit sechs Jahren Klavierunterricht; als 13-Jähriger spielte er in New Yorker Jazzbands und verließ mit 16 die High-School, um sich völlig der Musik widmen zu können. In den späten 1930er und frühen 40er Jahren spielte er zusammen mit Charly Parker, Dizzie Gillespie und Kenny Clarke und gehörte zu den Gründern des Bebop. Seinen ersten großen Erfolg hatte er mit dem Titel „Round Midnight". Sein karger, avantgardistischer Stil, die Dissonanzen, seine besonderen rhythmischen und harmonischen Effekte waren für viele nicht leicht zu verstehen. Dazu kam seine ganz und gar unorthodoxe Aufmachung und Lebensweise. Zu seinen Partnern zählte unter anderen der berühmte John Coltrane. Ende der 1950er Jahre machte er einige große Tourneen durch Japan und Europa. Sein letzter Auftritt fand 1976 in der New Yorker Carnegie Hall statt.

Birgit Nilsson

schwedische Sopranistin

* 17. Mai 1918 auf Västra Karup bei Malmö

Nach einem Studium an der Königlichen Musikakademie in Stockholm, debütierte Nilsson 1944 an der Stockholmer Oper. Seit einer Tournee durch Deutschland und Italien feierte sie internationale Erfolge und war vor allem bei den Wagner-Festspielen in Bayreuth eine immer wieder gern gesehene Sopranistin. Birgit Nilsson zeichnete sich vor allem durch klare Intonation und ein einfühlsames Bühnenspiel aus. Für ihr Wirken erhielt sie zahlreiche Ehrungen.

Dave Brubeck

amerikanischer Jazzpianist und -komponist

* 6. Dezember 1920 in Concord, Kalifornien

Brubeck studierte bei Darius Milhaud und Arnold Schönberg; er beeinflusste den Jazz auf grundlegende Weise. Das „Dave Brubeck Quartet", gegründet 1951 von Brubeck und Altsaxophist Paul Desmond, erweckte nicht nur das öffentliche Interesse an Jazz nach dem Zweiten Weltkrieg wieder, sondern war auch ein integraler Teil des so genannten „West Coast Cool Jazz"-Stils, der den amerikanischen Jazz in den 1950er und 60er Jahren prägte. Dem „Cool Jazz" wird allerdings von Kritikern vorgeworfen, dass seine Intellektualität zu Lasten der Intensität und des Drives der Stücke gehe. Das innovative Album „Time Out", das 1959 veröffentlicht wurde, war nicht nur das erste Jazz-Album mit einer Million verkaufter Exemplare (auch dank der Single-Auskopplungen „Take Five" und „Blue Rondo à la Turk"), sondern beeinflusste auch andere Musiker stark. Brubeck verließ das Quartett nach äußerst erfolgreichen Jahren 1967, um seine Fähigkeiten als Komponist weiter zu entwickeln.

Bruno Maderna

Italienischer Komponist und Dirigent

* 21. April 1920 in Venedig
† 13. November 1973 in Darmstadt

Er studierte bis 1940 Komposition, Violine und Klavier am Konservatorium in Rom, danach Komposition bei Gian Francesco Malipiero sowie Dirigieren bei Antonio De Guarnieri und Hermann Scherchen und wirkte anschließend für 4 Jahre als Pädagoge am Konservatorium seiner Heimatstadt. 1958/67 war er Leiter des internationalen Kammerensembles in Darmstadt, danach Dozent am Konservatorium Rotterdam, wirkte 1971/72 in den USA und leitete ab 1972 das Sinfonieorchester der RAI (Mailand). Als Dozent (Darmstadt) und Komponist war Maderna in den 60er Jahren ein herausragender Vertreter der elektronischen Musik.

Isaac Stern

US-amerikanischer Violinist

* 21. Juli 1920 in Kriminiesz (Ukraine)
† 22. September 2001 in New York

Isaac Stern zählte neben Y. Menuhin und J. Heifetz zu den überragenden Geigern des 20. Jahrhunderts. Vor allem als Interpret der Werke von L. van Beethoven und J. Brahms machte er sich einen Namen.
Stern, der am Konservatorium in San Francisco ausgebildet worden war, begeisterte bereits als Jugendlicher das Publikum mit seiner virtuosen und gefühlvollen Geigentechnik. Der Durchbruch als Violinist gelang ihm als 19-Jähriger bei einem legendären Konzert in der Carnegie Hall in New York. Zahlreiche Tourneen in viele Länder der Erde folgten. Berühmt wurde der Dokumentarfilm über Sterns China-Tournee („From Mao to Mozart", 1979).
Der Carnegie Hall blieb Stern zeitlebens eng verbunden; 1960 gründete er einen Verein für den Erhalt des traditionsreichen Hauses. Außerdem bemühte sich Stern um die kulturellen Beziehungen zwischen den USA und Israel.

Charles Mingus

amerikanischer Jazz-Bassist und Komponist

* 22. April 1922 in Nogales, Arizona
† 5. Januar 1979 in Mexiko.

In den 1940er Jahren spielte Charles Mingus Bass in den Bands von Louis Armstrong und Kid Ory. Er verehrte Duke Ellington, trat an der Westküste auf, wurde der führende Bebop-Bassist und gehörte später zu den Free-Jazz-Wegbereitern. Seine Leistung: Er nutzte den Bass nicht als Begleit-, sondern als Solo-Instrument. Sein einziger Schallplattenerfolg war die 1977 erschienene Platte „Three or Four Shades of Blues".

Yannis Xenakis

griechischer Komponist und Architekt

* 1. Mai 1922 in Brâila (Rumänien)
† 4. Februar 2001 in Paris

Nach einem Ingenieurstudium in Athen ging Xenakis 1947 wegen seiner Beteiligung am Widerstandskampf ins Exil nach Paris; dort war er von 1948 bis 1960 Assistent von Le Corbusier. Schon 1947 traf er D. Milhaud, A. Honegger und O. Messiaen, der ihm empfahl, keinen weiteren Kompositionsunterricht zu nehmen. 1965 nahm er die französische Staatsbürgerschaft an.
Xenakis gilt als einer der innovativsten Architekten und Komponisten der Avantgarde nach 1945. Bekannt wurde er zunächst durch den für die Weltausstellung in Brüssel gebauten Philips-Pavillon (1958), der die architektonische Umsetzung des Orchesterstücks „Metastasis" (1954) darstellt. Xenakis entwickelte die so genannte stochastische Musik, für die er auf mathematische Verfahren zurückgriff, z.B. auf die Wahrscheinlichkeitsrechnung („Pithoprakta", 1955), Mengenlehre („Herma", 1961) und Gruppentheorie („Nomos alpha", 1966). Xenakis gründete 1966 die „Equipe de mathématique et d'automatique" (Arbeitsgruppe für Mathematik und musikalische Automatisation) sowie zusammen mit P. Boulez das IRCAM-Institut. Er entwarf ein Computersystem, mit dem sich grafische Strukturen in Klänge umsetzen lassen. In seinen „Polytopes" (Kompositionen aus Architektur, Licht und Klängen; unter anderem 1967 in Montreal) versuchte er erneut die Grenzen zwischen Musik und Architektur zu durchbrechen.
Werke: „Achorripsis" für 21 Instrumente (1956/57); „Bohor" für Vierspur-Tonband (1962); „Terretektorh" für 88 Musiker (1965/66); „Nomos Gamma" für 98 Musiker (1967/68); „Persephassa" für 6 Schlagzeuger (1969); „Cendrée" für Chor und Orchester (1973); „Erikhthon" für Klavier und Orches-

ter, „Ais" (1980); „Pour les baleines" für Streicher (1982); „Shaar" für Streicher (1983); „Ata" (1987); Solokompositionen für verschiedene Instrumente u.a.

Maria Callas

griechische Sängerin

* 2. Dezember 1923 in New York
† 16. September 1977 in Paris

eigentlich: *Maria Anna Cecilia Sofia Kalogeropoulos*; dramatischer Koloratursopran; studierte in Athen bei M. Trivella und E. de Hildalgo. Ihre ersten Auftritte hatte sie als *Marta* in d'Alberts „Tiefland" und in der Arena di Verona in Ponchiellis „La gioconda". 1949 Heirat mit dem italienischen Millionär Battista Meneghini, der sie auch managte; die Ehe wurde 1959 geschieden. Es folgte eine Beziehung mit Aristoteles Onassis. Maria Callas sang alle bedeutenden Partien ihres Fachs v.a. in den Opern von Gluck, Cherubini, Donizetti, Rossini, Verdi und Puccini. Einer der geschätztesten Bühnenpartner der Callas war Giuseppe di Stefano.

György Ligeti

Österreichischer Komponist

* 28. Mai 1928 in Diciosânmartin (heutiges Siebenbürgen)

ungarischer Herkunft; gilt als einer der führenden Vertreter der musikalischen Avantgarde. Nach einem Studium bei F. Farkas in Budapest, Studien zur Volksmusik und einer Professur an der Musikhochschule in Budapest wanderte Ligeti während der Revolution 1956 nach Österreich aus. Bezeichnend für Ligetis Stil ist eine genau konzipierte Harmonik, prozesshafte Verläufe und präzise Spielanweisungen für die ausführenden Musiker. 1993 wurde Ligetis Werk mit dem Musikpreis der Ernst-von-Siemens-Stiftung ausgezeichnet. 2001 erhielt der Komponist den Kyoto-Preis in der Sparte „Kunst und Philosophie".
Werke: „Atmosphères" und „Lontano" für Orchester; „Volumina" für Orgel; „Aventures" und „Nouvelles aventures" für Sänger und sieben Instrumente; „Continuum" für Cembalo; Konzerte für Violine, Violoncello, Klavier und Orchester; ein Doppelkonzert für Flöte, Oboe und Orchester; ein Kammerkonzert für 13 Instrumente; Klavier- und Orgeletüden, ein Requiem sowie die Oper „Le grand macabre" u.a.

Maria Callas.

Luigi Nono

Italienischer Komponist

* 29. Januar 1924 in Venedig
† 8. Mai 1990 in Venedig

Nono begann widmete sich nach einem Studium der Rechtswissenschaften in Padua ganz der Musik. In den frühen 1950er Jahren galt er neben P. Boulez und K. Stockhausen als einer der führenden Vertreter im Kreis um die Darmstädter Ferienkurse. Nach seinem Eintritt in die Kommunistische Partei Italiens setzte er sich in seiner Musik vor allem mit politischen Themen auseinander. Er beschäftigte sich unter anderem mit der italienischen Widerstandsgruppe „Resistenza", mit Auschwitz, Hiroshima und dem Vietnamkrieg. 1954 kam es zur Uraufführung seines Balletts „Der rote Mantel" in Frankfurt am Main. Nach seinem Bruch mit Darmstadt arbeitete Nono ab Ende der 1950er Jahre als Dozent in England, Finnland und der UdSSR. Bei der Uraufführung seiner Oper „Intolleranza 1960" in Venedig 1960 kam es wegen der politischen Färbung des Geschehens zu Unruhe. 1965 verweigerten die USA Nono aus politischen Gründen die Einreise. Ende der 1960er Jahre wandte sich der Komponist der elektronischen Musik zu und nahm vermehrt Abstand von politischen Themen. Bis zum Ende der 1980er Jahre kam es zu Uraufführungen von zahlreichen seiner Opern, u.a. „A gran sole carico d'amore" (Mailand, 1975), „A Carlo Scarpa architetto ai suoi infiniti possibili" (Hamburg, 1985), „Camminantes – Ayacucho" (München, 1987).

Luciano Berio

Italienischer Komponist

* 24. Oktober 1925 in Oneglia bei Genua
† 27. Mai 2003 in Rom

Berio besuchte die Mailänder Musikschule und studierte 1951 in Tanglewood (USA) bei dem Komponisten L. Dallapiccola. Nach seiner Rückkehr

gründete er in Mailand 1955 ein Studio für elektronische Musik, das er bis 1959 leitete. Nach mehrjährigen Aufenthalten in New York und Paris gründete er 1980 in Florenz wiederum ein Studio für elektronische Musik. Der Komponist, der zu den populärsten Vertretern der internationalen Avantgarde zählt und mit der amerikanischen Sopranistin Cathy Berberian verheiratet ist, unterrichtete 1993-94 in Harvard.
Berio, der oft mit der Verbindung von Musik und Sprache experimentiert, versucht zudem in seinen Stücken die spieltechnischen Möglichkeiten der vorkommenden Instrumente zu erweitern, wie z.B. in „Sequenza I“ und „Sequenza XI“ (1988). In seinen Opern soll der Eindruck zeitgleicher Handlungsebenen vermittelt werden, wie in „La vera storia“ von 1978. Für seine Kompositionen wurde ihm 1989 der Siemens-Musikpreis verliehen.
Weitere Werke: „Circles“ (1960), „Opera“ (1970), „Un Re in Ascolto“ (1983), „Outis“ (1996), „Cronaca del luogo“ (1999) u.a.

Pierre Boulez

Französischer Komponist und Dirigent

* 26. März 1925 in Montbrison (Loire)

Nach mathematischen Studien absolvierte Boulez ein Musikstudium am Pariser Konservatorium, unter anderem bei O. Messiaen. Danach arbeitete er als musikalischer Direktor am Théâtre Marigny in Paris.
Boulez gilt als Pionier serieller und elektronischer Musik. Besonders bedeutsam sind seine Kompositionen der 1940er und 50er Jahre in Zwölftontechnik. 1976 gründete er das IRCAM-Institut (Institut de Recherche et de Coordination Acoustique-Musique) in Paris, eines der bedeutendsten elektronischen Musikstudios der Welt, dessen Direktor er bis Anfang der 1990er Jahre war. Boulez ist auch Gründer des „Ensembles Intercontemporain“. 1976 dirigierte er mit großem Erfolg den „Ring des Nibelungen“ bei den Bayreuther Festspielen (Inszenierung P. Chéreau). Nachdem er sich in den 1980er Jahren zurückgezogen hatte, begann er in den 90er Jahren erneut mit Auftritten und Aufnahmen seiner eigenen Werke.
Neben diesen eigenen Werken (darunter Sonaten für Klavier, Flöten und Orchester; „Portrait de Mallarmé“ für Orchester und Sopran 1957-89; „Cummings ist der Dichter“ für 16 Solostimmen und 24 Instrumente 1969-88) wurde er insbesondere durch die Interpretationen von C. Debussy und I. Strawinsky bekannt. Seine Kompositionen überarbeitet und variiert Boulez ständig.
Der Musiker erhielt 1996 zusammen mit dem Cleveland Orchestra einen Grammy für die Interpretation von Debussys „La Mer“; 2001 wurde Boulez der Bayreuther Wilhelm-Pitz-Preis verliehen.

Miles Dewey Davis

amerikanischer Jazzmusiker

* 26. Mai 1926 in Alton, Illinois
† 28. September 1991 in Santa Monica, Kalifornien

Nach dem Studium an der Juilliard School of Music in New York gründete Miles Davis 1948 seine erste Band „Birth of the Cool“. Der Trompeter gilt bis heute als einer der führenden Musiker des Modern Jazz.
Miles Davis löste Anfang der 1950er Jahre den Bebop durch den so genannten Cool Jazz ab. 1957 komponierte und spielte er die Musik zu Louis Malles Film „Fahrstuhl zum Schafott“. Besonders in den 1970er Jahren übte Davis einen großen Einfluss auf die Rockmusik aus und begründete einen weiteren neuen Jazzstil, den Rockjazz.
Bekannt ist Miles Davis vor allem für seine Spielweise; typisch dafür sind weiche, vibratolose Töne, die meist lyrischen Charakter besitzen. Für sein musikalisches Schaffen erhielt Miles Davis insgesamt 23 Grammy Awards.

Dietrich Fischer-Dieskau

Deutscher Sänger

* 28. Mai 1925 in Berlin

Dietrich Fischer-Dieskau gab nach US-amerikanischer Kriegsgefangenschaft in Italien und seinem Studium in Berlin 1948 seinen ersten Liederabend in Leipzig, wenig später im Berliner Titania-Palast. Sein Liedrepertoire erarbeitete er sich in Italien. Mit der Pflege des Kunstliedes verlieh er diesem international mehr Gewicht. Auch wenn Dieskaus Arbeit Oratorium und Oper einschließt, prägte doch vorwiegend seine Beschäftigung mit den Liedern F. Schuberts und R. Schumanns das Bild des Sängers. 1993 verabschiedete sich Fischer-Dieskau von der Bühne; er ist seither als Dirigent, Lehrer und Autor tätig.
Der Sänger erhielt zahlreiche Auszeichnungen, darunter 2000 den Echo für sein Lebenswerk; 2001 wurde er für F. Busonis „Doktor Faust“ mit einem Grammy ausgezeichnet; 2002 erhielt er den Praemium Imperiale der Japan Art Association.

Fischer-Dieskau veröffentlichte neben einer außerordentlich vielseitigen Diskografie auch etliche Schriften wie „Auf den Spuren der Schubert-Lieder" (1971) oder „Wagner und Nietzsche – Der Mystagoge und sein Abtrünniger" (1974) sowie Monographien über Robert Schumann (1981), J. F. Reichardt (1992), C. F. Zelter (1997) sowie über E. Mörike (1998).

Ella Fitzgerald

amerikanische Jazzsängerin

* 25. April 1918 in Newport News, Virginia
† 25. Juni 1996 in Los Angeles, Kalifornien

bedeutendste Vertreterin des modernen Jazzgesangs; nahm mit 16 Jahren in Harlem an einem Amateur-Wettbewerb teil und gewann den ersten Preis, der in einem kurzen Engagement beim Orchester Chick Webbs bestand. Dies markierte den Beginn ihrer Karriere; sie gehörte dem Orchester noch an, als Webb 1939 starb, und übernahm für drei Jahre die Leitung des Orchesters. Fitzgerald wechselte nach der Auflösung der Webb-Band von schlichten Swing-Songs zu temperamentvollen „Scat-Vocals" über. Sie wurde unter anderem auch durch ihre Zusammenarbeit mit Louis Armstrong bekannt.
Alben (Auswahl): 1960 - Mack the Knife, 1964 - Tribute To Porter, 1969 - Watch What Happens, 1974 - Ella in London

Giselher Klebe

Deutscher Komponist

* 28. Juni 1925 in Mannheim

Vertreter der seriellen und elektronischen Musik; schrieb Kammermusik, Opern und Orchesterwerke. 1957 übernahm er eine Kompositionsklasse der Detmolder Musikakademie und war dort 1962 bis 1990 Professor. Er ist Mitglied der Freien Akademie der Künste in Berlin und Hamburg.
Werke: „Die Zwitschermaschine. Metamorphosen über das gleichnamige Bild von Paul Klee" (Orchesterwerk, 1950), „Die Räuber" (Oper, 1957), „Der jüngste Tag" (Oper nach dem Drama von Ödön von Horváth, 1980), „Gervaise Macquart" (Oper, 1995) u.a.

Ella Fitzgerald.

Mikis Theodorakis

griechischer Komponist

* 29. Juli 1925 auf der Insel Chios

Er studierte am Konservatorium in Athen, zugleich Jura an der dortigen Universität. Frühzeitig wurde er seiner politischen Haltung wegen eingekerkert. 1954 erhielt er ein Stipendium der französischen Regierung und studierte am Pariser Konservatorium bei Olivier Messiaen und René Leibowitz. Nachdem er 1959 nach Athen zurückgekehrt war, wurde er 1967 abermals für 3 Jahre inhaftiert und lebte anschließend in Frankreich und ab 1974 wieder in Athen. Sein Schaffen umfasst Orchesterwerke, Kammermusik, Bühnenwerke sowie Filmmusik.

Hans Werner Henze

Deutscher Komponist

* 1. Juni 1926 in Gütersloh

Henze studierte 1943-44 Klavier und Schlagzeug an der Staatsmusikschule Braunschweig, 1946-48 Komposition bei W. Fortner in Heidelberg und Zwölftonsatz bei René Leibowitz in Paris. 1948-49 war er musikalischer Leiter und Bühnenkomponist am Deutschen Theater in Konstanz, unter dem Direktor H. Hilpert, arbeitete bis 1952 zusammen mit Fortner bei den Kranichsteiner Ferienkursen für Neue Musik und 1950-53 als Ballettkapellmeister am Hessischen Staatstheater in Wiesbaden. Seither lebt Henze in Italien. Reisen führten ihn zu Einstudierungen seiner Werke als Dirigent und Regisseur vornehmlich in die Bundesrepublik Deutschland und nach England. 1961-67 betreute er eine Kompositionsklasse am Mozarteum in Salzburg. 1980 übernahm er einen Lehrstuhl für Komposition und Ästhetik an der Musikhochschule in Köln. 1981 gründete er in der Steiermark die Mürztaler Musikwerkstätten, 1988 die Münchener Biennale als Internationales Festival des neuen Musiktheaters, deren Leitung er auch übernahm und bis 1996 inne hatte.
Henze erhielt neben zahlreichen Künstler- und Musikpreisen 1991 das Große Verdienstkreuz der Bundesrepublik Deutschland; zu seinen Auszeichnungen zählt unter anderem der Cannes Classical Award als „Bester lebender

Komponist“ 201. Unter den deutschen Komponisten seiner Generation erwies sich Henze frühzeitig als die vielseitigste, vor allem fruchtbarste und erfolgreichste kompositorische Begabung.

Bill Haley

amerikanischer Musiker

* 6. Juli 1925 in Highland Park, Michigan
† 9. Februar 1981 in Harlington, Texas

Bill Haley gilt mit seiner Band, den „Comets“, als Begründer des Rock and Roll, der Mitte der 1950er Jahre aus Country und Blues entstand. Haley hatte weltweite Erfolge. Auf seiner Deutschlandtournee 1957 entstanden durch randalierendes Publikum hohe Sachschäden. Erstmals entstand in Folge einer musikalischen Strömung eine Jugendkultur, die ihr Idol nachzuahmen versuchte. Lieder: „Rock Around the Clock“, „See You Later, Alligator“, „Skinnie Minnie“ u.a.

Bill Haley (dritter von links) mit seiner Band, den „Comets“.

Karlheinz Stockhausen

Deutscher Komponist

* 22. August 1928 in Mödrath, Bergisches Land

einer der bedeutendsten Vertreter der seriellen Musik, Schöpfer von elektronischer Musik und (in einer kurzen Phase) auch aleatorischer Musik. Schüler von O. Messiaen und D. Milhaud. Er prägte in der seriellen Musik den Begriff der Gruppe, der Organisation des Tonmaterials unter Einbeziehung aller seiner Parameter (Tonhöhe, -lautstärke usw.), eine Technik, die unter anderem in seinem frühen, wegweisenden Werk „Gruppen für drei Orchester“ (1955) Anwendung fand. Weithin bekannt wurde Stockhausen mit der Präsentation seiner Kompositionen anlässlich der Weltausstellung in Osaka 1970. Es folgte 1971 die Berufung als Lehrer an die Musikhochschule in Köln. Er hatte die Leitung des Studiums für elektronische Musik des Westdeutschen Rundfunks in Köln inne und arbeite mit M. Kagel und H. Höller (so genannte Kölner Schule) zusammen. Immer wieder treten in Stockhausens Werk auch weltanschauliche und religiöse Fragen in den Vordergrund, so z.B. in der dreiteiligen Komposition „Hymnen“ für Elektronik, Solisten und Orchester, das die Vision einer Welt ohne Grenzen und rassischen Differenzen heraufbeschwört. Weitere Werke: „Aus den sieben Tagen“ (1968), „Mantra“ (1970) u.a. Seit 1977 arbeitet Stockhausen an dem monumentalen Musikzyklus „Licht – Die sieben Tage der Woche“.

Lorin Maazel

amerikanischer Dirigent

* 6. März 1930 in Neuilly-sur-Seine bei Paris

Lorin Maazel begann bereits im Alter von acht Jahren zu dirigieren. Er gab sein Debüt 1940 bei den New Yorker Symphonikern. 1946 gründete er das „Fine Arts String Quartett Pittsburgh“, bei dem er die Erste Geige spielte. 1955 leitete er erste Konzerte an der Mailänder Scala und arbeitete außerdem mit den Wiener Symphonikern. Als jüngster Dirigent der Bayreuther Festspiele und als erster Amerikaner leitete er 1960 die Aufführungen von R. Wagners „Lohengrin“. Von 1965 bis 1971 war er als Generalmusikdirektor an der Deutschen Oper in Berlin tätig und arbeitete gleichzeitig als Chefdirigent des Radio-Symphonieorchesters Berlin (bis 1975). Bis 1982 war er außerdem künstleri-

scher Leiter und Chefdirigent des Cleveland Orchestra. In den zwei darauf folgenden Jahren war er Direktor der Wiener Staatsoper, danach Musikdirektor des Symphony Orchestra Pittsburgh (bis 1996). Von 1993 bis 2002 war er außerdem Leiter des Symphonieorchesters des Bayerischen Rundfunks. Maazel trat 2002 die Nachfolge K. Masurs als Chefdirigent des New York Philharmonic Orchestra an.

Fritz Wunderlich

Deutscher Tenor

* 26. September 1930 in Kusel, Rheinland-Pfalz
† 17. September 1966 in Heidelberg

eigentlich: *Friedrich Karl Otto Wunderlich*; Der Durchbruch zu internationaler Geltung gelang dem Opern- und Konzertsänger 1959 bei den Salzburger Festspielen mit der Rolle des Henry in R. Strauss' „Die schweigsame Frau".

Wunderlich, Sohn einer Geigerin und eines Kapellmeisters, übernahm in den 1960er Jahren Engagements an der Münchner wie auch der Wiener Staatsoper. Gastspiele führten ihn an fast alle Bühnen von Rang im In- und Ausland. Auch in Konzertsälen machte er sich als Interpret von Oratorien und Liedern (vor allem von F. Schubert und R. Schumann) einen Namen. Sein Repertoire war groß: Es reichte von Werken von C. Monteverdi bis zu zeitgenössischen Komponisten wie I. Strawinsky und C. Orff.

Jerry Lee Lewis

amerikanischer Rocksänger

* 29. September 1935 in Ferriday, Louisiana

Jerry Lee Lewis, genannt „Killer", zählt zu den Legenden des Rock and Roll. Er machte sich einen Ruf als wilder Mann dieser Musik. Der Sänger und Pianist hatte bereits als Vierzehnjähriger Auftritte – und 1957 war er durch die Singles „Whole Lotta Shakin' Goin' On" und „Great Balls of Fire" zum Superstar geworden. 1958 gehörten „Breathless" und „High School Confidential" zu den erfolgreichsten Songs des Jahres. Als die Presse herausfand, dass Lewis im Dezember 1957 die 13 Jahre alte Tochter seines Cousins geheira-

Elvis Presley.

tet hatte, kam es zu einem Einbruch in seiner Karriere. Lewis verlegte sich auf die Country-Musik und konnte in den Country-Charts – vor allem zwischen 1968 und 1972 – viele Hits erzielen.

In den 1970er Jahren begann er auch wieder Rock and Roll zu spielen. In den 1980er Jahren wurden Aufnahmen aus dem Jahr 1956 veröffentlicht, auf denen Lewis mit Elvis Presley, Johnny Cash und Carl Perkins auf einer informellen Jam-Session für Sun Records zusammen Musik macht. Zu seinem sechzigsten Geburtstag 1995 veröffentlichte Lewis das Album „Young Blood".

Elvis Presley

amerikanischer Sänger und Gitarrist

* 8. Januar 1935 in East Tupelo, Mississippi
† 16. August 1977 in Memphis, Tennessee

Elvis Presley zählt zu den Hauptfiguren des Rock and Roll. Schon im Alter von zehn Jahren sang er in Gottesdiensten der örtlichen Kirche. 1953 wurde er entdeckt und nahm seine erste Platte auf. Ein Jahr später gelang ihm mit der Single „That's All Right, Mama" der Durchbruch.

Mit einem wenig später veröffentlichen Song („Heartbreak Hotel") wurde er zum Idol vieler amerikanischer Teenager. In den frühen 1960er Jahren avancierte Elvis Presley mit vielen weiteren Liedern (darunter „Love Me Tender", „Return to Sender", „Jailhouse Rock", „In the Ghetto" und „It's Now or Never") und an die 30 Filmen zum Superstar. Nach seinem Tod wurde auf seiner Ranch „Graceland" ein Museum eingerichtet, das bis heute zahlreiche Rock-and-Roll-Fans anlockt.

The Beatles

Die berühmte Popband aus Liverpool bestand von 1960 bis 1970. Mitglieder waren John Lennon (geboren 1940, ermordet 1980), Paul McCartney (geboren 1942), George Harrison (geboren 1943) und Ringo Starr (geboren 1940). Ihre Mischung aus Rock and Roll, Skiffle und Rhythm and Blues, der „Beat", sollte die weitere Entwicklung der Popmusik maßgeblich beeinflussen. 1957 lernten sich John Lennon und Paul McCartney in Liver-

pool kennen, McCartney trat Lennons Band „The Quarrymen“ bei. Im selben Jahr wurde auch George Harrison ein „Quarryman“. 1960 hatten die drei mit zwei weiteren Musikern, Pete Best und Richard Sutcliffe, als „The Silver Beatles“ ihre ersten Auftritte im Hamburger Star-Club. 1962, Best und Sutcliffe hatten die Band verlassen, kam Ringo Starr als Schlagzeuger zu den „Beatles“. Ihren ersten Hit konnten die vier Liverpooler 1962 mit dem Titel „Love Me Do“ in den Charts platzieren. Den großen Durchbruch schafften die „Fab Four“ ein Jahr später mit „Please Please Me“, das in England ihr erster Nummer-Eins-Hit wurde. 1964 traten sie erstmals in den USA auf und lösten dort eine Massenhysterie aus. Der Film „A Hard Day‘s Night“ kam heraus. Königin Elisabeth_II. machte sie zu „Members of the British Empire“. 1965 folgten der Film „Help!“ und die LP „Rubber Soul“. 1966 kam die LP „Revolver“ heraus und 1967 das Konzeptalbum „Sgt. Pepper‘s Lonely Hearts Club Band“, für das sie den Grammy erhielten. Nach der Gründung ihrer eigenen Plattenfirma „Apple“ veröffentlichten sie 1968 das „White Album“. 1970 erschien als letztes gemeinsames Album „Let It Be“, bevor Paul McCartney am 10. April des Jahres die Auflösung der bis heute legendär gebliebenen Band bekannt gab.

Die Beatles in dem Zeichentrickfilm „Yellow Submarine“, 1969.

The Beatles. Von links George Harrison, Paul McCartney, John Lennon und Ringo Starr.

Rolling Stones

1962 gegründete englische Rockgruppe um den Sänger Mick Jagger (geboren 1943) und die Gründungsmitglieder Keith Richard (geboren 1943), Brian Jones (geboren 1942, gestorben 1969), Bill Wyman (geboren 1941) und Charlie Watts (geboren 1941). Nach dem Tod Brian Jones‘ kam erst M._Taylor (geboren 1948), nach dessen Ausscheiden R._Wood (geboren 1947) zu den Rolling Stones. Die Rolling Stones (der Name stammt von Muddy Waters‘ „Rolling Stones Blues“) sind neben den Beatles die erfolgreichste Musikgruppe der Welt. Sex- und Drogenausschweifungen begründeten ihren Ruf als Rebellen, die sich über die bürgerlichen Moralvorstellungen hinwegsetzten. Ihre mit starken Blueselementen vorgetragene Rockmusik, inszeniert in aufwändigen Shows, füllt auch Jahrzehnte später noch Stadien: Nachdem es in den 80er Jahren etwas ruhiger um die Band geworden war, konnte sie 1994 mit dem Album „Voodoo Lounge“ ein erfolgreiches Comeback feiern (Grammy für das beste Rockalbum). Bekannte Titel der Stones sind z.B. „Angie“, „Ruby Tuesday“ oder „I Can‘t Get No Satisfaction“.

Die Rolling Stones erhielten 1986 den Grammy für ihr Lebenswerk. 1989 wurden sie in die Rock and Roll Hall of Fame aufgenommen.

Michael Jackson

US-amerikanischer Popsänger und Tänzer

* 29. August 1958 in Gary, Indianapolis

Der „King of Pop“, wie er sich selbst bezeichnet, ist der erfolgreichste Popmusiker der 1980er und 1990er Jahre.

Seine ersten Auftritte hatte er bereits im Alter von fünf Jahren zusammen mit seiner Familie als „The Jackson Five". In nur sieben Jahren veröffentlichten die „Jackson Five" 13 Alben und hatten mehrere Nummer-Eins-Hits in den Rhythm and Blues-Charts. Aus den „Jackson Five" wurden 1976 „The Jacksons".
1979 ging Michael Jackson nach New York, um dort ein unabhängiges Leben zu führen. Sein erstes Solo-Album „Off the Wall" (1979) wurde bereits ein Erfolg. Der absolute Durchbruch kam schließlich mit dem Album „Thriller" (1982); es wurde zum meist verkauften Album aller Zeiten. Es enthält neben dem Titelsong Superhits wie „Beat It" und „Billy Jean". Besondere Aufmerksamkeit erregte das halbstündige Video zum Song „Thriller". Jackson wurde schnell zur Medienikone; in der Folgezeit perfektionierte er außerdem seinen unverwechselbaren Tanzstil („Moonwalk"). Während dieser Zeit starteten auch seine Geschwister Janet und LaToya Jackson erfolgreiche Solokarrieren. Das folgende Album „Bad" (1987) enthielt zwar fünf Nummer-Eins-Hits („Dirty Diana" u.a.), konnte jedoch den außergewöhnlichen Erfolg von „Thriller" nicht ganz einholen. Zwei Jahre später verfilmte Michael Jackson seine Karriere in „Moonwalker" (1989).
Seit Ende der 1990er Jahre macht Jackson eher durch exzentrische öffentliche Auftritte als durch musikalische Erfolge von sich reden; außerdem wird er wiederholt sexueller Vergehen an Jugendlichen beschuldigt. Im Juni 2005 wird er von Vorwürfen der Erpressung, Freiheitsberaubung, des Kindesmissbrauchs und der Abgabe von Alkohol an Minderjährige freigesprochen.

The Rolling Stones. Mick Jagger (links) und Keith Richards.

Instrumentenkunde

Nachdem sich die frühere Einteilung nach der Erregungsart in Streich-, Blas- und Schlaginstrumente als unzulänglich erwiesen hat, wird heute eine Systematik verwendet, die von der physikalischen Beschaffenheit des schwingenden und damit tonerzeugenden Materials und dessen Formbeständigkeit ausgeht. Die weitere Unterteilung kann dann nach der Spielart, der Form und der Anblasvorrichtung erfolgen. Diese Systematik ordnet: I. Idiophone (Selbstklinger), unterteilt in Schlagidiophone (unmittelbar geschlagene Idiophone mit Gegenschlagidiophonen wie Triangel, Vibraphon, Xylophon, Glocke und Gong), unmittelbar geschlagene Idiophone mit Schüttelidiophonen (wie Rasseln oder Schellenbaum und Schrappidiophonen wie Schnarren), Zugidiophone (Spieldose), Streichidiophone (Glasharmonika) und Blasidiophone. – II. Membranophone (Fell- oder Hautklinger), unterteilt in Schlagtrommeln (unmittelbar geschlagene Trommeln wie Pauke und mittelbar geschlagene Trommeln wie Rasseltrommeln), Reibtrommeln und Klirrtrommeln. – III. Chordophone (Saitenklinger), unterteilt in einfache Chordophone (Stabzithern und Brettzithern wie Zither, Klavier, Clavichord und Cembalo) und zusammengesetzte Chordophone (1. Trumscheit; 2. Leier: 3. Lauteninstrumente wie a) Fidel, b) Violen wie Viola da Gamba, Baryton und Kontrabass, c) Violinen wie Violine, Viola und Violoncello, d) gezupfte Fiedelabkömmlinge wie Mandoline, Mandola und Zister, e) Lauten wie Laute, Theorbe, und Chitarrone, f) Gitarre). – IV. Aerophone (Luftklinger = Blasinstrumente), unterteilt in Trompeteninstrumente (Hörner, Trompeten und Posaunen), Flöteninstrumente (Längsflöten mit Schnabel wie bei Blockflöten und ohne Schnabel wie bei Querflöte, Querpfeife), Rohrblattinstrumente: 1. Oboeninstrumente = Doppelrohrblattinstrumente mit Gegenschlagzungen: a) Oboen, b) Fagotte, c) Krummhorn; 2. Klarinetteninstrumente = einfache Rohrblattinstrumente mit Gegenschlagzungen: a) Klarinetten, b) Saxophone, c) Sackpfeifen, d) Orgel, e) Harmoniuminstrumente wie das Akkordeon. – V. Elektrophone (elektronische Musikinstrumente). Im Folgenden wird eine Auswahl wichtiger Instrumente im Einzelnen dargestellt.

Akkordeon

Das am besten entwickelte Instrument aus der Reihe der Harmonika-Instrumente (Ziehharmonika). Bei der Ziehharmonika befinden sich links und rechts Knöpfe, während das Akkordeon für die rechte Hand Klaviertasten zur Verfügung hat (allerdings etwas schmaler als beim Klavier). Die linke Hand, die die Bässe bedient, hat in beiden Fällen Knöpfe. Bei den Bass-Knöpfen werden die Töne zu Akkorden gekoppelt, was dem Instrument seinen Namen gab. Sehr wesentlich ist beim Akkordeon jedoch die Verwendung des Balges, bei dem durch Zug und Druck der Ton erzeugt wird. Das Akkordeon ist zwar als Volksinstrument zu bezeichnen, doch haben sich gerade deswegen ernsthafte Tonschöpfer damit befasst und gehobene Literatur für dieses Instrument geschrieben.

Äolsharfe

Windharfe, Geisterharfe, Saiteninstrument, dessen Saiten ohne Zutun eines Spielers allein durch die Luftbewegung des Windes in Schwingung versetzt werden; eine beliebige Anzahl im Einklang gestimmter Saiten verschiedener Dicke sind, auf zwei Stegen aufliegend, über einen rechteckigen Resonanzkörper gespannt und werden mit, je nach Stärke des Luftstromes, verschiedenen Obertönen des gemeinsamen Grundtones zu zartem, schwebendem Zusammenklang gebracht.

Almglocken

Herdenglocken, große Viehschellen, (Schlaginstrument), kleine Metallglocken aus dünnem Kupferblech, die in unterschiedlicher Größe und Tonhöhe vorwiegend im Vierersatz (mit Klöppeln) oder in größerer Anzahl (ohne Klöppel) zur Gewinnung einer chromatischen Skala auf einem Ständer waagerecht nebeneinander angeordnet sind und mit unterschiedlichen Schlegeln angeschlagen werden.

Alphorn, Alptrompete

Einfache, aus den ausgehöhlten Hälften eines jungen Baumstammes zusammengefügte, bis zu 4 m lange Holztrompete mit Kesselmundstück und überwiegend abgebogenem Schallbecher (aber auch in kleinerer, trompeten-

Russische Balalaika, 20. Jahrhundert.

artig gewundener Form); nur Naturtöne hervorbringendes Signalinstrument der Berghirten, mit hellem, durchdringendem Klang. Als volkstümliches Blasinstrument vornehmlich in Hochgebirgsländern verbreitet.

Balalaika

(Zupfinstrument), russisches und ukrainisches Volksmusikinstrument tatarischen Ursprungs mit meist dreieckigem, halbbauchigem Korpus, langem Hals, dessen Griffbrett mit Bünden versehen ist und überwiegend 3saitigem (bei hohen Instrumenten auch doppelchörigem) Bezug; die Saiten werden mit einem Plektron angerissen.

Bandoneon

Balginstrument, das eine Verbesserung der Ziehharmonika darstellte. Erfinder: Heinrich Band, 1846 in Krefeld. Das Bandoneon unterscheidet sich klanglich vom Akkordeon durch seine Basstöne (argentinischer Tango). Es wird beidseitig mit Knöpfen gespielt. Akkorde können nur durch Druck auf mehrere Knöpfe gleichzeitig zum Klingen gebracht werden (Gegensatz: Akkordeon, das vorgegebene Akkorde durch Druck auf einen Knopf erklingen lässt). Zwar wurde auch anspruchsvollere Literatur für das Bandoneon geschrieben, doch behielt es seine Beliebtheit in der Volksmusik.

Banjo

Zupfinstrument mit langem Hals und rundem, mit Trommelfell bezogenem Resonanzkörper, unten offen. Das Banjo hat 5–9 Saiten, die erste davon ist die Melodiesaite, die mit dem Daumen angerissen wird. – Wurde im 19. Jahrhundert von Afrika nach Nordamerika eingeführt. Vermutlich wegen seines harten Klanges fand es Eingang in die Rhythmusgruppe beim Jazz und wurde hier weiterentwickelt.

Bariton

1. Baritonhorn, Bariton, Euphonium (ital. Eufonio), Blechblasinstrument der Bügelhornfamilie in Baritonlage in ovaler, Waldhorn-, Tuba- oder Helikonform, mit weit mensuriertem, überwiegend konischem Rohr, mit 3 oder 4 Ventilen und Bechermundstück; 2. Bardone (ital. viola di bordone, viola di fagotto, franz. basse-taille), Streichinstrument der Violenfamilie mit in Mittelbügel vielfältig geschwungenem Korpus, breitem, rückseitig offenem Hals, 6 oder 7 Griffsaiten aus Darm und 9 – 28 Resonanzsaiten aus Metall, die auch mit dem Daumen gezupft werden können. Das nur noch vereinzelt anzutreffende Instrument für das unter anderem J. Haydn eine Vielzahl von Werken schrieb, zeichnet sich durch einen besonders lieblichen Ton aus.

Bassetthorn

eine von Mayrhofer 1770 in Passau erfundene Klarinette in der Altlage, auf F gestimmt. Das Bassetthorn benötigt eine lange Rohre und ist deshalb geknickt. Mozart hat es mehrfach verwendet. Heute wird es in einer abgewandelten Form im Strauss-Orchester verwendet. Es ist etwa 1 m lang und meist in F oder Es gestimmt.

Bariton, 20. Jahrhundert.

Becken

Schlaginstrument, bereits 1000 v.Chr. in Assyrien belegt; war auch schon früh in Tibet, China und Nordafrika bekannt. Kam aus dem Mittelmeergebiet ins nördlichere Europa. Es besteht aus tellerartigen Metallscheiben, die entweder einzeln mit einem Schlägel oder gegeneinander geschlagen zum Klingen kommen. Ihre Tonhöhe ist unbestimmt. Seit etwa 1700 ist das Becken in der Orchestermusik gebräuchlich, später in der Militärmusik (Janitscharenmusik). Die vielfältigen Möglichkeiten des (aufgehängten einfachen) Becken haben erst die guten Jazz-Schlagzeuger voll ausgenützt.

Blockflöte

Blasinstrument aus Holz. Die Bezeichnung Blockflöte weist auf die Tonerzeugung hin: Die Luft streicht an einer Kernspalte vorbei, die neben einem im Kopf der Flöte sitzenden Block frei bleibt. Durch das Auftreffen der Luft auf der Kante eines seitlich aufgeschnittenen Fensters wird die Luftsäule in der Flöte in Schwingung gebracht. Der Klang des Instruments ist leise, zart und nicht tragfähig genug, um in größeren Besetzungen zu bestehen.

Deshalb wurde die Blockflöte nach dem Barock von der Querflöte im Orchester verdrängt. Im 16. und 17. Jh. allerdings war die Blockflöte ein wichtiges Diskantinstrument, das aber auch als Alt-, Tenor-, Bass- und Subbassflöte im fünf- bis achtstimmigen Instrumentalsatz Verwendung fand (Consort). Sololiteratur schufen unter anderem A. Vivaldi, G.P. Telemann, G.F. Händel und J.S. Bach. Zu Beginn des 20. Jh.s wurde die Blockflöte von der Jugendbewegung und der Reformpädagogik als leicht erlernbares Instrument wiederentdeckt und gehört heute zu den am weitesten verbreiteten Musikinstrumenten im Bereich des Kinder- und Laienmusizierens.

Bongos

Kleine Einfelltrommeln indianisch-kubanischer Herkunft , heute mit zylindrischer Zarge aus Holz, Spannschrauben, ohne Schnarrsaiten; paarweise mit etwas unterschiedlichem Felldurchmesser (etwa 15–20 cm), aber gleicher Zargenhöhe (etwa 17 cm) miteinander verbunden und geschlagen mit Fingerkuppen, Handflächen oder auch Schlegeln. Trommelinstrument mit annähernd bestimmbarer Tonhöhe im Bereich der kleinen und eingestrichenen Oktave und dem Tonabstand einer übermäßigen Quarte, reinen Quinte oder auch kleinen Sexte zwischen dem Trommelpaar, zweilinig notiert.

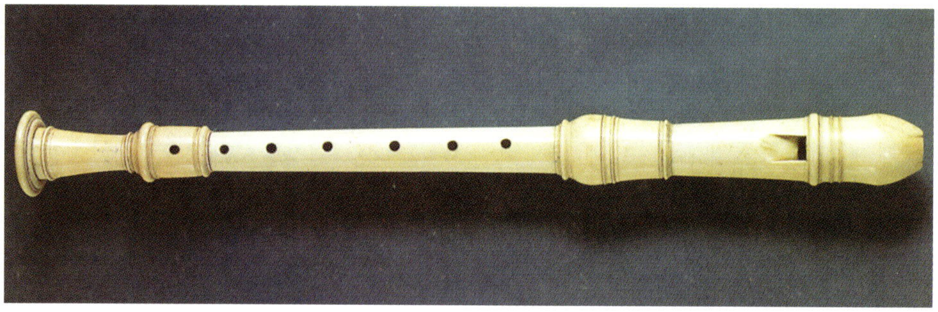

Deutsche Blockflöte, 18. Jahrhundert.

Bratsche

auch: *Altgeige, Viola, Viola da braccio*; Deutsche Bezeichnung für Viola. Sie leitet sich vom früher gebräuchlichen Namen der Viola da braccio ab, der auf die Armhaltung (braccio = Arm) hinweist und eine Abgrenzung zu den „da gamba"-Streichinstrumenten (gamba = Bein) beinhaltet.

Cembalo

Tasteninstrument, dessen Saiten mittels einer Mechanik über eine Tastatur angerissen werden. Das Cembalo entstand aus dem Psalterium, das etwa im 14. oder 15. Jh. mit einer Klaviatur versehen wurde. Ab dem 16. Jh. wurden Cembali mit zwei Klaviaturen gebaut, der Umfang wurde von drei Oktaven auf fünf und mehr erweitert. Dabei erhielt das Instrument verschiedene Register, z.B den „Lautenzug", um den Klang zu manipulieren. Der Ton kann sowohl gemildert werden als auch durch Oktavkoppelung mehr Volumen erhalten. Der Klang des Cembalos ist etwas metallen, glänzend und in Folge der Tonerzeugung mit Federkielen nicht durch den Tastenanschlag in seiner Lautstärke zu beeinflussen.

Die Mechanik des Cembalos war der im Clavichord benutzen Tangentenmechanik überlegen, da das Clavichord in großen Räumen zu leise war. Seine Blüte erlebte das Cembalo im 16., 17. und 18. Jh., als es das unangefochten bedeutendste Tasteninstrument darstellte und sowohl für solistische Zwecke als auch zur Ausführung des Generalbasses verwendet wurde.

Musik für Cembalo komponierten unter anderem G. Frescobaldi, D. Scarlatti, G.F. Händel, J.S. Bach und die französischen „Clavenicisten" J.C. de

Französisches Cembalo, 18. Jahrhundert.

Chambonnierès. J.Ph. Rameau und F. Haydn. Ab etwa 1750 wurde das Cembalo immer mehr durch das Klavier verdrängt (das sich jedoch der Tastatur des Cembalos bedient) und erst im 20. Jh. in großem Umfang wiederbelebt, um vor allem die Musik des Barock stilgetreu aufführen zu können. Hier begann auch eine Renaissance des Cembalobaus, den es erst zu erforschen galt. Zu Beginn des 20. Jh. wurde noch der Korpus eines Konzertflügels benutzt, um darin (nebst einem Klavier) ein Cembalo unterzubringen (z.B. das Cembalo von Wanda Landowska, 1879-1959). Die Restaurierung von alten, oft reich verzierten Instrumenten (das älteste erhaltene von 1521) brachte verschollenes Wissen wieder an die Oberfläche, und so können mittlerweile Cembali von annähernd gleicher Qualität gebaut werden wie historische Instrumente. Auch die Komponisten entdeckten im 20. Jh. das Cembalo neu und komponierten Werke für Cembalo, so etwa M. de Falla, F. Poulenc oder G. Ligeti.

Chitarrone

(ital. = große Gitarre), mannshohe Basslaute (Erzlaute) mit einem – in dem über den ersten Wirbelkasten (für die mehrchörigen Griffsaiten) hinaus geradlinig verlängerten Hals endenden – zweiten Wirbelkasten für die unverkürzbaren 3 – 6 freien Basssaiten (Bordunsaiten); ähnlich der Theorbe bevorzugtes Generalbassinstrument in der Musik des 16.–18. Jahrhunderts.

Clavichord

Vorform des Klaviers mit gleich langen und gleich gestimmten Saiten, an denen rechtwinklig liegende Tasten befestigt sind. Die Saiten werden durch so genannte Tangenten angeschlagen, aber nicht angerissen (wie etwa beim Cembalo). Dabei wird die Bewegung der Taste unmittelbar auf die Tangente übertragen und ist daher nicht übermäßig schwungvoll. Der dadurch sehr leise Ton des Clavichords ist neben der rasanten Weiterentwicklung des Klaviers mit ein Grund für sein relativ schnelles Verschwinden aus der musikalischen Praxis.

Chromonika

Diatonisch-chromatische Mundharmonika, bei der zwei zueinander im Halbtonabstand stehende Reihen diatonischer Stimmzungen durch Öffnen bzw. Schließen der entsprechenden Luftkanäle mittels eines seitlichen

Kanzellenschiebers einander so zugeordnet werden, dass das Spiel einer chromatischen Folge von Einzeltönen möglich ist.

Cister

Im 10.–12. Jahrhundert aus der Zupffiedel hervorgegangenes und im 16.–18. Jahrhundert in ganz Europa verbreitetes volkstümliches Instrument mit birnenförmigem, flachem Korpus und sich vom Hals her nach unten verringernder Zargenhöhe, langem Hals, dessen auf die Decke übergehendes Griffbrett mit Bünden versehen ist und überwiegend doppelchörigem (4–12 Saiten) Metallsaitenbezug; in verschiedenen Größen, Stimmungen und Formen gebaut. Das im 19. Jahrhundert zunehmend von der Gitarre verdrängte Instrument ist heute noch als Harzer Bergzither oder Thüringer Waldzither in Gebrauch.

Conga

Lateinamerikanische Einfelltrommel afrikanischen Ursprungs mit länglicher (70–80 cm), sich nach unten leicht konisch verengender kegel- oder fassförmiger Holzzarge (Gefäßtrommel) und einem Felldurchmesser von etwa 30 cm, im Tanzorchester häufig paarweise mit Ständer; angeschlagen mit Fingern oder Handflächen, seltener mit Schlegeln. Trommelinstrument mit annähernd bestimmbarer Tonhöhe im großen und kleinen Oktavbereich mit jeweils einliniger Notierung (auch im Fünfliniensystem mit Bass- oder Violinschlüssel).

Drehleier

Seit dem 10. Jahrhundert bekanntes Streichinstrument, dessen 4–6 Saiten

Chitarrone, 18. Jahrhundert.

durch ein im Inneren des Resonanzkörpers angebrachtes und mittels einer Kurbel gedrehtes, mit Kolophonium bestrichenes Scheibenrad gleichzeitig angestrichen werden. Mit Hilfe von Tasten werden die Saiten durch Dreh- und Stoßtangenten für alle bzw. 2 Melodiesaiten nach Belieben verkürzt; 2–4 Saiten klingen als Bordune ständig mit.

Drehorgel

Leierkasten, fahr- oder tragbares Balginstrument, das wie die Orgel aus Pfeifen-, Wind- und Regierwerk besteht. Mit der den Balg betätigenden Handkurbel wird gleichzeitig eine Stiftwalze oder Lochscheibe in Umdrehung versetzt, die in bestimmter Reihenfolge die Ventile zu den Pfeifen öffnet. Seit etwa 1700 bevorzugtes Instrument der Straßenmusikanten; häufig mit zusätzlichem Schlagwerk und beweglichen Figuren.

Dudelsack

auch: *Sackpfeife;*

Blasmusikinstrument, ursprünglich aus dem Nahen Osten, bestehend aus einer Tierblase als Luftspeicher, einem Anblasrohr, einer (oder mehreren) Bordunpfeife(n) sowie einer flötenartig gegriffenen Melodiepfeife. Tonerzeugung durch oboenartige Doppelrohrblätter oder klarinettenartige einfache Rohrblätter.

Meist durchdringend lauter Klang. Verbreitung ehemals in ganz Europa, heute noch v.a. in Schottland, Frankreich, Spanien und allen osteuropäischen Ländern in der Volksmusik gebräuchlich.

Elektrische Musikinstrumente

Elektroakustische Musikinstrumente mit mechanischer Schwingungserzeugung, elektroakustischer Umwandlung der Schallwellen in elektrische Schwingungen bzw. Tonfrequenzspannungen über Tonabnehmer und deren durch zusätzliche elektrische Schaltungen klanglich beeinflusster (Filter, Hallgeräte u. a.) und verstärkter Schallstrahlung über Lautsprecher; dazu zählen besonders Saiteninstrumente mit Tonabnehmer wie Elektrochord, Neo-Bechstein-Flügel, Claviset, Elektrobass, Elektrogitarre.

Elektronische Musikinstrumente

Gruppe der Elektrophone mit elektromechanischer Schwingungserzeugung sowie durch zusätzliche elektrische Schaltungen (Oszillatoren, Formantfilter, Verzerrer u.a.) in additiver (das heißt aus einfachen Sinusschwingungen zusammengesetzter) oder subtraktive (das heißt aus obertonreichen Sägezahnschwingungen gefilterter) Klangform beeinflusster und verstärkter Schallabstrahlung über Lautsprecher; dazu zählen u.a. die Hammond-Orgel, die Welte-Lichtorgel und die sog. vollelektronischen Musikinstrumente wie Aetherophon, Ondes, Martenot, Trautonium, Inioka, Matador u.a.

Französische Cister, 17. Jahrhundert.

Englischhorn

Holzblasinstrument; tiefe (Alt-)Oboe in F. Die Herkunft des Namens ist nicht genau zu klären. Das Englischhorn wurde Mitte des 18. Jh.s aus der Oboe da caccia entwickelt. In das romantische Orchester wurde es oft zur Bereicherung der Oboenfamilie und seines eigenen Kolorits wegen aufgenommen, so etwa bei L.H. Berlioz, R. Wagner u.a. Der Klang des Englischhorns ist dunkler als der der Oboe, in Folge des Doppelrohrblattes ebenfalls ein wenig nasal und diente im 19. Jh. oft der Schilderung melancholischer Zustände.

Fagott

Holzblasinstrument in Basslage. Es wird wie die Oboe über ein Doppelrohrblatt angeblasen. Das Fagott wurde bereits seit dem späten 16. Jh. in unterschiedlichen Formen gebaut (Vorgänger: Pommer, Bomhard, Dulzian) und bestand aus nur einem Holzstück mit zweifacher Bohrung. Seit dem 17. Jh. ist das Fagott als Bassinstrument in der Ensemble- und später Orchestermusik zunehmend verbreitet. Zunächst spielte es ohne weitere Zuordnung in den Noten die Stimme des Basso continuo, bekam aber seit Anfang des 18. Jahrhunderts zunehmend auch solistische Aufgaben, so beispielsweise bei A. Vivaldi, der 13 Solokonzerte für Fagott, Streicher und B.c. sowie weitere Sonaten für mehrere Instrumente, u.a. obligates Fagott komponierte. Weitere Sololiteratur für Fagott schufen u.a. J.Chr. Bach, W.A. Mozart und

C.M. v. Weber. Im 19. Jh. wurde die Klappenmechanik des Instrumentes fortentwickelt, so dass das Fagott heute mit 20 bis 24 Klappen ausgestattet ist. Dabei beträgt der Umfang des Instruments über drei Oktaven, von B bis fis". Gebaut wird das Fagott heute aus zwei konisch gebohrten Holzröhren, dem so genannten Flügel und der längeren Bassröhre mit Schallstück. Beide werden durch den Stiefel, einen u-förmigen Metallbecher, miteinander verbunden. Das Doppelrohrblatt sitzt auf einem s-förmig gebogenen Metallrohr. Der Klang des Instrumentes ist warm und erdig, in der Tiefe etwas rau, in der hohen Lage in Folge des Doppelrohrblattes zunehmend nasal. Im Orchester verdoppelt es teils den Bass (im Barock), teils aber auch Mittelstimmen oder Melodie (v.a. am Ende des 18. und 19. Jh.). Es ist im Orchester der Wiener Klassik einfach bis doppelt, später jedoch fast ausschließlich doppelt besetzt und emanzipiert sich zunehmend von der reinen Bassfunktion. Neben solchen Aufgaben kam dem Fagott, das trotz seiner Größe recht beweglich ist, auch immer wieder die Schilderung des Burlesken oder Grotesken zu. Ein bekannte „Rolle" für ein Fagott ist die des Großvaters in Prokofjews „Peter und der Wolf". Das Kontrabassinstrument der Oboenfamilie ist das doppelt so lange Kontrafagott.

Fidel

Sie stammt aus Vorderasien und war bis ins 15. Jahrhundert das wichtigste Streichinstrument in der abendländischen Musik. Ihr Klangkörper war ursprünglich (9./10. Jahrhundert) spatenförmig, dann aber bildete sich die ovale Form heraus, die schon bald tailliert war, um eine bessere Bogentechnik zu ermöglichen. Die Spielweise war nicht einheitlich. Das Instrument wurde entweder zwischen den Knien gehalten oder auf die Knie gestützt oder quer vor die Brust oder gegen die linke Schulter gelegt. Die Anzahl der Saiten war ebenfalls nicht einheitlich. Die 3, 4 oder 5 Saiten wurden gezupft oder mit dem Rundbogen gestrichen. Diese historische Fidel lebt noch heute in Volksinstrumenten, besonders auf dem Balkan, in der Türkei und in Griechenland fort. Auch im mittleren Europa findet heute eine Wiederbelebung der Fidel statt. Sie wird als Diskant-, Alt-, Tenor- und Bass-Fidel gebaut. Sie wird zwischen den Knien gehalten. Ihr Ton mischt sich gut mit Flöte, Laute oder Cembalo. Die Fidel ist leicht spiel- und erlernbar.

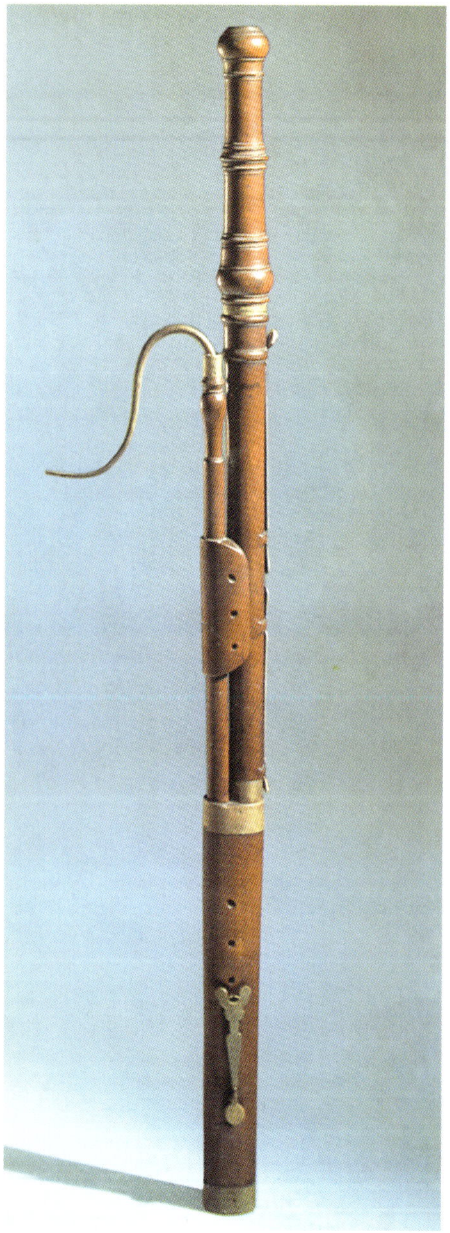

Fagott mit drei Kupferklappen, 18. Jahrhundert.

Flöte

(Flauto), vermutlich das älteste Blasinstrument. Es gibt zwei Arten: die Längs- und die Querflöte, wobei die Längsflöte zweifellos die ältere ist. Der Ton entsteht dadurch, dass ein Luftstrom auf eine scharfe Kante geblasen wird. Das Material der Flöte war sehr verschieden, wie z.B. Knochen, Metall, Holz, Porzellan, heute auch Kunststoff. Gegenüber der Längsflöte konnte sich die Querflöte, die auch als Querpfeife bekannt war, in der Kunstmusik nicht besonders durchsetzen. Vom 17. Jahrhundert an begann man jedoch ihren Mechanismus zu verbessern. Dies steigerte ihre Wendigkeit, und so setzte sich die Querflöte mehr und mehr durch. Seit Mitte des 18. Jahrhunderts ist sie das dominierende Instrument in der Holzbläsergruppe der Orchester. Die Blockflöte (Längsflöte) erlebte seit Anfang des 20. Jahrhunderts einen neuen Aufschwung. Sie ist unentbehrlich bei der Wiedergabe alter Musik.

Gambe

(ital. viola da gamba), Knieviola, Kniegeige, in der Form ähnlich dem Cello, jedoch mit spitz zulaufenden Schultern. Schallöchern in C-Form und einem Griffbrett mit Bünden. Die Gambe hat 6 Saiten in Quart-Terzstimmung. Sie wird während des Spiels zwischen den Knien gehalten. Die Gambe gibt es für Diskant, Alt, Tenor und Bass. Sie stammt aus der Familie der Violen. Am längsten hielt sich die Tenor-Gambe. Sie wurde erst im 18. Jahrhundert durch das Violoncello abgelöst. Ihre Blütezeit hatten die Gamben im 16. und 17. Jahrhundert vor allem in England. Auch heute werden zur stilgerechten Wiedergabe von alter Musik Gamben gebaut.

Gefäßtrommeln

Einfelltrommeln mit Resonator, bei denen die Membran (Schlagfell) einseitig über einen durch Spannschrauben verstellbaren Spannreifen oder unmittelbar über die große Öffnung eines (häufig unten auch offenen) Gefäßes aus Ton, Holz oder Metall gespannt ist; dazu zählen einige Röhrentrommeln (z.B. Bongos, Conga) und die Pauken.

Gitarre

Zupfinstrument mit meistens sechs Saiten und flachem Boden. Die Mauren führten dieses Musikinstrument in Spanien ein. Vom 13. Jh. an breitete sich die Gitarre über ganz Europa aus. Nicht zuletzt wegen ihrer spanischen Herkunft waren viele Komponisten, die für klassische Gitarre komponiert haben, Spanier, wie etwa Luis de Briceño oder J. Rodrigo. Ebenfalls eine reichhaltige Gitarrenliteratur stammt aus Italien, mit Komponisten wie L.B. Boccherini oder N. Paganini. Ein Großteil der heute von Gitarristen gespielten Literatur (z.B. von J.S. Bach) wurde ursprünglich für Laute komponiert, die bis ins 18. Jh. das klar dominierende Instrument war. Neben dem

Spanische Gitarre, 19. Jahrhundert.

solistischen Spiel eignet sich die Gitarre auch gut zur akkordischen Begleitung, was ihre Popularität im 20. Jh. wohl vor allem begründet. Außer den gewöhnlichen Schlaggitarren gibt es Bassgitarren mit drei bis sieben frei schwingenden Basssaiten neben dem Griffbrett sowie die 15-saitige Wiener Schrammelgitarre (siehe Schrammelmusik). Die viersaitige Ukulele und die achtsaitige Hawaiigitarre sind beliebte Instrumente in Tanzkapellen. Von Popbands wird die elektrische (d.h. elektrisch verstärkte) Gitarre bevorzugt, die neben einer gesteigerten dynamischen Leistungsfähigkeit eine Reihe von elektronisch erzeugten Manipulationen bereithält (Verzerrer etc.). Da dem Korpus der E-Gitarren keinerlei akustische Bedeutung zukommt, sind dem Erfindungsreichtum beim Entwickeln exzentrischer Formen keinerlei Grenzen gesetzt.

Glasharmonika

Musikinstrument, bei dem rotierende geschliffene Glasschalen mit feuchten Fingerkuppen zum Klingen gebracht werden. Berühmter Glasharmonika-Virtuose war J.L. Dušek. Werke für Glasharmonik komponierten unter anderem W.A. Mozart (Adagio und Rondo, KV 617) sowie L. v. Beethoven. Verwendung findet es außerdem in R. Strauss' Oper „Die Frau ohne Schatten".

Glocke

Meist ein aus Metall in Kelchform gegossener Selbstklinger, der mit einem Klöppel (Hammer) von innen oder außen am unteren Rand anschlagen wird. Glocken finden sich bei fast allen Naturvölkern als Naturglocken (aus Muschelschalen oder ähnlichem) oder aus Holz geschnitzt, aus Metall geschmiedet oder gegossen. Der Glockenguss ist in Asien seit dem 9. Jahrhundert v.Chr. nachweisbar. Schon damals diente die Glocke vornehmlich kultischen und rituellen Zwecken, was sich bis heute fast ausschließlich im gottesdienstlichen Gebrauch erhalten hat. Sie wurde aber auch als Rats-, Gericht- und Bierglocke verwendet. Bis heute ist die Glockengießerei eine große Kunst ge-

Glasharmonika, 19. Jahrhundert.

blieben, da die Schwierigkeit im vorherigen Berechnen der Tonhöhe besteht. Den Eingang in die Kunstmusik hat das Glockenspiel in der 2. Hälfte des 19. Jahrhunderts gefunden (italienische Oper, Tschaikowski: Ouvertüre 1812, Wagner: Parsifal); in besonderen programmatisch gebundenen, sinfonischen Werken kommt die Glocke oft vor. Heute wird der Glockenklang meist auf elektro-akustischem Weg erzeugt.

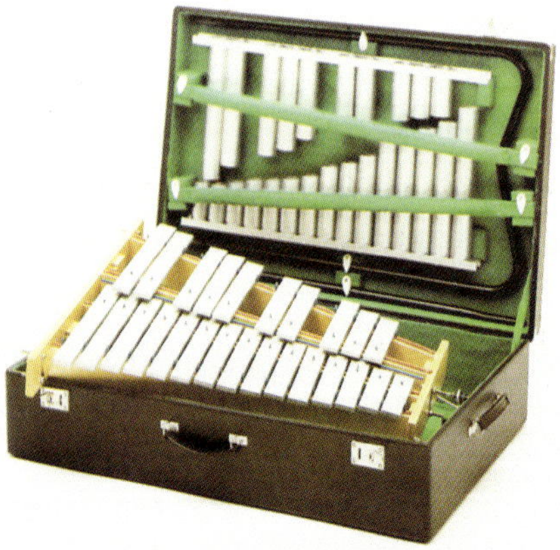

Glockenspiel, 20. Jahrhundert.

Glockenspiel

Im Spätmittelalter wurden die Stundenschläge von den Türmen durch eine kleine Melodie angekündigt, die man durch Anschlagen verschiedener Glocken bekam.

Bald wurde dies jedoch von einer Stiftwalze auf mechanischem Wege bewerkstelligt. Waren es anfangs nur 4 Glocken, die zu einem Glockenspiel gehörten, so machte man bald eine chromatische Reihe von mindestens 25 Tönen (Glocken) daraus. Die Blütezeit der Glockenspiele war vom 16.–18. Jahrhundert in den Niederlanden. Aber auch Belgien, Frankreich und Deutschland haben noch heute Glockenspiele aufzuweisen, die zur Zeit der Hochblüte das Zeichen reicher Städte waren. Im heutigen Orchester verwendete, mit kleinen Hämmerchen gespielte Metallophone (Metallplättchen), werden auch Glockenspiel genannt.

Dies sind kleine, auf 2 Holzleisten gelegte, diatonisch oder chromatisch gestimmte Stahlplatten, die mit 2 Holzschlegeln angeschlagen werden. Orffsches Schulwerk. Daneben gibt es das Kastenglockenspiel, die beim Militär verwendete Lyra und das Klaviaturglockenspiel (wird im Orchester bei Mozart und Wagner verwendet).

Gong

Aus Asien stammende, gehämmerte Bronzescheibe, die mit einem Klöppel geschlagen wird. Die Tonhöhe ist unbestimmt. Auch die Größe des Gongs kann sehr verschieden sein. In die europäische Orchestermusik wurde der Gong etwa um 1800 aufgenommen. Meist diente der Gong in Kompositionen der Schilderung fernöstlicher Magie. R. Strauss verlangte in seiner Oper „Frau ohne Schatten“ 6 chinesische Gongs. In modernen Kompositionen oft anzutreffen (Maderna: „Quadrivium“). In Südostasien gibt es große Gong-Spiele. Hierbei hängen etwa 16–18 Gongs an einem niedrigen kreisförmigen Bambusgestell, in dessen Mitte der Spieler kauert.

Hackbrett

Musikinstrument, dessen Stahlsaiten mit kleinen Schlägeln angeschlagen werden. Besonders im Alpenländischen Raum und der dortigen Volksmusik beheimatet. In Ungarn wird das dem Hackbrett verwandte Cymbalom gespielt.

Hammerklavier

auch: *Hammerflügel*;
Saiteninstrument; siehe auch Klavier.
Das Hammerklavier stellt die Vorform der heute gängigen Variante des Klaviers dar, bei dem die Saiten mit befilzten Hämmerchen angeschlagen werden, die ihrerseits von den Tasten in Bewegung gesetzt werden. Es wurde zu Beginn des 18. Jh.s. erfunden. Die alte Bauweise des Hammerklaviers und die damit verbundenen klanglichen Unterschiede zum modernen Klavier oder Konzertflügel wurden erst im 20. Jh. wieder entdeckt. Das Hammerklavier ist das authentische Instrument, für das Komponisten wie J. Haydn und W.A. Mozart komponiert, und das sie auch selbst gespielt haben. Noch der Klaviersatz F. Schuberts ist von der typischen Charakteristik des Hammerklavierklangs beeinflusst.

Hammond-Orgel

1934 entwickeltes, mehrmanualiges mechanisch-elektronisches Tasteninstrument; die Schwingungserzeugung erfolgt mittels 91 rotierender Profilscheiben aus Metall (= phonetische Räder), die an elektromagnetischen Tonabnehmern vorbeilaufen und in deren Spulen Sinusschwingungen induzieren. Durch elektrische Schaltungen ergeben sich vielfältige klangliche Registrierungsmöglichkeiten, zu denen Vibrato, Tremolo, Eche und Nachhall vor der verstärkten Schallabstrahlung über Lautsprecher hinzugemischt werden können; bevorzugtes Instrument der Unterhaltungs- und Filmmusik.

Harfe

Gezupftes Saiteninstrument. Gehört zur Gattung der Chordophone, seit dem Altertum bekannt. Erste Belege im Orient und in Ägypten, 2400 bis 1800 v.Chr. In Europa ab dem 8. Jh. in Irland gebräuchlich (vgl. irisches Staatswappen), ab ca. 100 auch auf dem europäischen Kontinent. Das

Doppelpedalharfe, 19. Jahrhundert.

Instrument besteht aus zahlreichen, senkrecht auf den Schallkasten zuführenden Saiten. Die Form des Rahmens variiert nach Zeit und Ort erheblich. Die Rahmenharfe, als Grundform im Mittelalter üblich geworden, verfügt über die ungefähr im Dreieck angeordneten Elemente Schallkasten, Hals (= Saitenträger) und Vorderstange. Die Harfe diente zunächst als Instrument zur Liedbegleitung, sie hatte um 1400 schon 24 Saiten und war diatonisch gestimmt. Später auch als Generalbassinstrument verwendet, wurden zunehmend größere Harfen gebaut (teilweise mit fünf bis sieben Pedalen), die im 18. Jh. als Soloinstrumente Berücksichtigung fanden (W.A. Mozart, Konzert für Flöte und Harfe C-Dur, KV 299 u.a.) und im 19. Jh. zum festen Bestandteil des Symphonieorchesters wurden. Seit 1810 besitzt die heute im Orchester gebräuchliche Doppelpedal-Harfe bis auf kleine Modifikationen ihre heutige Form. Sie ist in Ces gestimmt, kann über Pedaltrieb chromatisch an alle Tonarten angepasst werden und verfügt über 46 bis 48 Saiten. Die Korpusgröße liegt bei ca. 180 Zentimeter. In der Zeit des musikalischen Impressionismus gelangte der Harfenklang in zahlreichen Orchesterkompositionen zu erhöhter Bedeutung.

Harmonika

Sammelbezeichnung für Balginstrumente mit durchschlagenden Metallzungen als Tonerzeuger (Aerophon).
Bei der Handharmonika bringen (im Unterschied zum Akkordeon) Druck und Zug des Faltenbalgs verschiedene Töne hervor, außerdem sind die Knopftasten diatonisch angeordnet. Das Akkordeon wird auch Handorgel, umgangssprachlich auch „Quetsche“ oder Schifferklavier genannt. Weitere Sonderformen sind die Konzertina (ein kleines Akkordeon mit sechseckigem oder quadratischem Gehäuse) und das Bandoneon oder Bandonion (ein chromatisches Harmonikainstrument).

Harmonium

Tasteninstrument mit durchschlagenden Zungen und Blasebalg, der vom Spieler selbst mit den Füßen getreten wird. Das Harmonium wurde 1780 von einem Petersburger Orgelbauer erfunden. In Frankreich baute G.J. Grenié 1810 sein erstes Harmonium. Es errang als Hausinstrument sehr große Beliebtheit, wurde aber vor allem als Kircheninstrument verwendet. Es wurde mit Registern und Koppeln wie die Orgel ausgestattet. Das Harmonium fand auch Eingang in die Unterhaltungsmusik. Seit etwa 1930 hat das Harmonium in Deutschland fast keine Bedeutung mehr. In der Kunstmusik hat es nur selten Aufnahme gefunden: R. Strauss verwendete es in „Ariadne auf Naxos“.

Hawaii-Gitarre, Hawaiian-Gitarre

In der Jazz- und Tanzmusik verwendete Gitarre mit größerem Korpus (breiterer Ober- und Unterbügel, höhere Zarge), deren charakteristischer Klang durch den glissando-Effekt entsteht, den ein mit der linken Hand gleitend über die 6–10 schwingenden Stahlsaiten geführter Metallkamm hervorbringt; mit elektronischem Tonabnehmer ausgestattete Modelle, teilweise in Tischform mit mehreren Griffbrettern und unterschiedlichen Saitenstimmungen, haben keinen eigenen Resonanzkörper.

Horn

1. Blasinstrument; ursprünglich die Bezeichnung für alle Instrumente, bei denen der Ton durch das Schwingen der Lippen des Spielers selbst erzeugt wird. Dazu gehören ursprünglich neben Tierhörnern auch Trompeten, Posaunen, Muscheln, Alphörner und das Serpent (aus Holz) etc. In dieser Bedeutung ist das Horn als Signalinstrument und zu kultischen Zwecken eines der ältesten Instrumente überhaupt. Heute bezeichnet der Begriff meist das Waldhorn (2), wie es im modernen Orchester üblich ist.

Prinzipiel können auf allen Arten von Hörnern zunächst nur Töne der Naturtonreihe geblasen werden, daher wurden bei den verschiedenen Ausprägungen des Instruments verschie-

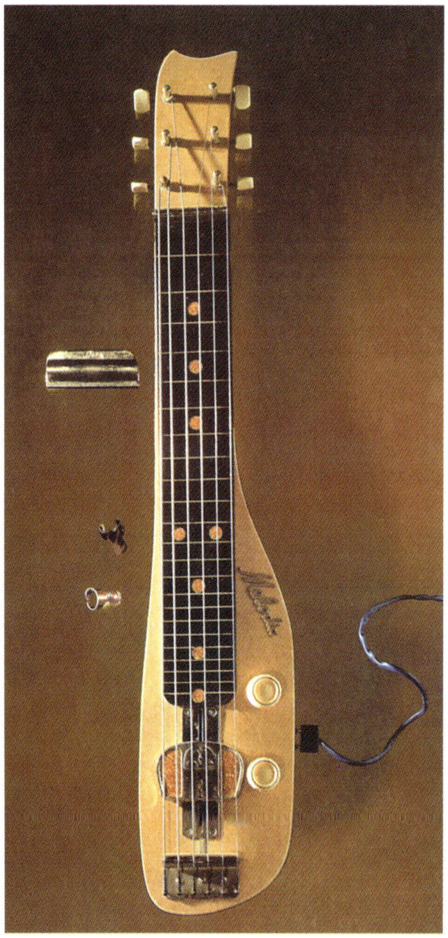

Hawai-Gitarre mit Plektren (links), 20. Jahrhundert.

dene Lösungen für einen erweiterten Tonvorrat gefunden: der stufenlos regulierbare Zug (Posaune), Grifflöcher (Zink), aufsteckbare Bögen verschiedener Länge (Inventionshorn) oder die Spieltechnik des „Stopfens“, also das Einführen der Hand in die Stürze (Schalltrichter), was ebenfalls die Tonhöhe verändern kann. Im 19. Jahrhundert erhielten alle Horn-, Tuba und Trompeteninstrumente verschiedenartige Ventilkonstruktionen, mit deren Hilfe die Instrumente in weiten Bereichen zur vollen Chromatik fähig gemacht wurden. Klangbeeinflussend sind Material (Holz, Tierhorn, Muschel, Goldmessing, Neusilber, Kupfer), die Form des Rohres (zylindrisch, konisch) sowie die Form der Stürze. Die weitere Klangcharakteristik der einzelnen Instrumente ist auf die Form des Mundstücks zurückzuführen.

2. Blechblasinstrument, auch Waldhorn genannt. Es besteht aus Goldmessing oder Neusilber, verfügt über eine weit ausladende Stürze und ein kreisrund gewundenes, konisches, eng mensuriertes Rohr (Halbinstrument, bei dem der Grundton nicht anspricht). 1664 von J.B. Lully erstmals ausdrücklich in einer Partitur verlangt, gewannen die Hörner besonders seit der Mannheimer Schule an Bedeutung und wurden paarig zum Standard im Orchester. In dieser Zeit wurde auch von J. A. Hampel die Technik des Stopfens entwickelt. Hierbei führt der Spieler eine Hand in die Stürze ein, wodurch der Ton um etwa einen Halbton erhöht wird. Mit dieser Praxis sind z.B. W.A. Mozarts Hornkonzerte zu bewerkstelligen, die reines Spiel mit Naturtönen und chromatische (weil gestopfte) Passagen kombinieren. Um in jeder Tonart mitspielen zu können, waren die Hornisten zu dieser Zeit gezwungen, dem Instrument vor jedem Stück Metallbögen unterschiedlicher Länge aufzustecken. Das erklärt, weshalb in den Partituren jeweils Hörner in C, in D, in Es usw. vorgeschrieben wurden. Geändert wurde das erst, als man nach Experimenten mit Klappen und Zügen (wie bei der Posaune) 1818 ein Horn mit Ven-

Flügelhorn, 20. Jahrhundert.

tilen entwickelte. Ab ca. 1830 war das Ventilhorn im Orchester gebräuchlich und 1898 wurde in Erfurt das noch heute gebräuchliche Standardinstrument in B/F erstmals gebaut, das so genannte Doppelhorn. Die Standardstimmung (und transponierende Notation in der Partitur) des Instruments ist in F, sein Tonumfang reicht vom großen B bis zum b". Der Klang der Hörner, die meist paarweise (zwei – vier – sechs etc.) im Orchester besetzt sind, ist warm und getragen, das Spiel relativ geläufig, allerdings nicht ganz so wie bei der Trompete. Der Ansatz des Horns ist der sensibelste aller Blasinstrumente und schon bei kleinen Abweichungen kippt der Ton („Kicksen"). Als Soloinstrument kommt das Horn seltener im Barock (z.B. bei J.S. Bach), häufiger in der Klassik (Konzerte von F.J. Haydn und Mozart) und besonders im 19. und 20. Jh. vor (z.B. bei R. Schumann, J. Brahms, R. Strauss oder P. Hindemith). In S.S. Prokofjews „Peter und der Wolf" drücken vier tiefe Hörner die Bedrohung durch den Wolf aus.

Kastagnetten

In Spanien verbreitetes Rhythmusinstrument, das aus zwei kleinen, etwas ausgehöhlten Plättchen aus sehr hartem Holz besteht. Mit einer Schnur werden diese Schälchen zusammengehalten und an den Mittelfinger gehängt, während die übrigen Finger das Aneinanderschlagen besorgen müssen. Kastagnetten werden vor allem bei den Tänzen Fandango, Flamenco und Bolero verwendet. Heute auch im Orff-schen Schulwerk.

Kithara

Saiteninstrument im antiken Griechenland mit zunächst sieben Saiten. War die Kithara zu Beginn ihrer Entwicklung von der Lyra kaum zu unterscheiden, so entwickelte sie sich anders als diese zum bevorzugten Instrument der Virtuosen. Dabei wurde die Anzahl ihrer Saiten auf bis zu 18 erhöht.

Klarinette

Die Klarinette ist ein Holzblasinstrument mit schnabelförmigem Mundstück aus Holz und einfachem Rohrblatt. Die Bohrung der Klarinette ist zylindrisch. Auf einen Ausschnitt an der Unterseite des Mundstücks (Schnabel) ist ein Blatt geschraubt (früher gebunden), das beim Anblasen in Schwingung versetzt wird. Durch Aufschlagen des Blattes klingt die Klarinette wie eine gedackte (geschlossene) Pfeife, d.h. sie klingt eine Oktave tiefer als ein anderes Instrument gleicher Länge. Hinter dem Schnabel ist der Klarinette ein *Birne* genanntes Stück eingefügt, am Ende besitzt sie einen Schallbecher.

Die Klarinette ist eine Weiterentwicklung aus dem Chalumeau und von Johann Christoph Denner nach 1700 erstmals gebaut worden. In der Kunstmusik selten benutzt, tauchte sie erstmals bei J.P. Rameau im Orchester auf. Erst nach 1750 entwickelte sich die Klarinette unter großem Einfluss der Mannheimer Schule zu einem der standardmäßig im Orchester besetzten Holzblasinstrumente. Konzerte für Klarinette schrieben in dieser Zeit unter anderem Johann Stamitz und vor allem W.A. Mozart (Klarinettenkonzert A-Dur, KV 622; Klarinettenquintett A-Dur, KV 581; „Kegelstatt-Trio" für Klarinette, Viola und Klavier Es-Dur, KV 498).

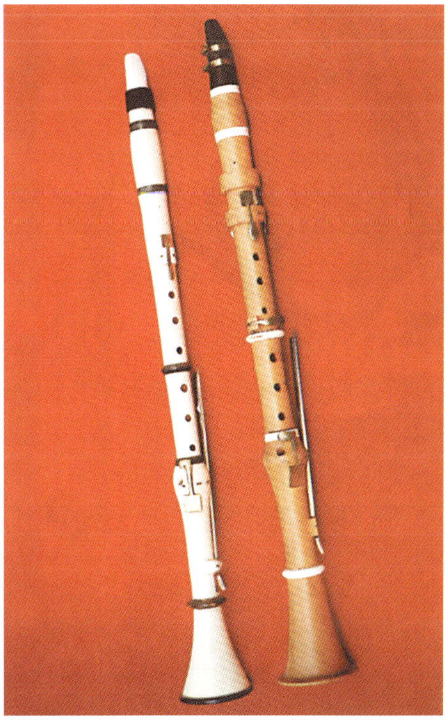

Klarinetten aus Buchsbaumholz und Elfenbein, 18. Jahrhundert.

Im Orchester trat die Klarinette zunächst seltener neben die Oboe (etwa im Opernorchester), sondern wurde meist alternativ besetzt, also Klarinetten statt Oboen. Erst im 19. Jh. setzte sich die Besetzung mit Oboen und Klarinetten durch. Auch wurde die Klappenmechanik weiter entwickelt und verbessert, die Zahl der Klappen erhöhte sich von vier bis sechs im 18. Jh. auf 22 Klappen. Im 19. Jh. schufen z.B. C.M. v. Weber, F. Schubert und J. Brahms Werke für Soloklarinette. Bekannt ist auch die Darstellung der Katze in S. Prokofjews „Peter und der Wolf".

Der Klang der Klarinette wurde schon früh als „gesanglich" charakterisiert, er ist jedoch auch zu heftigen, teils schrillen Ausbrüchen fähig. Die Klarinette verfügt über die größte dynamische Bandbreite aller Holzblasinstrumente, kann also sowohl in der Tiefe als auch in den hohen Lagen am lautesten und am leisesten spielen. Von Anfang an zeigt sich die Sololiteratur von der großen Geläufigkeit der Klarinette und ihren eindrucksvollen Registerwechseln vom dunklen Chalumeauregister zur hohen Clarin-Lage inspiriert. Der Umfang reicht von e-g''''.

Gebaut werden Klarinetten in B- und A-Stimmung (transponierende Instrumente), gelegentlich auch in C, kleinere (und höher klingende) Instrumente in Es, D und As. Das Basetthorn ist eine Altklarinette in F. Den Bass der Familie bildet die Bassklarinette. Ebenfalls gebaut wird eine Kontrabassklarinette, die jedoch selten verlangt wird.

Im Jazz wie auch in der Volks- und Popularmusik gelangte die Klarinette zu höchstem Ansehen. Bekannte Jazzklarinettisten waren Benny Goodman, Artie Shaw und Woody Herman. Aus der Klarinette entwickelte sich 1838 das Saxophon.

Hammerflügel, 18. Jahrhundert.

Klavier

auch: *Piano, Fortepiano, Pianoforte;* Tasteninstrument, bei dem die Saiten von einer Tastatur (Klaviatur) aus über eine hochentwickelte Mechanik mit Filzhämmerchen angeschlagen werden. „Gravicembalo col piano e forte" nannte B. Cristofori sein erstes 1709 gebautes Instrument: ein Cembalo, das laut und leise spielen konnte. Zur Klaviatur dieses Cembalos erdachte Cristofori eine Mechanik, die die Saiten mit kleinen Hämmerchen nicht anriss wie beim Cembalo, sondern in einer eher vom Hackbrett inspirierten Art anschlug. Die Schwierigkeit dabei bestand darin, dass der Hammer enorm beschleunigt werden musste, die letzten Millimeter vor der Saite und während des Anschlags frei fliegen und dann wieder aufgefangen werden musste. Denn ohne diesen freien Flug konnte die Seite nicht frei schwingen, was man vom Clavichord kannte. Die mechanisch geniale Lösung Cristoforis wurde 1727 von G. Silbermann nach

Deutschland gebracht. Dort erfuhr das Klavier oder Hammerklavier, wie es damals genannt wurde, durch den Augsburger A. Stein entscheidende Verbesserungen. Mozart beschrieb seinem Vater in einem Brief mit großer Begeisterung seine erste Begegnung mit einem Stein'schen Instrument.
Im 19. Jh. entwickelten Klavierbauer lautere und stabilere Instrumente, die auch eine Vergrößerung des Tonumfanges ermöglichten. Am Gusseisenrahmen eines modernen Flügels ziehen die Saiten mit einer Stärke von mehreren Tonnen. Von den besonderen Effekten, über die ein Klavier verfügt, haben sich nur zwei standardmäßig erhalten: das Haltepedal, das die Dämpfung aufhebt, und das linke Pedal, das bewirkt, dass bei mehrchörigen Saiten (das sind solche, bei denen zwei oder drei Saiten nebeneinander auf denselben Ton gestimmt sind und gemeinsam angeschlagen werden) nur noch eine angeschlagen wird und der Ton somit leiser und zarter wird. Ersonnen wurden um 1800 verschiedenartige Zusatzmechanismen, die zum Teil sogar in das Klavier eingebaute Pauken und Becken betrieben.

Kontrabass

Der Kontrabass ist das größte und am tiefsten gestimmte Instrument aus der Familie der Saiteninstrumente (neben Violine [Geige], Viola [Bratsche] und Violoncello). Er wird auch als die Bassgeige oder einfach der Bass, im 17. und 18. Jh. auch als Violone bezeichnet.
Historisch jedoch stammt der Kontrabass aus einer anderen Familie als Violine, Viola und Violoncello: Sind diese nämlich Nachfahren der Viola da braccio, so ist der Kontrabass das letzte im Orchester verbliebene Instrument der Viola da gamba-Familie. Erkennbar ist das an der Korpusform mit den charakteristisch „hängenden Schultern", dem flachen Boden und der Quartstimmung (1E-1A-D-G). Auch der Bogen ist in der Form von dem der anderen Streichinstrumente verschieden und wird meist im Untergriff gespielt.

Kontrabass, 20. Jahrhundert.

Der Klang des Instrumentes ist in der Tiefe rau und erdig, in den mittleren und hohen Lagen warm und auch zu ausdrucksstarken Kantilenen fähig. Besonders gut eignet sich der Kontrabass auch zum Flageolettspiel. Da die Abstände von einem Ton zum anderen in Folge der weiten Mensur erheblich größer sind als bei den anderen Streichinstrumenten, ist das Spiel des Kontrabasses weit weniger geläufig. Um virtuose Partien zu bewältigen, ist daher ein außerordentliches Können Voraussetzung. Jedoch sind die dem Kontrabass abverlangten Bass-Stimmen meistens weniger problematisch, fungierte er doch im 17. und 18. Jh. als (nach unten) oktavierendes Begleitinstrument zum Basso continuo. Eines der bekanntesten Solokonzerte für Kontrabass stammt von K.D. v. Ditterdorf, aber auch Giovanni Bottesini und Domenico Dragonetti schrieben Kontrabasskonzerte. Eine Solosonate stammt von P. Hindemith und in C. Saint-Saëns' „Karneval der Tiere" spielt der Kontrabass die Rolle des Elefanten. Im Symphonie- und Opernorchester ist seit dem 19. Jh. eine größere, 5-saitige Kontrabass-Variante gebräuchlich (Stimmung: C-E-A-D-G). Besondere Bedeutung erlangte der Kontrabass im Jazz, wo er fast ausschließlich gezupft wird und sowohl begleitend, als auch mit solistischen Einlagen und Improvisationen Verwendung findet.

Kontrafagott

Dreifach geknicktes Fagott mit einer Rohrlänge von fast sechs Metern, das eine Oktave tiefer klingt als das gewöhnliche Fagott. Im Orchester ist das Kontrafagott das tiefste Instrument überhaupt (2B-f) und wird eine Oktave höher notiert, als es erklingt. Es stellt im Bläserchor den Kontrabass der Oboenfamilie dar und wird im Orchester meist zu bestimmten Zwecken eingesetzt (z.B. in J. Haydns „Schöpfung": „Der Boden trägt der Tiere Last") oder als Verstärkung der Streicherbässe. Solistische Bedeutung kommt ihm kaum

Venetianische Laute, 15. Jahrhundert.

zu, und wenn, dann oft zur Schilderung des Schauerlichen (R. Strauss: „Salome").

Kornett
Kleinstes, aus dem Posthorn entwickeltes Blechblasinstrument mit konischer Schallröhre und Pumpventilen, auch Cornet à pistons genannt. Von G. Rossini in Wilhelm Tell erstmals im Orchester verwendet. Größere Bedeutung erlangte das Instrument erst wieder im Jazz, wobei sich vor allem eine der Trompete angeglichene Variante mit den charakteristischen „Piston"-Ventilen durchgesetzt hat.

Krummhorn
Doppelrohrblattinstrument mit Windkapsel und zylindrischem, gebogenem Rohr. Das Blasinstrument, das bis ins 17. Jh. gebräuchlich war, besitzt sechs bis acht vordere Grifflöcher, ein Daumenloch und ein bis zwei Stimmlöcher. Der Klang ist leicht schnarrend. Das Krummhorn überbläst nicht. Der Familie der Krummhörner gehören Instrumente in den Tonlagen Sopran bis Bass sowie der Großbass an.

Laute
Altes Saitenzupfinstrument mit birnenförmigem Schallkörper und relativ kurzem, breitem Hals mit Bünden, das zunächst vorwiegend zur Begleitung von Gesangsdarbietungen verwendet wurde. Das Musikinstrument kam aus dem persisch-arabischen Raum nach Europa und hatte dort seinen Höhepunkt im 16. und 17. Jh. In dieser Zeit entstand ein Großteil der Lautenliteratur, die ähnlich der Orgelliteratur oft in einer Griffschrift (Tabulatur) notiert wurde. Neben der eigentlichen Laute waren auch eine Reihen verwandter Instrumente in Gebrauch (z.B. Theorbe oder Chitarrone). Mit dem Ende des Barock und damit auch der Generalbass-Praxis (siehe Generalbass) war die Blütezeit der Laute vorbei. Wiederbelebt wurde das Lautenspiel erst im 20. Jh., in Verbindung mit der historischen Aufführungspraxis alter Musik. In der Laienmusik hat ihren Platz die Gitarre eingenommen.

Lure
Altnordisches Blasinstrument (Horn) aus Bronze mit bis zu 3 m langem, leicht konischem und s-förmig gewundenem Rohr, dessen Schallstück einen flachen, meist mit Sonnenornamenten geschmückten Zierteller trägt und das mit einem Trichtermundstück geblasen wurde; der Überlieferung nach offenbar paarweise in gleicher Größe mit (nach dem Vorbild der Mammutstoßzähne) entgegengesetzter Rohrwindung benutzt.

Lyra
1. auch: *Leier*, altgriechisches Saiteninstrument, bei dem zwei Stäbe durch einen Querbügel verbunden sind und zwischen denen die Saiten gespannt sind. Ursprünglich mit einem Korpus aus einem Schildkrötenpanzer und sieben Saiten, die mit einem Plektron gezupft wurden. Die Lyra galt als das wichtigste Instrument der Dichter (Lyriker), unter anderem auch des Königs David. 2. tragbares Glockenspiel; jochförmiger, der Lyra der Griechen nachempfundener Rahmen mit abgestimmten Stahlplättchen, die mit einem Hammer zum Klingen gebracht werden. Oft benutzt in Spielmannszügen.

Mandoline
Seit dem 17. Jahrhundert von Italien aus in Europa verbreitetes Lautenins-

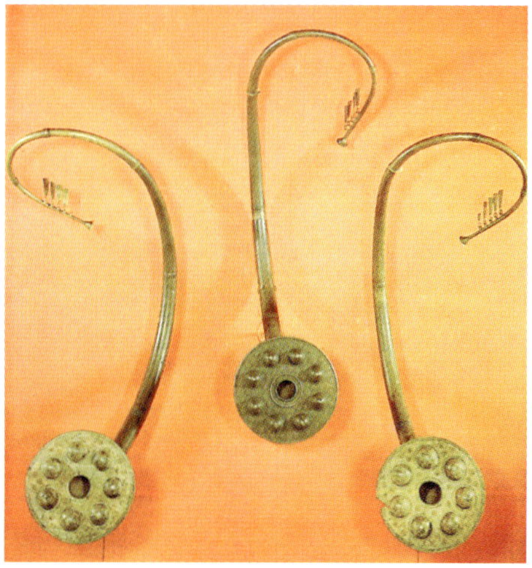

Bronze-Luren, 2. Jahrtausend v. Chr.

trument mit kleinem stark bauchigem, birnenförmigem und aus Holzspänen zusammengesetztem Korpus ohne Zargen, flacher, zum Hals hin abgeschrägter Decke mit Schalloch und Spielplatte, sowie einem kurzen Hals, dessen auf die Decke übergehendes Griffbrett mit Bünden versehen ist und in einem leicht nach hinten abgewinkelten Wirbelbrett mit hinterständiger Schraubenmechanik ausläuft; die heutige Neapolitanische Mandolone (Rund-Mandoline) hat einen doppelchörigen Bezug von 8 (Stahl-)Saiten, die mit dem Plektron (ital. penna) in raschem Tempo angerissen werden. Die Portugiesische Mandoline (Halbrund-Mandoline), deren Boden und Decke leicht gewölbt sind, hat ebenso wie die Deutsche Mandoline (Flach-Mandoline) Zargen.

Marimbaphon

Musikinstrument aus der Gattung der Idiophone (Selbstklinger). Zahlreiche Varianten bei Instrumenten afrikanischer, südostasiatischer und ozeanischer Herkunft. Unter waagrechten, weich aufgehängten hölzernen Klangstäben befinden sich Resonanzkörper aus Metall, die bei einem großen Orchester-Marimba mit elektrischer Klangverstärkung und Dämpfung ausgestattet sind. Tonumfang von c bis c''''. Das Xylorimba verzichtet auf Resonanzröhren.

Maultrommel

Kleiner hufeisenförmiger Stahlbügel (Durchmesser etwa 5–8 cm) mit schnabelartig parallel auslaufenden Schenkeln, zwischen denen eine am Scheitel des Bügels befestigte dünne Stahlzunge, die nach oben gebogen in einem kleinen Haken endet, frei schwingt; als Resonator dient die Mundhöhle des Spielers, aus der nur die Stahlzunge mit dem Häkchen zum Anzupfen herausragt. Durch Veränderung der Mundstellung lassen sich verschiedene Obertöne zu einfachen Melodien im Bereich der kleinen oder eingestrichenen Oktave aneinanderfügen.

Mandoline, 18. Jahrhundert.

Mundharmonika

Blasinstrument mit durchschlagenden Messingzungen, die durch Atemluft zum Schwingen gebracht werden. Die Zungen sind in zwei parallelen Metallplatten so untergebracht, dass beim Einatmen die Zungen der einen Platte, beim Ausatmen die der anderen bewegt und zum Klingen gebracht werden.

Oboe

(französisch: hautbois, „hohes Holz")

Die Oboe ist ein Holzblasinstrument mit Doppelrohrblatt, leicht konisch gebohrt und mit einer wenig ausladenden Stütze versehen. Ihre Vorläufer sind Schalmei und Bomhart. Die Oboe wurde erstmals von Jean de Hotteterre und M. Philidor Mitte des 17. Jh.s in Frankreich eingeführt, wo sie als einer der ersten J.-B. Lully im Orchester einsetzte.

Schon Lully führte die während des ganzen Barock und darüber hinaus angewandte Kombination von zwei Oboen und Fagott und das colla parte-Spiel der Oboe mit der ersten Violine ein. Im 18. Jh. war die Oboe eines der wichtigsten Instrumente überhaupt und zog eine Reihe von Erfindungen nach sich, die das Instrument modifizierten: Dazu gehören die Oboe d'amore, eine Alt-Oboe in A, einem birnenförmigen Schallstück, um den Ton zu mildern, sowie die Oboe da caccia, das Vorläuferinstrument des Englischhorns. So fallen auch die schönsten Konzerte und Solokompositionen für Oboe in die Zeit des Barock und der Wiener Klassik (A. Vivaldi, G.F. Händel, J.S. Bach, J. Haydn, W.A. Mozart).

Nachdem die Oboe im 19. Jh. zwar weiter entwickelt, als Soloinstrument aber in den Hintergrund gedrängt wurde, trat sie im 20. Jh. wieder stärker solistisch in Erscheinung (R. Strauss, B. Maderna, H. Holliger) und verfügt mittlerweile über eine komplizierte Mechanik mit 16 bis 22 Klappen und einem Umfang von h-f'''.

Obwohl die Oboe über eine gute Geläufigkeit verfügt, ist sie vor allem zur Gestaltung kantabler Passagen prädestiniert. Der Klang des Instruments ist leicht nasal und warm, in der Tiefe in der Dynamik eingeschränkt (fast immer mezzoforte), aber in den hohen Lagen edel und zu einem zarten pianissimo fähig. Des näselnden Klangs wegen ist die Oboe in S. Prokofjews „Peter und der Wolf" mit der Darstellung der Ente betraut. Ein der Oboe verwandtes Instrument ist das Heckelphon, das in seiner verbreitetsten Größe eine Art Bassoboe darstellt und eine Oktave unter der Oboe liegt (unter anderem von R. Strauss verwendet: „Salome", „Elektra").

Olifant

mittelalterliches Jagd- oder Kriegshorn aus Elfenbein, mit Schnitzereien von Jagd- und Kampfszenen, Tierdarstellungen und Ranken geschmückt. Die ältesten erhaltenen Olifante stammen aus dem 10. Jh. Frühmittelalterliche Legenden bezogen den Namen auf das Kriegshorn Rolands, des Paladins Karls des Großen.

Orgel

(griechisch-lateinisch)

Die Orgel ist das größte Musikinstrument. Sie besteht aus einer Klaviatur sowie Pedalen und zylindrischen, senkrecht stehenden (nur in kleineren Orgeln auch liegenden) Orgelpfeifen, die je nach Tonhöhe wenige Zentimeter bis mehrere Meter lang sind.

Die Orgelpfeifen sind aus Metall (z.B. Zinn) oder Holz, oben offen oder aber „gedackt" (gedeckt), d.h. geschlossen, wodurch die Frequenz halbiert wird, die Pfeife also nur halb so lang sein muss, um einen Ton der Frequenz einer doppelt so langen offenen Pfeife zu erzeugen. Die gedackten Register sind klanglich etwas dumpfer und weicher.

Die für das Spiel notwendige Luft bzw. der erforderliche Wind wurde früher über einen mechanischen Blasebalg (vom Kalkanten getreten), später durch einen elektrisch betriebenen Balg oder ein Gebläse erzeugt. Der Orgelspieler spielt mit beiden Händen auf einem oder mehreren (d.h. übereinander liegenden) Klaviaturen und tritt mit den

Oboe, Englisch-Horn und Oboe d'amore, 20. Jahrhundert.

Füßen das Pedal (eine Tastatur aus hölzernen Fußtasten). Der Orgelton klingt dabei so lange, wie eine Taste gedrückt wird. Über mehrere verschiedene Register (Sätze von Orgelpfeifen derselben Bauweise und desselben Klanges) kann der Spieler eine Reihe verschiedener Kombinationen auswählen, in der Regel mit dem Ziel, entweder die Stimmen deutlich voneinander zu trennen und so für den Hörer kenntlich zu machen (z.B. bei Triosonaten, Fugen etc.), oder um einen möglichst orchestralen Gesamtklang zu erzeugen (z.B. zur Interpretation symphonischer Orgelwerke). Auch eine Koppelung zweier Manuale aneinander, oder die des Pedals an ein Manual ist möglich (siehe Koppel). Die Register stehen in unterschiedlichen Oktav-Verhältnissen zur jeweils gespielten Taste auf dem Manual: ein 8´(sprich *Achtfuß*) Register klingt in gleicher Lage wie notiert, 16' und 32' ein bzw. zwei Oktaven tiefer. Für den Diskant oder hohe Pedalstimmen können 4' und 2' gewählt werden, die eine bzw. zwei Oktaven höher klingen. Besondere Register sind die Mixturregister, die z.B. zum gespielten Ton die Quinte mitklingen lassen, wodurch der Klang besonders farbig wird. Die meisten Register sind nach den Instrumenten benannt, deren Klang sie imitieren, oder die ihrem Klang ähnlich sind (z.B. Flöte, Dulcian, Gambe, Nachthorn, Posaune etc.). Die jeweils am besten für eine Komposition geeigneten Instrumente entstammen nicht selten etwa der Zeit, in der auch die Komposition selbst entstanden ist, d.h. man findet auf Barock-Orgeln in der Regel die Register, die zur Darstellung barocker Musik geeignet sind, wobei hier eher die Güte eines Pfeifensatzes im Vordergrund steht als die Quantität der Register, wie sie eine romantische Orgel aufweist. Die ältesten erhaltenen und spielbaren Orgeln stammen aus dem 16. Jh. in Italien (z.B. in Mailand). Die Orgel war schon bei den Römern ein beliebtes Hausinstrument, etwa in der Größenordnung

späterer Truhenorgeln, Portative oder Positive, und wurde erst im Laufe des Mittelalters zur Begleitung der christlichen Liturgie eingesetzt.
Bis ins 19. Jh. findet man kaum Orgeln in Profanbauten, und auch die Orgelmusik greift immer wieder liturgische Musik auf, die sie als Ausgangspunkt für kontrapunktische Arbeiten (Ricercare, Fugen, Choralfantasien) nahm, und auch viele der Orgelkonzerte waren zur Aufführung im Gottesdienst bestimmt. Die Orgeln wurden in den Kirchen meist auf den Emporen platziert, wo auch Chor und Orchester aufgestellt werden konnten, und sind in der Regel mit einem (mitunter reich verzierten) Prospekt verkleidet, der den Großteil der Pfeifen dem Blick entzieht. In den meisten Fällen ist der Spieltisch nahe oder direkt am Instrument, die elektrische Ansteuerung ermöglicht heute auch Spieltische am anderen Ende das Kirchenraumes oder Konzertsaales. Das Innere der Orgel ist für Wartungsarbeiten und Reparaturen zugänglich und muss gelegentlich auf mehrere Stockwerke überbrückenden Leitern erklommen werden. Als einer der ersten Komponisten auf dem Gebiet der Orgelmusik ist G. Frescobaldi zu nennen. Im Barock und Hochbarock erreichte die Orgelmusik mit Froberger, Muffat, Schein, Buxtehude, G.F. Händel und J.S. Bach einen musikgeschichtlichen Höhepunkt. Ende des 18. Jh.s verlor die Kirchenmusik an Bedeutung (Orgelwerke der Wiener Klassik von J. Haydn und W.A. Mozart), dafür wurden automatisierte Instrumente mit Walzenmechanik zunehmend beliebter (auch Mozart komponierte für Walzeninstrumente), und das 19. Jh. brachte die Orgel in die Konzertsäle, machte sie zu einem Virtuoseninstrument (z.B. F. Liszt). Es entstand der Typus der symphonischen Orgelmusik (Reubke, Widor, C. Franck, C. Saint-Saëns), dem der Orgelbau mit Instrumenten antwortete, deren Umfang keine Grenze zu kennen schien. Zwar steht die größte Orgelpfeife nach wie vor in einem Sakralbau (Dom zu Passau), doch begann im 19. Jh. die Jagd nach Rekorden in der Anzahl der Pfeifen. In einer Mischung aus Symphonik und Kontrapunkt formulierte M. Reger um die Jahrhundertwende eine Bachrenaissance. Im 20. Jh. macht sich vor allen anderen Komponisten O. Messien um die Orgelmusik verdient. Einige eigenwilligen Stücke stammen von G. Ligeti. Abzweigungen des klassischen Orgelbaus stellen die Wurlitzer-Orgeln (mit Schlagzeugen und zahlreichen Effekten), die Kino- und Hammondorgeln dar. Eine schon ältere Variante einer mechanisch betriebenen Automaten-Orgel ist auch die Drehorgel, bzw. der Leierkasten.

Orgel in der Wieskirche bei Steingaden, 18. Jahrhundert.

Panflöte, Panpfeife

Auch Hirtenflöte, urtümliches Blasinstrument aus mehreren gebündelten oder floßartig nebeneinandergereihten mundstück- und grifflochlosen Rohrpfeifen unterschiedlicher Länge; gilt der Sage nach als Wahrzeichen des griechischen Hirtengottes Pan, der die von seinem Vater, dem Herdengott Hermes, erfundene Syrinx (griechisch für Panflöte) erbte.

Pauke

Die Pauke ist das wichtigste Schlaginstrument des Orchesters, dem sie seit dem 17. Jh. angehört. Sie ist ein Membranofon mit definierter, erkennbarer Tonhöhe, im Unterschied etwa zu den Trommeln. Nach Europa kam sie vermutlich im Zusammenhang mit den Kreuzzügen, zunächst jedoch als wesentlich kleineres Instrument, das am Gürtel befestigt und zu Pferd gespielt werden konnte. Später wurde die Pauke dann größer und in der Regel paarweise ins Orchester aufgenommen, wo sie auf Tonika und Dominante, also auf die Grundtöne der beiden wichtigsten harmonischen Stufen, gestimmt war. Erst mit dem 19. Jh. begannen Komponisten von dieser Stimmpraxis abzuweichen. Das erforderte entweder mehr Pauken, um entsprechend mehr Töne zur Verfügung zu haben, oder eine Mechanik, mit deren Hilfe ein schnelleres Umstimmen erlaubt war. Dazu gab es mehrere Lösungsansätze (Spannschraubenmechanik, Kurbelpauke), deren erfolgreichster die Erfindung der Pedalmaschinenpauke war, wie sie bis heute gespielt wird. Dieses Instrument ermöglicht nicht nur ein schnelles Umstimmen mithilfe eines Pedals, sondern damit auch noch neuartige Spielmanieren, wie etwa das Pedalglissando (z.B. bei Bartók „Musik für Saiteninstrumente, Schlagzeug und Celesta“, Sz 106). Der Resonanzkörper der Pauke ist halbkugelförmig, manchmal nach obern erweitert, und weist am Boden ein mittiges Resonanzloch mit einem Durchmesser von ca. drei Zentimeter auf. Das darüber gespannte Fell ist aus Kalbsleder (bei modernen Instrumenten auch aus Kunststoff) und wird mit ein oder zwei Schlägeln gespielt, deren Köpfe meist aus lederbezogenem Holz, Hartfilz oder Schwamm gefertigt sind. Die beste Schlagstelle liegt einige cm vom Rand des Felles entfernt, um einen möglichst präzisen Schlagton zu erzeugen. An Schlagtechniken sind zu erwähnen der Kreuzschlag (beim Spiel auf zwei Pauken mit gekreuzten Armen) und der Wirbel, mit dem ein unbegrenztes Halten eines Tones erzielt wird. Der Klang der Pauke verbindet sich gut mit dem des Orchesters, sie wirkt dynamikverstärkend und akzentsetzend. Daher treten im Barockorchester immer Trompeten und Pauke gemeinsam auf, wobei die Pauke als „Bassinstrument“ der Trompeten galt. J. Haydn setzt die Pauke zu Beginn der Es-Dur-Symphonie Nr. 103 „mit dem Paukenwirbel“ ein, in der Symphonie Nr. 94 G-Dur „mit dem Paukenschlag“ ist der Paukenschlag eigentlich ein Schlag des ganzen Orchesters. Erst mit L. van Beethoven (Violinkonzert D-Dur, op. 61) und besonders in der Romantik wird auch das Pianissimo der Pauke solistisch entdeckt, bei R. Wagner nimmt sie über weite Strecken sogar thematisch-motivisch am musikalischen Geschehen teil. Da die Pauke nur über einen Umfang von einer Quinte bis einer Sexte verfügt, ist trotz der Pedalmaschine immer das Spiel auf mindestens zwei Instrumenten notwendig. Dafür werden Pauken in meistens vier Größen gebaut, mit denen ein Umfang von D-a bespielbar ist.

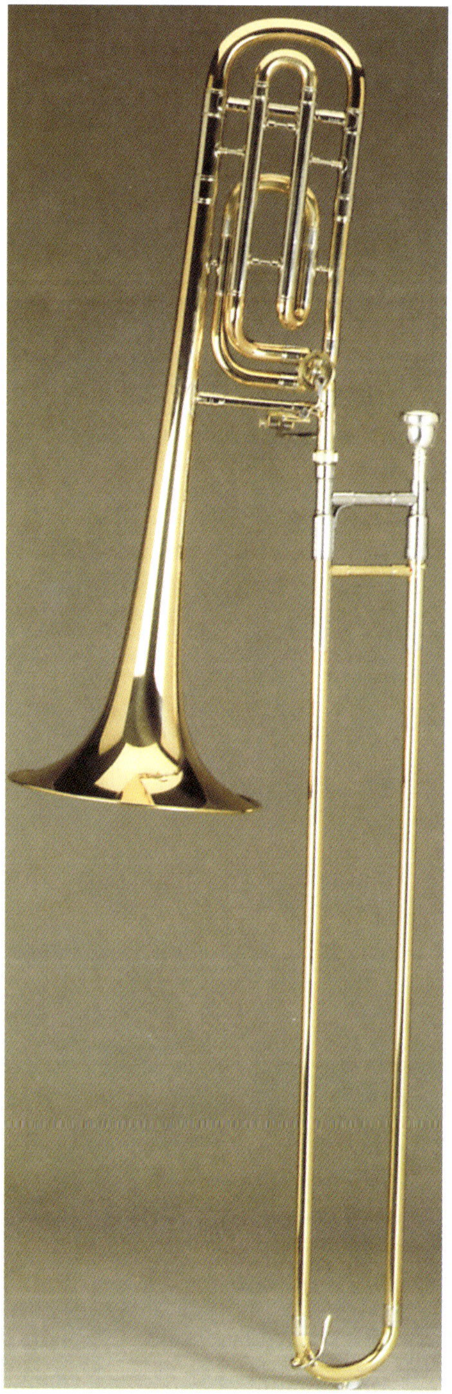

Tenorposaune mit Querventilen, 20. Jahrhundert.

Posaune

Die Posaune wird im Italienischen trombone (große Trompete) genannt. Wie die Trompete ist auch die Posaune aus einem Kesselmundstück, größtenteils zylindrischem Rohr und Stürze aufgebaut. Der augenfälligste und bedeutendste Unterschied ist der Zug, der u-förmig auf das Posaunenrohr aufgesteckt ist und sich stufenlos ausziehen lässt. Dadurch kann jeder Naturton des in B gestimmten Instruments mehrfach erniedrigt werden, also z.B. der erste ansprechende Naturton B zu A, As, G, Fis, F und E. Durch diese Technik, die im 15. Jh. vermutlich von der Zugtrompete übernommen wurde (bei der Trompete jedoch wieder verschwand) ist ein über weite Bereiche chromatisches Spiel mit Legato, Portato und auch Glissando möglich. Dadurch konnte sie im Gegensatz zu anderen Blechblasinstrumenten, die ohne Ventile auf die Naturtonreihe beschränkt blieben, auch seit dem 16. Jh. zur Begleitung von Vokalsätzen verwendet werden. Überdies durfte die Posaune anders als die Trompete, die im Bereich der (militärischen) Feldmusik und damit ausschließlich in fürstlichem und königlichem Umfeld erlaubt war, auch von den städtischen Musikern (Türmer, Ratsmusiker) verwendet werden. Zur Posaunen-Familie gehören die Diskantposaune, Altposaune, Tenorposaune und Bassposaune. Vom 18. bis ins 19. Jh. waren die Posaunen zu dritt im Orchester besetzt (Alt, Tenor, Bass oder zwei Tenor, Bass oder drei Tenor) und verdoppelten oft den Chor. Die Altposaune, bei Schumann noch oft verlangt, verschwand trotz ihres speziellen Klangs bald wieder aus dem Orchester, während die Tenorposaune das Standardinstrument der Familie wurde (Umfang: E-b'). Gebaut wird auch noch die Bass- und die (selten verlangte) Kontrabassposaune. Der Klang der Posaunen ist voll, majestätisch und klingt besonders im Zusammenspiel mehrerer Posaunen oder mit anderen Blechbläsern prunkvoll, festlich und erhaben. Solche Kombinationen kannten bereits die Venezianer um G. Gabrieli, der für solche Besetzungen im späten 16. und beginnenden 17. Jh. zahlreiche Kanzonen und Ricercare komponierte. Bis zum Anfang des 19. Jh.s war es üblich, dass in Orchester begleiteten Vokalwerken (Messen, Oratorien) ohne entsprechenden Vermerk die Posaunen die Vokalstimmen verdoppeln konnten. In Opern dieser Zeit wurden Posaunen zu bestimmten Effekten eingesetzt, v.a. zur Illustration des Jenseitigen (C.W. Gluck, Tanz der Furien, aus „Orpheus und Euridike"; W.A. Mozart, „Don Giovanni", KV 527, 3. Akt). In J. Haydns „Die Jahreszeiten" und W.A. Mozarts „Zauberflöte" sind Posaunen ebenfalls ein wichtiges Element. Bis heute ist die Posaune fester Bestandteil sowohl des symphonischen als auch des Jazzorchesters. In den Bigbands fehlt sie seit Musikern wie Glenn Miller ebenso wenig wie als Soloinstrument in allen Spielarten des klassischen und des Modern Jazz. Das Repertoire in der klassischen Musik beschränkt sich hingegen auf einige wenige Werke (u.a. L. van Beethoven, „Drei Aequale" für vier Posaunen; P. Hindemith, Sonate für Posaune und Klavier).

Psalterium

(lateinisch, griechisch)

Mittelalterliches Zupf- oder Streichinstrument aus der Familie der Zithern; erste schriftliche Erwähnung bereits im Alten Testament; in Deutschland seit dem 12. Jh. verbreitet. Das Psalterium ist der Vorläufer des Hackbretts. Der hölzerne Klangkörper ist dreieckig oder trapezförmig, meist mit geraden, selten mit geschwungenen Seiten. Für jeden Ton gibt es eine Saite; die Tonhöhe kann nicht verändert werden. Heute findet das Instrument vor allem Verwendung in der Hausmusik. Das Zupf-Psalterium kann mit den Fingern oder einem Plektrum gespielt werden. Es ist in zahlreichen Ländern des Nahen Ostens (Quanun) sowie in Finnland (Kantele) verbreitet. Das Streich-Psalterium wird mithilfe eines Bogens gespielt und kann als Alt-, Tenor- oder Bassinstrument gebaut werden.

Französisches Psalterium, Nachbau 20. Jahrhundert.

Ratsche

Volkstümliches Geräuschinstrument aus einem Holzstiel mit Zahnrad, über das eine in einem Rahmen befestigte Holzzunge geschwenkt wird, so dass ein knarrendes Schrapp-Geräusch entsteht. Sie wird wie Klappern und Knarren bei Fastnachtsbräuchen und in der katholischen Kirche in der Karwoche anstelle der Glocken verwendet.

Saxophon

Ein mit Klappen versehenes Instrument der Klarinettenfamilie aus Metall mit Klarinettenmundstück und nach oben gerichtetem Schalltrichter (nur das Sopransaxophon ist gerade);

benannt nach seinem Konstrukteur, dem Belgier Adolphe Sax (1814-1894). Saxophone werden seit der Mitte des 19. Jh.s in verschiedenen Größen gebaut (Bariton-, Tenor-, Alt- und Sopransaxophon) und spielen besonders im Jazz und der Unterhaltungsmusik eine große Rolle. In der klassischen Musik des 20. Jh.s wurde es selten benutzt (z.B. von D. Milhaud, A. Berg, P. Hindemith). Da das Saxophon in allen Größen gut spielbar ist und über eine problemlose Ansprache verfügt, ist auch das Spiel in reinen Saxophonbesetzungen (z.B. Saxophonquartett) beliebt. Schon in den Bigbands der 1930er Jahre ist es mehrfach, aber auch als Soloinstrument besetzt. Das Klischee, das das Saxophon immer wieder zum Symbol für Erfolg und Lifestyle in der Werbung werden lässt, hat bereits Billy Wilder in „Manche mögen's heiß" (1959) persifliert.

Schalmei

Holzblasinstrument, seit der griechischen Antike bekannt. Im Mittelalter eine Familie von Doppelrohrblattinstrumenten mit sechs bis sieben Grifflöchern und Windkapsel. Die Schalmei ist in der orientalischen Musik (ab 1000) und in der europäischen Volksmusik, dort heute noch in der Cobla genannten Blaskapelle aus dem spanischen Raum, gebräuchlich. Aus der Schalmei entwickelte sich die Familie der Bomharte sowie im weitesten Sinn auch die Oboe.

Schellenbaum

Eher als Schmuckstück (Standarte) der Militärkapellen anzusehendes Schlaginstrument, das an einem Holzschaft übereinander eine größere Glocke und einen mit Rossschweifen gezierten Bogen (ursprünglich türkischer Halbmond) trägt, beide mit Rollschellen und Glöckchen behangen, und das von einem mit Emblem, Stern oder ähnlichem geschmückten Aufsatz gekrönt wird; getragen in einem breiten, über die Schulter zu hängenden Riemen.

Es-Alt- und B-Tenor-Saxophon, 20. Jahrhundert.

Singende Säge

Holzsäge (Fuchsschwanz), deren Sägeblatt als schwingende Stahlzunge zwischen den Knien gehalten und mit dem Streichbogen an der Kante angestrichen wird, wobei die Tonhöhe durch unterschiedliche Biegung des Sägeblattes verändert werden kann. Instrument mit durchdringendem, wimmerndem Klang in glissandoartiger Tonfolge, notiert im Violinschlüssel.

Sistrum

Kultisches Rasselinstrument aus dem Vorderen Orient; meist aus Bronze oder Gold. Es besteht aus einem an einem kurzen Griff gehaltenen, hufeisenförmigen Bügel, durch den 2 bis 4 Metallstäbe gezogen sind, die beim Schütteln hin und her gleiten und so zum Klingen gebracht werden. Bei einer älteren Form sind die Stäbe unbeweglich und tragen 2–3 Ringe. Die ältesten Darstellungen des Sistrums fand man in Mesopotamien; seit dem 2. Jahrtausend v.Chr. wichtiges Tempelinstrument in Ägypten. In der griechisch-römischen Zeit wird es mit Tierfiguren geschmückt. Heute noch in der koptischen Kirchenmusik und im Kaukasus vorhanden.

Spinett

Ein in der Regel einchöriges Kielklavier. Die Saiten sind beim Spinett im Gegensatz zum Cembalo quer zu den Tasten gespannt. Im 17. und 18. Jahrhundert bezeichnete man alle Kielklaviere in Tafelform als Spinette. Heute werden als Spinette meist fünfeckige Instrumente bezeichnet, die im Unterschied zum Virginal die Klaviatur an der Längsseite mit schräg zu den Tasten verlaufenden Saiten haben.

Spitzharfe

(ital. Arpanetta), auch Harfenett, Schoßharfe, Flügelharfe oder Zwitscherharfe genannt; eine Harfenzither in Flügelform, die im 18. Jahrhundert in Mode war. Sie wurde als Tisch- oder Schoßinstrument oder seltener als großes, auf dem Boden stehendes Instrument gebaut. Ihr aufrechtstehender, doppelter Resonanzboden war manchmal auf beiden Seiten mit Saiten bezogen. (Mit Stahlsaiten auf der einen Seite für die hohen Töne und tiefen Messingsaiten auf der Rückseite.)

Synthesizer

(englisch = zusammengesetzt), aus einer Reihe elektronischer Systeme (Module) bestehende Apparatur zur spannungsgesteuerten Erzeugung und Umformung elektronischer Klänge und Geräusche; er ist mit einer Klaviatur zur Steuerung von Spannungsverläufen in den elektronischen Systemen versehen. Die Module des Synthesizers sind u.a. für folgende Grundfunktionen ausgelegt: zur Erzeugung von Steuerspannungen, zur Erzeugung und Verarbeitung von Audiosignalen sowie zur Transformationen von über Fremdeingänge eingegebenen zusätzlichen Signalen. Außerdem zählen Modulations-, Misch- und Halleinrichtungen zu den Bausteinen der in unterschiedlicher Ausstattung entwickelten und für die elektronische Musik unentbehrlichen, vielfach an die Stelle aufwändiger Studioeinrichtungen getretenen mobilen Syntheziser.

Tamburin

(franz. tambourin), deutsche Bezeichnung für eine einseitig bespannte Rahmentrommel, meist (mit cymbelähnlichen Metallplättchen versehen) Schellentrommel, die mit der Hand geschlagen wird. Es wird in der klassischen Musik, im Orffschen Schulwerk und in der Unterhaltungsmusik häufig (meist vom Tänzer selbst) in Italien und Spanien gespielt.

Tom-Tom

Urspr. lateinamerikanisches Trommelinstrument, das später Eingang in die Jazzformation fand; in doppelter Besetzung findet das Tom-Tom besonders beim Mambo und Cha-Cha-Cha Verwendung. Die ein-, auch zweisaitig bespannte, in verschiedenen Größen (als kleines, an der großen Trommel befestigtes Tom-Tom oder als Stand-Tom-Tom) gebaute Trommel ist in der neuen Musik mehrfach anzutreffen, so unter anderem in Werken von Stockhausen, Maderna und Malipiero.

Italienisches Spinett, 16. Jahrhundert.

Triangel

Runder, zu einem gleichseitigen Dreieck gebogener Stahlstab von 5–15 mm Stärke und 15–30 cm Länge, der an den Enden hakenförmig nach außen gebogen ist, in einer der beiden Ecken an einem Faden aufgehängt und mit einem Metallstab angeschlagen wird; Geräusch- und Rhythmusinstrument ohne bestimmte Tonhöhe in höchster Diskantlage.

Trommel

Seit der Steinzeit in allen Erdteilen verbreitetes Schlaginstrument in vielen verschiedenen Formen, oft von großem künstlerischem Wert. Bei den Naturvölkern große kultische Bedeutung. Schon der Bau der Trommel ist mit strengem Ritus verknüpft. Als Trommel bezeichnet man einen Hohlkörper aus Holz oder Metall oder einen aus Ton geformten Klangkörper der, ausgenommen die Schlitztrommel, mit einer Membran aus Tierhaut (Fell) auf einer oder beiden Seiten straff bespannt ist. Sie wird mit der Hand, Schlägeln oder Besen geschlagen. In unserer Musik werden die große Trommel, die kleine Trommel, das Tom-Tom, Congas und Bongos, die Schnarrtrommel und die Rahmen-Trommel (Tamburin) verwendet.

Trompete

Die Trompete ist im Orchester das Sopraninstrument aus der Gruppe der Blechbläser, zu der auch Hörner und Posaunen zählen. Ähnlich wie bei diesen ist auch die Geschichte der Trompeten bis in vorgeschichtliche Zeit zurückzuverfolgen und deckt sich mit dieser in weiten Teilen (siehe Horn). Im Unterschied zum Horn ist die Röhre der Trompeteninstrumente jedoch zylindrisch. Nur die Stürze (Schalltrichter) weitet sich, wenn auch nicht so stark wie bei den Hörnern. Angeblasen wird die Trompete durch ein Kesselmundstück. Das erste reine Trompeteninstrument in Europa war die Busine, die ab dem 12. Jh. gebaut wurde. Seit dem 15. Jh. treten Trompeten in der bis ins 19. Jh. beibehaltenen gebogenen Form auf. Da die Trompeten ursprünglich über keine Spielhilfen wie Klappen oder Ventile verfügten, war ihr Tonvorrat wie bei den Hörnern auf die Naturtonskala begrenzt; um in jeder Tonart spielen zu können, waren Instrumente verschiedener Stimmung und Größe notwendig. Ein erster Ausweg, das aus zunächst vier bis acht Naturtönen bestehende Tonrepertoire zu erweitern, war die im 17. Jh. gebaute Zugtrompete, die sich die Technik der Posaune zu Nutze machte. Doch blieb das so genannte Clarinblasen, das Spiel mit den großzahligen Obertönen, wie es die Musik des Spätbarock erforderte, weiterhin in Gebrauch. Erst ab etwa 1830 wurde diese Kunst mit der Erfindung des Ventils (1818) überflüssig. Seit dem Ende des 19. Jh.s gilt die Trompete in B (mit drei Ventilen) als Standardinstrument, abgesehen von den kleinen Instrumenten in D, gelegentlich auch in C oder Es. Seltener wird die Basstrompete in C verlangt (R. Wagner, „Der Ring des Nibelungen“).

Der Klang der Trompete ist hell, strahlend und kräftig, aber auch die tiefen Register werden von vielen Komponisten genutzt, und auch hier klingt die Trompete vornehm und edel. Im Orchester verbindet sie sich gut mit den anderen Blechbläsern.

Im Barock und der Klassik tritt sie in der Regel gemeinsam mit den Pauken in Erscheinung. Die Entwicklung der Ventile brachte im 19. Jh. neue Aufgaben im Orchester mit sich, da nun ein vollchromatisches Spiel möglich war. Als Soloinstrument hat die Trompete im Barock ihre Glanzzeit erlebt (mit Werken von A. Corelli, G. Torelli, A. Vivaldi), später schrieben unter anderem noch J. Haydn und im 20. Jh. André Jolivet, P. Hindemith und D. Schostakowitsch Sololiteratur für Trompete.

Tuba, 20. Jahrhundert.

Eine herausragende Bedeutung kam dem Instrument im 20. Jh. durch den Jazz zu, zu dessen bevorzugten Instrumenten die Trompete sich schnell entwickelte. Zu den berühmten Jazztrompetern gehören unter anderem L. Armstrong, Dizzy Gillespie und Miles Davis (die allerdings verschiedene Arten von Trompeten bevorzugten, z.B. das Kornett oder das Bügelhorn).

Trumscheit

Im 14. bis 19 Jahrhundert gebautes Streichinstrument; das etwa 2m hohe Instrument hatte einen aus keilförmigen Brettern zusammengefügten Schallkasten in Form eines langezogenen Dreiecks, einen kurzen Hals und gewöhnlich nur eine dicke Darmsaite. Auf dem Trumscheit wurden nur Flageoletttöne gespielt. Seinen Ton kann man als schmetternd, scharf trompetenartig bezeichnen. Trumscheit nennt man auch die Nonnengeige, so genannt, da aus symbolischen Gründen richtige Trompeten für Nonnen verboten waren.

Tuba

(lateinisch)

Das tiefste im modernen Symphonieorchester vertretene Blechblasinstrument (Aerophon). Die Tuba hat sich in der Form der Bügelhörner (ovale Windung mit nach oben gerichteter Stürze) gegen verwandte Bassinstrumente wie das Sousaphon (nur noch im Dixieland und in Militärkapellen vertreten), durchgesetzt. Angeblasen wird die Tuba durch ein großes Kesselmundstück, die Stimmung ist gewöhnlich F oder Es. Das 1835 patentierte Instrument wird heute in zwei Größen, als Bass- und als Kontrabasstuba für das Orchester gebaut, und hat je nachdem einen Umfang von 1A-g‘ oder 1Es-f‘. Der Kontrabasstuba ähnlich ist der in Blaskapellen verwendete Kaiserbass. Der Klang der Tuba ist majestätisch und getragen, in den hohen Lagen dem Horn nicht unähnlich. Dank dreier Ventile ist das Spiel geläufiger, als es der Tuba auf Grund der Größe zuzutrauen wäre. Sololiteratur für Tuba gibt es wenig. Zu nennen wäre die Sonate für Tuba und Klavier von P. Hindemith und das Konzert für

Basstuba und Orchester in f-Moll von Ralph Vaughan Williams (1872-1958). Die von R. Wagner verlangte „Wagnertuba" ist eine Mischung aus Tuba und Waldhorn und wird im Orchester von den Hornisten gespielt.

Ukulele

Kleine Gitarre mit 4 Stahlsaiten. Stammt aus Hawaii und kennzeichnet sich durch ihren Namen selbst: hüpfender Floh! Die Saiten der mit Plektron gespielten Ukulele werden nicht mit den Fingern gegriffen, sondern mit einem Metallplättchen verkürzt. Man spielt sie mit viel Glissando und Vibrato. Als Instrument hat sie vor allem im Jazz Eingang gefunden.

Vibraphon

Schlaginstrument aus kleinen, abgestimmten Metallplatten von 4-5 cm Breite und 18-35 cm Länge, die in chromatischer Tonfolge zweireihig klaviaturmäßig über Resonanzröhren unterschiedlicher Länge aus Metall mit einer auf allen Platten wirkenden, pedalbetätigten mechanischen Dämpfung auf einem tischförmigen fahrbaren Gestell angeordnet sind und mit wollfadenumwickelten oder harten Gummikopfschlegeln bzw. Filzschlegeln angeschlagen werden; weicher, heller Klang mit lang anhaltendem vibrierenden Ton.

Viola da gamba

(italienisch „Kniegeige")

Familie von Streichinstrumenten (Chordophone). Weiterentwicklung aus der mittelalterlichen Fiedel. Mit den Knien gehaltenes Streichinstrument mit sechs Saiten in Quart-Terzstimmung. Die Viola da Gamba war in der Renaissance und im Barock das wichtigste Streichinstrument. Es wurde als Diskant-, Alt-, Tenor-, Kleinbass, Großbass- und Subbassgambe gebaut und zum Gambenkonsort zusammengestellt. Der Aufbau des Instruments, ähnlich dem der Violinfamilie, verfügt über einige Besonderheiten: Bünde, Fehlen eines Stimmstocks, spitzwinklig zum Hals laufende Korpusschultern, Schalllöcher in C-Form, flacher Instrumentenboden, keine überstehenden Ränder von Boden und Decke, milderer, nasaler Klang.

Vibraphon, 20. Jahrhundert.

Im 18. Jh. wurden die Gamben aufgrund eines sich wandelnden Klangideals und des für größere Räume eher schwachen Klangvolumens allmählich durch Violine und Violoncello verdängt. Von der Bauart („hängende Schultern") und der Stimmung her betrachtet ist der heute noch im Orchester gebräuchliche Kontrabass ein Gambeninstrument. Weitere Gambeninstrumente: Viola bastarda, Baryton, Viola d'amore.

Viola

(von Viola da braccio, „Armgeige") auch: *Bratsche*; Streichinstrument (Chordophon) der Da-braccio-Familie. Instrument in Altlage (um eine Quinte tiefer als die Violine gestimmt), an der Namensform erkennbares Hauptinstrument der Familie der Violineninstrumente in Armhaltung (Gegensatz zu den Da-gamba-Instrumenten in Beinhaltung). Saitenstimmung: c – g – d' – a'. Das heute als Viola bezeichnete Instrument entwickelte sich in der ersten Hälfte des 16. Jh.s gemeinsam mit der Violine. Es entspricht dieser in Bau und Spielweise, wobei der Corpus gegenüber der Violine zwar größer ist, jedoch nicht so gut an die für das Instrument typischen Frequenzen angepasst ist. Dadurch ist der Ton milder und dunkler als der Ton der Violine. Im Orchester ist die Bratsche wie die Violine chorisch besetzt, jedoch in geringerer Zahl, und fungiert oft als typisches Füll- und Mittelstimmen-Instrument. Jedoch haben alle bedeutenden Komponisten auch den besonders ausdrucksstarken Klang der Violen geschätzt und ihr auch solistische Aufgaben anvertraut (z.B. J.S. Bach im Brandenburgischen Konzert Nr. 6 B-Dur, BWV 1051). Als SoloinstG.Ph. Telemannrument mit Klavier oder Orchester tritt die Bratsche seltener als die Violine in Erscheinung, z.B. bei , C. Stamitz, W.A. Mozart (Sinfonia concertante für Violine und Viola Es-Dur, KV 364; „Kegelstatt-Trio" Es-Dur, KV 498), H. Berlioz („Harold en Italie"), R. Schumann, J. Brahms, R. Strauss („Don Quixote", op. 35, 1898), P. Hindemith („Der Schwanendreher") und B.A. Zimmermann. Spieltechniken: siehe Violine.

In der Frühgeschichte der Viola traten zahlreiche Abarten in Bau und Tonlage auf, mit Bezeichnungen wie Viola da spalla, Violet, Violetta, Viola tenore, Violino pomposo, Violon alto usw.

Violine

(italienisch „kleine Viola") auch: *Geige*; Streichinstrument (Chordophon) der Da-braccio-Familie. Instrument in Diskantlage (um eine Quinte höher als die Viola gestimmt). Das Instrument entstand in Vorformen bereits in der ersten Hälfte des 16. Jh.s, bekam seine endgültige und bis heute beispielhafte Gestalt jedoch erst 1713 durch A. Stradivari. Dieser gab der Violine, die sich von einer dreisaitigen Variante zum viersaitigen Instrument gewandelt hatte, eine Korpuslänge von ca. 35,5 Zentimeter, die den klanglichen Gegebenheiten optimal angepasst ist. Die Saiten sind auf g ? d' ? a' ? e" gestimmt und verlaufen vom Wirbelkasten (mit der Schnecke) über das Griffbrett und den Steg zum Saitenhalter, der am unteren Ende des Instrumentes befestigt ist. Gestrichen wird zwischen Griffbrett und Steg, gegriffen auf dem Griffbrett, das im Gegensatz zu den Instrumenten der Gamben- oder Gitarrenfamilie keine Bünde besitzt. Der Korpus der Violine besteht aus Fichte (Boden) und Ahorn (Decke). Ebenfalls aus Ahorn sind die Zargen gefertigt, die Decke und Boden verbinden. Die Saiten, die früher ausschließlich aus Darm hergestellt wurden, werden heute größtenteils aus Darm (mit Silberdraht umsponnen), Stahl oder Kunststoff gefertigt, allerdings kehrt man bei der Aufführung alter Musik (des 15. bis 18. Jh.s) wieder zu reinen Darmsaiten zurück. Im Orchester werden die Violinen meist chorisch besetzt; als Soloinstrument kommt der Violine nach dem Klavier die wohl wichtigste Bedeutung zu. Ihr Umfang reicht von g bis etwa g"", ein Virtuose bewältigt unter anderem durch die Flageolett-Technik noch höhere Passagen. Weitere Techniken sind Bariolage-, Doppel-/ Tripel-/ Quadrupelgriffspiel, Skordatur, Vibrato, Pizzicato, Arpeggio, Con-sordino-Spiel, Sul-ponticello-Spiel, Col-legno-Spiel, Lagenspiel, verschiedene Bogenstricharten (Detaché, Saltato, Staccato u.a.). Eine erste große und systematische Violinschule gab 1756 L. Mozart heraus. Zahlreiche technisch-virtuose Erweiterungen des Violinspiels führte N. Paganini im 19. Jh. ein. Bis in den Beginn des 18. Jh.s hinein entwickelte sich die Familie der Violininstrumente gleichberechtigt neben der Familie der Viola da gamba. Mit Ende des Barock und den Vorläufern der Klassik jedoch wurde sie aufgrund ihres besser modellierbaren und größeren Klangs zum vorherrschend eingesetzten Ensemble- und Soloinstrument. Bedeutende Werke für Violine als Soloinstrument schufen I.F. von Biber („Rosenkranz"- oder „Mysteriensonaten"), A. Vivaldi (über 250 Violinkonzerte sowie „Le quattro stagioni") J.S. Bach (2 Violinkonzerte, Doppelkonzert, Sonaten und Partiten für Violine solo), W.A. Mozart (6 Violinkonzerte), L. van Beethoven (Violinkonzert D-Dur, op. 61, 2 Romanzen, Violinsonaten), F. Mendelssohn Bartholdy (Violinkonzert e-Moll, op. 64), J. Brahms (Violinkonzert D-Dur, op. 77), A. Dvorák (Violinkonzert a-Moll, op. 53), M. Bruch (3 Violinkonzerte), A. Berg (Violinkonzert „Dem Gedenken eines Engels"), G. Ligeti (Violinkonzert) und beinahe alle anderen bedeutenden Komponisten.

Viola d'Amore, 18. Jahrhundert.

Violoncello

(italienisch „kleine Violone") auch: *Cello*; Streichinstrument (Chordophon) der Da-braccio-Familie. Instrument in Basslage (um eine Oktave tiefer als die Viola gestimmt). Anders als Violine und Viola wird das Violoncello beim Spielen zwischen den Knien gehalten (es gehört allerdings trotzdem nicht zur Familie der Da-gamba-Instrumente) und ab Mitte des 19. Jh.s zusätzlich mit einem Stachel (ausziehbarer Metallstab) auf den Boden gestellt. Viersaitiges Instrument mit der Stimmung C – G – d – a. Die Entstehungsgeschichte ist eng mit der der Violi-

ne verbunden. Die Vollendung seiner Form und Bauweise verdankt das Violoncello wie die Violine dem Geigenbauer A. Stradivari.
In Folge des relenlänge kleinen Corpus ist der Ton des Instruments weniger durchdringenativ zur Saitd als der der Violine und besonders in den mittleren und hohen Lagen zu ausdrucksstarker Kantabilität fähig. Daher kommen ihm im Orchester auch mitunter andere Aufgaben zu als das bloße Begleiten und Stützen des Basses. Auch als Soloinstrument ist das Violoncello immer schon gefragt gewesen und wurde von den bedeutenden Komponisten mit herausragender Literatur bedacht. Zu ihnen zählen A. Vivaldi (über 25 Violoncellokonzerte), J.S. Bach (Sonaten für Violoncello solo), J. Haydn (2 Violoncellokonzerte), L. van Beethoven, R. Schumann (Violoncellokonzert a-Moll, op. 129), J. Brahms, A. Dvorák (Violoncellokonzert h-Moll, op. 104), C. Saint-Saëns (2 Violoncellokonzerte) und G. Ligeti (Violoncellokonzert). Spieltechniken: siehe Violine, außerdem: Daumenaufsatz im höheren Lagenspiel.

Violone

(italienisch „große Viola")

Seit dem 16. Jh. Sammelbezeichnung für Bassinstrumente sowohl der Dagamba-Familie wie auch der Da-braccio-Familie mit wechselnden Stimmungen und Saitenzahlen, meist jedoch mit sechs Saiten in Gambenstimmung. Seit dem 18. Jh. Bezeichnung für die in der Unteroktave (16 Fuß) zu den eigentlichen Bassinstrumenten (wie Violoncello oder Bassgambe) mitlaufenden größeren Instrumenten wie Contrabbasso di viola oder Kontrabass.

Waschbrett

Als Schrapinstrument eingesetztes herkömmliches Waschbrett, über dessen gerillte Blechfläche mit Stäben oder mit über die Fingerkuppen gestülpten Fingerhüten gestrichen („geschrapt") wird;

Xylophon

(griech. Holzklinger), sehr altes Schlaginstrument, das aus abgestimmten Holzstäben (-platten) besteht, die mit Holzschlägeln zum Klingen gebracht werden. Es stammt aus Asien und hat viele Wandlungen erfahren. In der Volksmusik der Alpenländer werden die Stäbe heute noch auf Strohseile gespannt (Strohfidel), bei den für das Orffsche Schulwerk verwendeten Xylophonen ruhen die Plättchen jedoch auf einer Gummiunterlage über einem hölzernen Resonanzkasten. Es gibt dabei Sopran-, Alt- und Tenor-Xylophone mit diatonischer Anlage, also ohne Chromatik. Ein Spiel in anderen Tonarten wird durch Auswechseln einzelner Stäbe ermöglicht; Modulationen können natürlich nicht ausgeführt werden. Im Orchester werden chromatische Xylophone verwendet.

Violoncello, 20. Jahrhundert.

Zither

Vornehmlich in den Alpenländern beheimatetes Saiteninstrument, das im 18. Jahrhundert aus Psalterium und Scheitholz hervorgegangen ist. Die Zither besteht aus einem auf dem Tisch ruhenden, flachen hölzernen Resonanzkörper mit Schalloch, über den zunächst 5 Stahlsaiten (die sogenannten Spielsaiten) laufen, die mit einem Metallplektron, das über den Daumen der rechten Hand gesteckt wird, angerissen werden. Daran anschließend bis zu 42 Darmsaiten (zum Teil mit Metall umwickelt), die sogenannten Begleitsaiten, die mit den anderen Fingern der rechten Hand gezupft werden. Die 5 Spielsaiten laufen über bis zu 30 Bünde und werden mit der linken Hand gegriffen. Es lässt sich also auf der Zither gleichzeitig eine „harte" Melodie und eine „weiche" Begleitung spielen. Wohl wegen ihrer Anlage als akkordisch zu spielendes Begleitinstrument ist die Zither immer ein Volksinstrument geblieben.

Bildnachweis:

Gerald S. Ackermann; Acquavella Gallery, New York; Agence de Presse Photographique Bernand; Agence Top; Alphonse Le Duc Editeur, Paris; Archives Théodore Stravinsky, Genf - François Martin; Erich Auerbach; Barber Institute of Fine Arts, University of Birmingham; Clive Barda; Pfarrer John Barnaby; BBC Hulton Picture Library; Bibliotheque de l'Opera, Paris; Bibliotheque Nationale, Paris; Boosey & Hawkes Music Publishers Ltd., London; E. Boubat; Martin Breuer; British Broadcasting Corporation; British Library; British Museum; Busch-Reisinger Museum, Harvard University, Cambridge, Mass.; Casella collection, Rom; City Art Gallery, Manchester; Colorphoto Hinz; Columbia-Princeton Electronic Music Center; Hans Günter Contzen; Dance Museum, Rolf de Maré collection, Stockholm; Deutsches Theatermuseum, München; Dolmetsch Musical Instruments; Editio Musica, Budapest; Editions Salabert, Paris; Elgar Foundation; EMI Records Ltd.; Mike Evans; Ralph Fassey; Forschungsinstitut für Musiktheater/ Schloss Thurnau; Galerie der Stadt, Stuttgart; Galleria Nazionale de Arte Moderna, Rom; Giraudon; Andrzej Glanda; Gloucester Journal; G. D. Hackett, New York; Harvard Theater Collection; Paul Hindemith Institut, Frankfurt/Main; Historisches Museum der Stadt Wien; Hopecraft Photographs; Internationales Musikinstitut Darmstadt; Max Jones; Gunther Joppig/Stadtmuseum München; Anne Kirchbach; Hans Kumpf; Jean-Pierre Leloir; Armin Linke; Roland Liot; Anestis Logothetis; Angus McBean; F. A. Mella; Alice Meyer; Lee Miller; J. F. Munro; Musée des Arts Décoratifs, Paris; Musee des Beaux-Arts, Dijon; Musée Municipale, Saint-Germain-en-Laye; Musée Nationale d'Art Moderne, Centre Georges Pompidou, Paris; Museum Ludwig, Köln; National Film Archive, Stills Library, London; National Portrait Gallery, London; Werner Neumeister; New York Public Library; Northwestern University Library, Special Collections Department, Evanston, Illinois; Öffentliche Kunstsammlung, Basel; Lennart Olson - Tiofoto; Opernhaus Zürich Covent Garden Archives, Royal Opera House; Österreichische Nationalbibliothek - Musiksammlung; L. Rousseau; Royal College of Music; St. Louis Art Museum, Missouri; Scala; Arnold Schönberg Institut, University of Southern California, Los Angeles; B. Schott's Söhne, Mainz - Carl Bauer - Rudolf Betz - Eduard Renner - Hanne Zapp; Peter Schramek; Daniel Schwartz; Service de la Recherche de l'O. R.T.F.; Sotheby's, London; Stadtarchiv Darmstadt; Städtische Galerie im Lenbachhaus, Cosmopress, Genf; Stravinsky-Diaghilev Foundation; Tate Gallery, London; Felicitas Timpe; Ungarische Nationalgalerie, Budapest; Universal Edition A.G., Wien; Universal Edition Ltd., London; Varése Archive - Chou Wen-chung; Ursula Vaughan Williams collection; private Sammlung, Budapest - Attila Vécsy; Victoria and Albert Museum - Houston Rogers; Roger Viollet; Wadsworth Atheneum, Hartford, Ct. - von der Serge Lifar Collection. Ella Gallup Sumner and Mary Catlin Sumner Collection; Walker Art Gallery, Liverpool; Madeline Winkler- Betzendahl, Stuttgart; Derrick Witty; Worcester City Council; Józef Wróbel; Yale University Music Library, New Haven, Ct.; Andrzej Zborski; Jan Zegalski; Richard S. Zeisler collection, New York;

Lieferbare Titel aus dem Otus Verlag: **www.otus.ch**

Herstellung und Organisation: Dr. Christian Zentner, München
Mitarbeiter: Claudia Richter
Umschlaggestaltung: Paul Zentner
Layout: Petra Obermeier, München

ISBN 3-907200-03-9